Jürgen Kuczynski
Ein hoffnungsloser Fall von Optimismus?

Jürgen Kuczynski

# Ein hoffnungsloser Fall von Optimismus?

Memoiren 1989 - 1994

Aufbau-Verlag

ISBN 3-351-02420-7

1. Auflage 1994
© Aufbau-Verlag GmbH, Berlin 1994
Einbandgestaltung Bert Hülpüsch
Typographie Peter Friederici
Schrift Times New Roman
Offizin Andersen Nexö Leipzig GmbH
Printed in Germany

# Inhalt

## Vorspann I
### Vorfreude auf sterbende Utopien – Vorfreude auf das Paradies

Große Utopien sterben nur durch ihre Verwirklichung.

Seit 3 500 Jahren sind die gesellschaftsbezogenen der Zehn Gebote, die Moses uns überliefert hat, Utopien – etwa das Gebot: „Du sollst kein falsch Zeugnis reden wider deinen Nächsten."

Seit 2 000 Jahren sind die die Gesellschaft betreffenden Lehren, die Jesus Christus uns hinterlassen hat, Utopien – etwa die Forderung: „Du sollst deinen Nächsten lieben wie dich selbst."

Seit 200 Jahren sind die gesellschaftlichen Forderungen der Sozialisten Utopien – etwa die Forderung nach einem kulturreichen Leben in einer wahren Demokratie mit einem Ende der Ausbeutung.

Doch mit der Realität des Sozialismus in höchster Vollendung werden einst alle diese Utopien als solche durch ihre Verwirklichung gestorben sein.

Noch lange wird es dauern, bis die Menschheit diese ihre größte Leistung vollbracht hat. Aber wir, die wir fest daran glauben, daß sich unsere Utopie verwirklichen wird, dürfen schon heute Vorfreude auf jene Zeit empfinden.

Wir müssen wie Marx, der durch wissenschaftliche Forschung wohl erkannte, daß vor der Menschheit unserer Zeit die Alternative steht: Sozialismus oder Barbarei, fürchten, daß eine der Perspektiven der Untergang der Kultur ist. Wir aber, die wir gegen diese Alternative unser Leben lang gekämpft haben und auch heute gegen sie kämpfen, tun das, wie Marx, in der festen Zuversicht, daß wir siegen können und darum auch siegen werden, daß wir allen großen Utopien in der Geschichte der Menschheit einmal ein Ende bereiten werden: durch ihre Verwirklichung.

Wir wissen, daß wir die Möglichkeit dazu haben, und wir glauben, daß die Menschheit sie nutzen wird. Wir wissen, daß, wenn wir in diesem festen Glauben handeln, wir unser Ziel auch erreichen werden. Ja, auch wir Kommunisten sind Gläubige wie alle religiösen Menschen und haben wie die Christen eine Vorfreude auf das Paradies – nur soll unser Paradies hier auf Erden zu finden sein, aufgebaut von uns Menschen.

## Vorspann II

Im folgenden wird man meine große Freude an der Entwicklung in der DDR in den beiden letzten Dekaden des Oktober und im November 1989 feststellen. Diese meine Freude wird besonders verständlich, wenn man nachstehenden Bericht der Staatssicherheit über eine Versammlung liest, die ich am 1. Oktober 1986 an der Bergakademie Freiberg hatte.

Karl-Marx-Stadt, 7. 1. 1987
BV für Staatssicherheit
Karl-Marx-Stadt
AKG

Ein Forum mit Professor KUCZYNSKI am 1. 10. 1986 an der Bergakademie Freiberg zum Thema „Krisenhafte Entwicklungen im Kapitalismus und ihre möglichen Auswirkungen auf unsere Gesellschaft"

Nach den der Bezirksverwaltung für Staatssicherheit Karl-Marx-Stadt erst jetzt bekanntgewordenen Informationen wurde im Rahmen der 13. Kulturtage der Jugend vom 25. 9.1986 bis 9. 10. 1986 in Freiberg am 1. 10. 1986 an der Bergakademie Freiberg ein Forum mit Prof. KUCZYNSKI zum Thema „Krisenhafte Entwicklungen im Kapitalismus und ihre möglichen Auswirkungen auf unsere Gesellschaft" vor zirka 200 Teilnehmern, vorwiegend Studenten und Hochschullehrern, durchgeführt.

9

Als Veranstalter für die 13. Kulturtage der Jugend in Freiberg waren der Kulturbund Freiberg, die FDJ-Kreisorganisation Freiberg und die Bergakademie Freiberg verantwortlich. Das genannte Forum wurde organisiert von der FDJ-Hochschulleitung der Bergakademie Freiberg.

Zum Verlauf dieses Forums liegen Informationen vor, wonach gegenüber einem zirka dreißigminütigen Referat des Prof. KUCZYNSKI der Schwerpunkt der Veranstaltung in der Diskussion, wo hauptsächlich Probleme der sozialistischen Entwicklung der DDR berührt wurden, lag.

Dabei wäre von den Studenten besonders die Bemerkung von Prof. KUCZYNSKI mit Aufmerksamkeit aufgenommen worden, daß es ihm gleich sei, ob sein Vortrag auf Tonband mitgeschnitten werde oder nicht, aber in der nachfolgenden Diskussion solle das Bandgerät abgestellt werden.

Während des Forums wurden unter anderem durch Prof. KUCZYNSKI nachfolgende Probleme angesprochen:

– Die Massenmedien in der DDR wären nicht kritisch genug. Er verwandte das Zitat: „Wer sich scheut, die eigenen Fehler zu kritisieren, weil es dem Feind nutzen könnte, der ist kein Revolutionär (Lenin – J. K.)." Auch wandte er sich dagegen, die Lage an der Nahtstelle zum Imperialismus überzubewerten.
– Elite gelte bei uns als eine bürgerliche Erscheinung, anstatt einen ausgezeichneten Begriff darzustellen. Man sollte den Ausdruck der sozialistischen Elite einführen. Aber mit Begriffen hätten wir es ja immer. Wir besäßen ja auch keine Spione, sondern Kundschafter. Dabei seien die preußischen bis 1867 auch „Kundschafter" gewesen.
– „Ich spreche nicht vom entwickelten Sozialismus,

sondern vom sich entwickelnden Sozialismus, denn der ist meiner Meinung nach gar nicht so entwikkelt."

- Auf die Frage eines Studenten nach der Position des Professors KUCZYNSKI zum dreijährigen Ehrendienst der Studenten in der NVA entgegnete dieser: „Ich bin immer gegen drei Jahre Ehrendienst für Leute, die studieren wollen."
- Weiter vertrat Professor KUCZYNSKI die Meinung, daß es im Sozialismus antagonistische Widersprüche gibt. Als Beispiele dafür nannte er Bürokratie und Korruption.
- Der Wissenschaftler erwähnte eine seiner Veröffentlichungen in der Zeitschrift „Weltbühne", in der er verkündet hatte, daß es nach seinem Dafürhalten im Kommunismus nur noch eine Schicht – die Intelligenz – geben werde.

Dabei gab er keine größeren Erläuterungen zu seinen Ausführungen, sondern stellte sie lediglich als seine eigene Meinung in den Raum.

Die Darlegungen von Professor Jürgen KUCZYNSKI wurden von den meisten Studenten zustimmend aufgefaßt. An den auf das Forum folgenden Tagen war dessen Inhalt ein beherrschendes Thema in studentischen Kreisen an der Bergakademie.

Leiter der AKG
gez. Oettmeier
Oberstleutnant

# Einleitung
Erster Teil (Oktober 1992)

Manche Leser des zweiten Bandes meiner Memoiren haben mich aufgefordert, auch über „die Zeit danach" zu schreiben. Die letzte politische Eintragung dort, vom 8. Oktober 1989, lautete: „Gestern nicht zum Empfang (bei Honecker – J. K.). Man soll nicht auf einem Vulkan tanzen." Auf dem Vulkan, der am nächsten Tag, jedem sichtbar, auszubrechen begann.

Meine Position, die eigene Person betreffend, ist gegenwärtig denkbar glücklich. Jede Woche schreibe ich in einer festen Spalte einen kleinen Artikel für die „Junge Welt", alle 14 Tage, ebenfalls unter feststehender Überschrift, einen Artikel für das „Neue Deutschland" und jeden Monat einen Artikel für das DKP-Organ in Westdeutschland. Ich bin wieder ganz Journalist geworden und komme mit einigen weiteren Zeitschriftenartikeln auf rund 100 Artikel im Jahr, habe aber trotzdem seit dem Oktober 1989 fünf Bücher veröffentlicht, ein neues wird im Frühjahr bei PapyRossa erscheinen, und das neueste habe ich der Elefanten Press zur Ansicht gegeben. Dazu im Monat zwei bis drei Interviews für Fernsehen, Rundfunk, Filme oder Zeitungen und drei bis vier Vorträge auf öffentlichen politischen Versammlungen. Geistig bin ich also noch äußerst aktiv mit 88 Jahren.

Körperlich: Nachdem ich 7 Minuten zu Fuß gelaufen bin, bin ich erschöpft. Ein Glück, daß ich mir noch ein Auto und meinen Fahrer, seit mehr als einem Vierteljahrhundert Horst Graf, leisten kann. Dazu schwerhörig, so daß es unsinnig ist, nur als Zuhörer auf Versammlungen zu sein. Wenn ich Geschirr nach dem Frühstück oder Abendbrot abräume, klirrt es, weil mir die Hände zittern. Aber ich habe keine Schmerzen, schlafe 10 Stunden, am Wochenende 12 Stunden (von 19.00 bis 5.00 bzw. bis 7.00 Uhr). Schreibe stets am Vormittag, nachdem ich ND, „Junge Welt", „Die Welt" und die „Berliner Zeitung" gelesen habe. Am Nachmittag Zeitschriften, Detektivromane, gelegentlich auch wissenschaftliche und politische Bücher, die aber zumeist nicht lohnen.

Zu seinem Geburtstag (80 Jahre) hatte ich Carl Friedrich von Weizsäcker geschrieben, daß ich ihm nach fast 8jähriger Erfahrung sagen kann, das neunte Lebensjahrzehnt sei das schönste. In einem langen Brief antwortete er dazu: „[...] Ihr Brief zu meinem Geburtstag, der in aller Kürze etwas so Hoffnungsvolles aussprach. Sie haben die Erfahrung mit dem neunten Jahrzehnt. Ich werde sie machen."

Natürlich spielt eine entscheidende Rolle für mich auch Marguerite. Nächstes Jahr sind wir 65 Jahre verheiratet. Körperlich geht es ihr nicht gut, aber geistig ist sie frisch wie immer. Als ich sie heiratete, hatte sie natürlich ihre besonderen Reize für mich, aber, objektiv gesehen, war sie ein hübsches Mädchen, wie es Millionen auf der Welt gibt. Heute ist sie eine unbeschreiblich schöne Greisin. Sie ist oft böse über meine Schweigsamkeit, aber in dieser Schweigsamkeit genieße ich ihren Anblick.

Was die Kinder betrifft, Madeleine und Friedel sind zum Glück im Rentenalter, Thomas und Peter arbeitslos bzw. gekündigt, Ingrid gekündigt, Rita arbeitslos. Aber alle geistig überaus tätig. Die Enkelin in einer „Umschulung", der älteste Urenkel fängt bald seine Lehre in einer Bank an, der jüngere noch einige Zeit auf der Schule. Alles zeit- und ortsgemäß.

14

Und die Weltlage. Leicht ist es, die gegenwärtige Lage zu charakterisieren, unmöglich, die Entwicklung in den nächsten fünf Jahren vorauszusehen, leicht wieder, auf das Jahr 2092 zu blicken.

Wie ich in der „Weltbühne" im März 1990 voraussagte, haben Währungs- und Wirtschaftsunion für das Gebiet der DDR eine Katastrophe, für den Rest Deutschlands, für die alte BRD, eine Krise gebracht. Letztere ist noch verschärft worden durch den Eintritt Deutschlands in die zyklische Weltwirtschaftskrise. Der Weltkapitalismus befindet sich überdies in einer neuen Phase seines Niedergangs mit steigender Arbeitslosigkeit, steigendem Krankheitszustand seiner Bevölkerung, zunehmender Anzahl von Parias der Gesellschaft.

Aber die nächste Zukunft? Zum Anfang dieses Jahres sandte mir Wolf Lepenies sein neuestes Buch „Folgen einer unerhörten Begebenheit. Die Deutschen nach der Vereinigung". Auf S. 14 heißt es so klug und richtig: „Wir sollten uns darüber im klaren sein, daß noch längst nicht entschieden ist, ob die Prozesse, deren Zeugen und Mitspieler wir heute sind, eine Zeitwende oder eine Episode darstellen." Das gilt für die ganze Welt heute. Und Willy Brandt sandte kurz vor seinem Tode eine Botschaft an das Treffen der Sozialistischen Internationale in Berlin, in der es heißt: „Unsere Zeit allerdings steckt, wie kaum eine andere zuvor, voller Möglichkeiten – zum Guten und zum Bösen. Nichts kommt von selbst. Und nur wenig ist von Dauer."

In 100 Jahren aber wird es in vielen Teilen der Welt Mischgesellschaften – gemischt aus politisch dominierendem Sozialismus und starken, vom Kapitalismus übernommenen Elementen in der Wirtschaft – auf dem Weg zur sozialistischen Gesellschaft geben.

Während der erste Band der Memoiren einen reflek-

tierenden Rückblick auf mein Leben bis 1945 brachte
und ebenso der erste, bis 1957 reichende Teil des zweiten Bandes, bestand der Teil von 1958 bis 1989 zum
größten Teil aus Tagebuchnotizen, stellte also keine
Reflexion, sondern ein echtes Zeitzeugnis dar. Auch
unfreundliche Besprechungen hoben daher die "Ehrlichkeit" meines Zeitberichtes hervor, da er auch meine
Tagebuchnotizen mit Illusionen und Fehleinschätzungen brachte. Genau das wird auch in diesem Band
geschehen.

## Zweiter Teil (Anfang 1994)

Im neunzigsten Lebensjahr!
Vor 70 Jahren begann ich mein erstes Buch zu schreiben. Es hatte den Titel ,,Zurück zu Marx" und enthielt
den Satz: ,,Zurück zu Marx heißt vorwärts mit Lenin."
Dieser Meinung bin ich auch heute noch.
   Aber wie haben sich meine Bücher in dieser Zeit
verändert. Damals war ich vor allem theoretisch interessiert und schrieb einen schrecklich komplizierten
Stil – mit Hegel und Marx und den Neukantianern in
Heidelberg, meiner Studienheimat, als Vorbild. Heute
bin ich vor allem empirisch interessiert und bemühe
mich, einfach, jedem verständlich zu schreiben.
   Damals war ich kaum journalistisch tätig, heute ganz
überwiegend. Nicht selten in meinem Leben veröffentlichte ich drei oder gar vier Bücher im Jahr, heute nie
mehr als zwei.
   Früher schrieb ich Bücher oder Artikel auf den
verschiedensten Wissensgebieten: Wirtschaftswissenschaft und Wirtschaftsgeschichte wie allgemeine Geschichte, Philosophie und Soziologie, Literaturwissenschaft und politische wie allgemein das Leben

betrachtende Studien – heute beschränke ich mich fast ausschließlich auf wirtschaftspolitische Arbeiten.

Auch mein Interesse an der Welt hat sich völlig verändert. Früher habe ich mich bemüht, die nächste Zukunft zu erfassen. Heute weiß jeder intelligente Beobachter, daß das unmöglich ist. Es ist unmöglich zu erkennen, ob bestimmte Ereignisse nur eine vorübergehende Erscheinung darstellen oder ob sie von größerer, von länger andauernder Bedeutung sind. Vielleicht würde Marx sagen, die Welt hat angefangen, den Weg in die Barbarei zu beschreiten. In jedem Fall ist es notwendig, umzukehren und einen anderen Weg zu gehen.

Ja, ich rede noch auf Versammlungen und spreche den Menschen Mut auf eine bessere Zukunft in mittlerer Ferne zu. Die Versammlungen, ob in großen oder kleinen Räumen, sind zu meiner Freude überfüllt. So sprach ich am 15. Oktober 1993 in Greifswald und erhielt eine Woche zuvor einen Brief von den Veranstaltern, der so begann: „Greifswald im Kuczynski-Fieber. Die Karten sind im Vorverkauf bereits vergriffen, und dies, noch ehe die Plakataktion richtig angelaufen war. Aber die Leute lassen uns keine Ruhe, und der NOVA-Baumarkt spendete dem Literatursalon zehn neue Stühle, doch auch die sind längst ‚besetzt‘. Nun kommen Sie nur unfallfrei und gesund zu uns. Wir freuen uns sehr, auch die Universität wird mit ihren einschlägigen Disziplinen und (Wessi-)Wissenschaftlern vertreten sein, um den guten ‚alten‘ Kuczynski zu erleben.“

Natürlich eine große Freude. Man fühlt sich nicht nur durch Schriften nützlich.

Und zu alledem Marguerite und die Kinder, ja und noch so manche gute alte Freunde. Und all die seit Jahrzehnten so vertrauten hilfreichen Geister um mich für meine Arbeit und für das Autofahren!

17

Ich datiere den zweiten Teil der Einleitung optimistisch dem Tag des Erscheinens dieses Buches voraus auf den Tag, an dem ich 90 Jahre alt werde, den

17. September 1994
Jürgen Kuczynski
1308 Berlin
Parkstraße 94

# Kapitel I
## 8. Oktober 1989 bis Ende 1990

Ursprünglich wollte ich den zweiten Band meiner Memoiren bis Ende 1990 weiterführen. Aber der Verlag war dagegen. Damals (Ende 1990) hatte ich folgende Einleitung zu diesem „letzten Kapitel" geschrieben:

„Wie großartig begann dieser Zeitabschnitt. Mit einer ,konservativen Revolution', wie ich sie nach einem Ausdruck von Marx für 1640 in England nannte, mit einer Revolution, die den Sozialismus erhalten, aber eben revolutionär verändern wollte. Selten zeigte unser Volk, niemals zeigten die einfachen Mitglieder einer sozialistischen Partei eine solche Reife – was nicht bedeutet, daß der Aufstand gegen die Führung von Partei und Staat nicht lange vorher hätte beginnen sollen.

Und dann kam die Wandlung unter dem Einfluß der führenden Kräfte in Bonn, aber natürlich auch der großen Masse der Bevölkerung in der Bundesrepublik und insbesondere auch Westberlins, eine politische Wandlung, der eine Wandlung auf allen Gebieten zunächst in der Deutschen Demokratischen Republik und dann in der Ex-DDR folgte. Man wünschte den Wohlstand der zwei Drittel der Gesellschaft der BRD und vergaß die Not des untersten Zehntels dort. Man stürzte sich in die Arme der Herrschenden in Bonn, und die Einigung konnte nicht schnell genug kommen – unter dem D-Mark-Wappen. Die Folge für die DDR und die Ex-DDR: Kahlschlag in der Industrie und Landwirtschaft, Kahlschlag auf dem Gebiet der sozialen Sicherheit, Kahlschlag auf dem Gebiet der Kultur und Wissenschaft, Kahlschlag auch in der Erinnerung an die positiven Seiten der Vergangenheit der DDR.

Heute, im Dezember 1990, kann man von einer Katastrophe auf dem Territorium der ehemaligen DDR sprechen, aber die Menschen wählen noch in ihrer Mehrheit die Parteien der Bonner Regierung.

Wir Vorkämpfer für einen leninistischen Sozialismus, wir unermüdlichen Kritiker der Partei- und Staatsführung in den vergangenen Jahrzehnten, die wir uns angesichts der kapitalistischen BRD, die unser Land schlucken wollte, jedoch stets bemühten, innerhalb des Systems zu wirken – war das falsch?, wo und wie haben wir gefehlt? – wir, die wir auch heute noch unseren Idealen treu geblieben sind, wir haben ganz stark an Einfluß in der Ex-DDR verloren, werden beschimpft, isoliert, ad acta gelegt – ganz im Gegensatz zu unserem gegenwärtigen Einfluß noch in der alten BRD und im Ausland.

Was es an Positivem, unseren Verhältnissen gegenüber, in der BRD seit Jahrzehnten gab – mehr demokratische Rechte wie eine kritische Presse, Meinungsstreit, Bürgerinitiativen usw. –, hatten wir uns selbst im Oktober/November 1989 erobert, auch im Gefolge dann freie Wahlen.

Gewaltig aber sind die negativen Folgen: ganz furchtbare Arbeitslosigkeit, schon heute viele Tausende Obdachlose, rapide zunehmende Kriminalität und Drogensucht, Zerreißen des Netzes sozialer Sicherheit, Zunahme von Nazismus, Antisemitismus, Ausländerfeindlichkeit, Verdammung zu Bürgern zweiter Klasse im neuen Staat.

Manches sah ich bald voraus. In manchem sah ich falsch. Aber sicher bin ich, daß eine neue Wendezeit kommen wird, die ich wohl nicht mehr erleben werde. Die Vorfreude auf sie kann mir aber niemand nehmen."

Wie in den vorangegangenen Bänden der Memoiren gliedere ich auch noch für das Jahr 1990 meine Tagebucheintragungen in eine ganze Reihe Unterabschnitte. (Spätere Einfügungen zur Erklärung des Textes sind durch J.K. gekennzeichnet.)

## Zur Lage

Natürlich finden sich zunächst in praktisch jeder Eintragung meines Tagebuchs allgemeinere Bemerkungen zur Lage. Ausführlich habe ich sie für das vierte Vierteljahr 1989 schon in „Schwierige Jahre" zitiert. Hier seien für diese Zeit (8. Oktober 1989 bis 1. Januar 1990) nur ganz kurze Auszüge gegeben:

9. 10. 1989: „Zahlreiche kleine Demonstrationen im Lande für mehr Demokratie mit Rufen ‚Gorbi' und ‚Wir wollen im Lande bleiben'."

15. 10.: „Endlich! Man hat Oben begriffen, daß es so nicht weitergehen kann.

Am Montag sollen wieder Demonstrationen in der Republik geplant sein. Hoffentlich verlaufen sie wie die vor einer Woche in Leipzig – während in Halle noch brutal geprügelt und verhaftet wurde."

21.10.: „Es geht weiter. Zwar Oben noch ganz zögernd. Mittag und Herrmann sind entlassen worden – zum ersten Mal nicht aus ‚Gesundheitsgründen', sondern wegen ungenügender Arbeit. Erich mit Recht aus Gesundheitsgründen, da sein völliges Versagen in der letzten Zeit einfach anders nicht zu erklären ist. Aber er hätte natürlich schon vor längerer Zeit gehen sollen. Meine alte Weisheit, daß man über 65 nur noch selten zu Leitungstätigkeit fähig ist, hat sich wahrlich wieder als berechtigt erwiesen.

An seine Stelle ist Krenz getreten – bisher so ganz auf Erichs Linie. Seine Antrittsrede war enttäuschend, und nur durch Modrows Auftreten im Zentralkomitee kamen einige schwache Worte der Kritik nachträglich hinein. Von echter Selbstkritik kein Wort!

Die Wandlung kam, wie ich in zahlreichen Versammlungen der letzten Jahre vorausgesagt hatte, nur durch den Druck von Unten, sowohl des ganzen Volkes wie auch speziell der Parteimitglieder.

Und dieser Druck hält auch, verstärkt!, weiter an. Was sich die Politbüromitglieder, die in den Betrieben jetzt sprechen, anhören müssen, ist überaus erfreulich in der brutalen Offenheit."

Nach einer Reise zu einer Marx-Konferenz der Universitäten Südkoreas, am 5. 11.: ,,Als ich zurückkam, fand ich die Verhältnisse weiter in erfreulicher Weise verändert. Das Volk und die Masse der Parteimitglieder setzen sich gegen die Parteiführung immer mehr durch. Das heißt, jetzt gibt es schon keine Parteiführung mehr, da die restlichen wichtigen Politbüromitglieder zurückgetreten sind und man sie mit Dank – vor der Zentralkomitee-Sitzung! – verabschiedet hat. Eine Schande!, und man kann nur hoffen, daß auf der Sitzung nachträgliche scharfe Kritik und auch Selbstkritik geübt wird. Jede ernste Selbstkritik fehlt überhaupt.

Großartig war gestern die Demonstration – ernst, sehr kritisch und absolut ruhig. Ganz erstaunlich."

12. 11.: ,,Wunderbar die Haltung unseres Volkes, einschließlich der Masse der Parteimitglieder! Energisches Voranschreiten, ohne daß es zu Anarchie oder gefährlichen Provokationen kommt. Aber wie lange noch bei dem allgemeinen Hinterherhinken unserer Führung?"

19. 11.: ,,Die Abberufung von Krenz wird mehr und mehr zu einer allgemeinen Forderung, die ich voll unterstütze. Er zeigt sich völlig unfähig, zu führen. Auch darf sein Nachfolger nicht auch Staatsratsvorsitzender sein, jedoch wäre es gut, wenn er Vorsitzender des Verteidigungsrats werden würde."

Schon am 19. 11. angedeutet, am 9. 12. klar darüber, daß eine Wandlung eingetreten ist: „Die politische Situation ist sehr ernst, die Partei in einer schweren, das Land in einer ernsten Krise. Der erste Tag bzw. die erste Nacht des außerordentlichen Parteitages scheint einigermaßen verlaufen zu sein. Marguerite sehr angetan vom Auftreten Gregor Gysis, Sohn meiner Freunde Irene und Klaus.

Allgemein herrscht Oben Angst vor zunehmenden Gewalttätigkeiten. Richtig ist die Beobachtung, daß der politische und gewaltlose Widerstand vom Oktober gewisse anarchische und ständig mehr Anti-SED-Züge annimmt. Die Arbeitsdisziplin in den Betrieben, die in den letzten Jahren sowieso nicht gut war, hat noch mehr nachgelassen."

24. 12.: „Die Situation bei uns hält sich noch, was ein Glück ist, obgleich die Situation der Partei schwieriger wird – und das ND ganz jämmerlich journalistisch immer weiter etwa hinter der ‚Berliner Zeitung‘ oder hier in Altenhof hinter der ‚Neuen Zeit‘ zurückbleibt."

Schließlich am 28. 12.: „Hoffe, daß Modrow ohne zu große Konzessionen bis Mai durchhalten kann. Ansonsten drohen sowohl Aufgabe aller unserer Errungenschaften, von denen es wahrlich im Vergleich zur BRD nicht wenige gibt, und vielleicht allgemeine Gewalt und Anarchie."

Am 7. Januar 1990 völlige Klarheit über den Wandel der Situation: „Die Stimmung gegen die Partei, insbesondere auf dem Lande, ganz schrecklich. Die Meinungsumfragen der Akademie für Gesellschaftswissenschaften, die immer noch besteht, sind statistisch-methodisch unzuverlässig. Die Einmischung vom Westen (BRD) wird immer offener und intensiver. Nicht zum wenigsten finanziell für die Opposition bei uns. Aber was sollen wir tun, nachdem unsere finanzielle Unterstützung (und die Folgen ihres Aufhörens) für die DKP so offenbar wurde."

Eine Woche später: „Die Situation ist außerordentlich wirr, und es ist wirklich unmöglich, im Augenblick eine Perspektive zu haben. Wir sind stärker, als der Westen möchte, aber Gysi sprach auch davon, wie schwer es ist, Kreissekretäre zu finden."

Am 11. 2.: „Die politische Situation wirrer denn je. Am Freitag, vor der Reise von Kohl nach Moskau, wurde aus Regierungskreisen in Bonn verbreitet, wir stünden wenige Tage vor dem finanziellen Zusammenbruch, und die Währungseinheit sei eine sofortige Notwendigkeit. Natürlich schnell von beiden Regierungen ein Muß der Dementierung, weil zu primitiv.

Die ,Welt' vom gleichen Tage voller Bedenken der westdeutschen Wirtschaft, speziell der Banken, betr. eine schnelle Währungsunion. Auch von unseren Parteien zum Teil, etwa Demokratie Jetzt, Bedenken gegen übereilte Schritte.

Die Diskussion um die ,Währungsunion' hat eine sehr gesunde Unruhe bei uns hervorgerufen. Angst um Renten und um Ersparnisse. Ein überaus gesundes Hindernis für eine schnelle ,Vereinigung'. Auch die Angst vor großer Arbeitslosigkeit bei zu starkem Eindringen der BRD-Wirtschaft ist groß."

Eine Woche später: „Es ist erfreulich, wie Kohl durch seine Art, mit uns umzugehen, zur Stabilisierung bei uns beiträgt. Der Modrow-Besuch in Bonn war der größte Erfolg, den wir uns wünschen konnten. Keine materielle Unterstützung für uns – also Mittel nur, wenn sie für den Einfluß der BRD bei uns politisch nützlich, und das würden sie unter Modrow nicht sein – und eine so schäbige Behandlung, protokollarisch und in jeder anderen Beziehung, daß die Vertreter des Rundes Tisches, die ja der Modrow-Regierung wirklich nicht alle grün sind, sich eng um ihn zusammenschlossen.

Auch wächst international die Unruhe über die wirtschaftlichen Folgen – ganz abgesehen von den alten politischen Befürchtungen – der Vereinigung. Angst vor zunehmendem Inflationstempo in der BRD, darauf dort Zinserhöhungen, darauf international Zinserhöhungen, wenn es zur Einführung der D-Mark bei uns kommt.

Dazu zunehmende Angst bei uns um Renten, Ersparnisse, Preise, Mieten.

Kurz, die Stimmung für sofortige ,Vereinigung' läßt nach. Gysi war berechtigt, der Wahlstimmung nicht widersprechend, gestern für einen langsamen Vereinigungsprozeß zu plädieren. Die Situation sah jedenfalls vor vier Wochen schlimmer aus."

Ach, wie illusionär wieder eine Woche später, am 25. 2.: „Die Situation für eine Hinausschiebung der ,Vereinigung' wird für uns dank der Haltung der Bundesregierung immer günstiger. Das ganze Tohuwabohu dort wird allein schon an folgendem deutlich: Blüm spricht davon, daß eventuell die Steuern erhöht werden müssen, um die Lasten der ,Vereinigung' tragen zu können. Allgemeiner Schrecken. Am nächsten Tag muß er die Äußerung zurücknehmen. Stoltenberg erklärt, selbstverständlich müsse das gesamte Deutschland zur NATO gehören. Am nächsten Tag muß er unter Druck von Genscher die Äußerung zurücknehmen.

Endlich findet man auch in der SU deutlichere Töne zur Frage der deutschen Einheit. Und sagt auch, was Kohl über die Verhandlungen verschwiegen hatte. Selbst Falin ist klarer in seinen Aussagen geworden."

Strafe am 19. 3., nach den Wahlen: „Muß doch gleich schreiben, obgleich erst Montag ist. Aber die Wahlen sind so katastrophal ausgegangen – nicht für die PDS, aber für die Sozialdemokraten. Der Sieg der CDU, überwältigend, in diesem Ausmaß völlig unerwartet, wird wahrscheinlich spätestens 1991 zu einem Aufstand führen, wenn es eine Verbindung von sozialer

Angleichung an die Verhältnisse in der BRD und dort eine Wirtschaftskrise gibt.

Allgemein wird das Ergebnis – und mit Recht – als ein Sieg von Kohl betrachtet.

Wie schlecht hat sich wieder das deutsche Volk – diesmal auf dem Boden der DDR – bewährt. Ein so großartiger Anfang im Oktober und noch zum Teil im November auf dem Boden des Sozialismus – und jetzt der Übergang zum Kapitalismus bei den Wahlen! Offenbar sind wir wirklich unfähig zu einer wahren Revolution aus eigener Kraft: 1848, 1918, 1989/90. Wie anders England, Frankreich, Rußland und auch die USA!

Aber noch ist die gegenwärtige Bewegung bei uns nicht am Ende. 1991 kann sich noch gar manches ändern! Oder ist das völlig unsinniger Optimismus?"

Am 8. 4.: „Eine merkwürdige Sache: Die Umtauschfrage von D-Mark und unserer Mark beschäftigt die ganze Bevölkerung. Alle sind gegen 1 D-Mark zu 2 unserer Mark, selbst die CDU mußte sich dagegen erklären. Ich schrieb für die ‚Weltbühne‘ einen Artikel zu dieser Problematik, in dem ich zeigte, daß 1:2 in 1:3 verwandelt werden müßte, um eine Inflation in der BRD zu vermeiden, und in 2:1, um eine Katastrophe bei uns zu vermeiden: also hundertprozentig entgegengesetztes Interesse. Gestern las ich einen Artikel auf ganz ähnlicher Linie von Thomas (meinem jüngsten Sohn – J. K.) im ND. Wir hatten kein Wort über die Problematik gesprochen. Natürlich freue ich mich über diese eigenständige Originalität von jedem von uns beiden. Die Leser aber werden glauben, daß wir eine gemeinsame Kampagne angefangen haben oder daß einer vom anderen abgeschrieben hat.

Gespannt, wie die Verhandlungen von SPD und CDU ausgehen werden. Aber bei der Rückgratlosigkeit der SPD, wenn es um Regierungsbeteiligung geht, befürchte ich, daß es zur Koalition kommt.

Meine große Hoffnung ist, daß unsere Bevölkerung sich daran gewöhnt hat, auf die Straße zu gehen, und daß sie ein für sie zu ungünstiges Diktat der BRD am Ende, sobald sich die Auswirkungen voll zeigen, nicht durchgehen lassen wird."

14. 4.: „Die neue Regierung ist gebildet. Nach den Äußerungen der Minister könnte sie so manches, was wir geschaffen haben, retten. Aber ob sie dem Druck der Regierung in Bonn wird widerstehen können oder auch nur ernsthaft wollen wird, ist mir sehr zweifelhaft. Unter diesen Umständen setze ich meine Hoffnung auf den Widerstand unseres Volkes. Schließlich hat es gelernt zu demonstrieren und wird auch leicht lernen zu generalstreiken. Schon die Kommunalwahlen werden meiner Ansicht nach einen gewissen Erfolg für uns bringen – ob auch für die Sozialdemokraten nach ihrer Koalitionswilligkeit, ist mir zweifelhaft, wenn sie nicht schnell beginnen, sich zu profilieren."

22. 4.: „Die Regierungserklärung von de Maizière war von seinem politischen Standpunkt aus hervorragend – im Stil würdig, politisch klug, auch gegenüber uns, als er meinte, auch seine Partei hatte Mitschuld an der Vergangenheit. Die Diskussion zum Teil katastrophal – Schlammschlacht, aber nichts dergleichen von unserer (PDS-)Seite. Drüben arbeitet man daran, dem Vorschlag für die Währungs- und Wirtschaftsunion ein wenig von seinem ursprünglichen Diktat wenigstens in der Form zu nehmen. Mein Artikel zur Währungsunion in der ‚Weltbühne' hat bei allen für die Einheit so begeisterten wissenschaftlich-technischen und technischen Kräften (im Institut) höchsten Unmut ausgelöst. Sie können den westlichen Segen nicht früh genug bekommen."

6. 5.: „Ich glaube, man begreift mehr und mehr die Katastrophe der Bedingungen der Währungsunion für beide deutsche Staaten. Jeder einigermaßen gebildete

Politökonom weiß, daß man die Wirtschaftsunion vor der Währungsunion hätte durchführen müssen.

Und die Eile aller Wirtschaftsverhandlungen – ob Finanzen, Produktion oder Soziales – ist ein Wahnsinn, da man noch keine Erfahrungen über die Umwandlung einer sozialistischen in eine kapitalistische Wirtschaft hat bzw. – was die Anfänge einer solchen Umwandlung betrifft – nur katastrophale in Polen und Ungarn.

Wenn ich in meinem Tagebuch 1989 in den Notizen vor dem Oktober öfter die Befürchtung einer Explosion zum Ausdruck gebracht habe, so ist das in der jetzigen Situation keine Befürchtung, sondern eine Hoffnung. Darum bleibe ich auch optimistisch."

13. 5.: „Die SPD bei uns kommt in eine immer schwierigere Lage. Sowohl im Republikmaßstab wie in Berlin, wo die Linken außerhalb der PDS sich mit Recht weigern, mit der CDU zusammenzugehen. Meine große Hoffnung ist, daß Ibrahim Böhme sie aus der Koalition herausführt, aber sie ist gering. Die zweite Hoffnung ist, daß die SPD heute in Niedersachsen gewinnt und so die Mehrheit im Bundesrat erhält – aber auch hier sieht die Situation nicht so günstig wie noch vor drei Monaten aus."

20. 5.: „Die Stimmung bei uns wie in der Bundesrepublik gegen die Bedingungen des Einheitsprozesses wächst. Der Rundfunk meldet Meinungsverschiedenheiten zwischen Lafontaine, der gegen die Haltung der Regierung ist, wie auch Eppler und Vogel, der für Zustimmung ist. Das erklärt zum Teil auch die Haltung unserer SPD."

Eine Woche später: „Die politische Lage wird immer zerfahrener und zugleich bedrückender. Die SPD-West sorgt sich um uns statt um die kommende Inflation größeren Ausmaßes in der BRD. Zugleich wächst der Widerstand gegen die Lafontaine-Linie in der SPD. Die SPD bei uns wird wohl in allem der CDU-Ost- und

28

Kohl-Linie nachgeben. Selbst in Berlin, das sich als Bezirk gegen die Koalition mit der CDU in der Regierung ausgesprochen hatte, bildet man jetzt mit der CDU eine gemeinsame Stadtregierung. Diestel, der vor den Wahlen wild von rechts randalierte, zeigt sich auf Teilgebieten so vernünftig, daß die West-CSU seine Abberufung verlangt."

5. 6.: „Die Lage bei uns wird immer gespannter. Ich weiß nicht, was unser Wirtschaftsminister Pohl kann, aber jedenfalls zeigt er einen echten, sonst so in der Regierung von mir vermißten Sinn für das, was auf uns zukommt, wenn er einen heißen Herbst mit Streiks, Demonstrationen usw. voraussagt.

Nur wird es schon einen heißen Sommer geben. Ja, schon jetzt beginnen die Warnstreiks. Überdies hat die Zahl der Arbeitslosen auf über 100 000 zugenommen. Ab 1. Juli wird die Zahl rapide weiter zunehmen. Dazu die Inflation für alle, die ein verhältnismäßig niedriges Einkommen haben, und Deflation für industrielle Konsumgüter, also für die Bessergestellten."

Am 9. 6. über die Situation in der Volkskammer: „Die ist aber auch sagenhaft. Am Freitag wurden Gesetze von großer wirtschaftlicher Sicherheits-Bedeutung von der Volkskammer verabschiedet bei zum Teil mehrheitlicher Abwesenheit der Abgeordneten. Minister machen Aussagen in aller Öffentlichkeit, die am nächsten Tag zurückgenommen werden müssen, ja entsprechende Erlasse werden innerhalb von 24 Stunden zurückgenommen. Die fachliche Unfähigkeit ist einfach sagenhaft."

16.6.: „War in Westberlin wegen meines Flugbilletts. Wieder 3 Minuten vom Zoo-Bahnhof auf dem Weg zur Gedächtniskirche auf den Marmorbänken einer schönen Grünanlage frühmorgens die Obdachlosen. Man braucht wirklich nicht in irgendwelche Slumviertel zu gehen, um die negativen Seiten des Kapitalismus zu sehen. Und unser armes Volk, das sich so für die DM und Kohl begeisterte, wird in wenigen Tagen so viel Trauriges zulernen müssen."

1. 7., Tag der Währungsunion: „Thomas war gestern da, und wir waren beide deprimiert über den passiven Geist aller verantwortlichen Stellen – sei es die Regierung oder die Akademieleitung, die Parteiführung oder das ND. Nirgends ein Geist frischer Offensive zu neuen Ufern oder gegen die Bonner Diktate.

Außerdem macht sich überall kapitalistischer Geist, zum Teil primitivster frühkapitalistischer Geist, breit.

Und dazu noch zum Teil die kindischsten Illusionen. Die Deutsche Bank hatte die raffinierte Idee, heute nacht um 0.00 Uhr zu öffnen, und es sollen, wie der Rundfunk meldete, Zehntausende dagewesen sein, um die Einführung der D-Mark zu begrüßen."

2. 7., am Tag danach: „Überschrift der ‚Berliner Zeitung' auf der ersten Seite: ‚Raketen knallen, Sekt floß – Silvester im Sommer: Ost-Mark ging und D-Mark kam.' Das nach 45 Jahren! Ein Volk stürzt sich grölend ins Unglück?! Am Prenzlauer Berg soll es jedoch am Sonnabend Trauerfeiern gegeben haben."

8. 7.: „Das Volk regt sich wieder und übt sich im Vor-Aufstand. Der Handelsministerin wurde sogar in der so folgsamen Volkskammer nicht nur von seiten der Opposition Unfähigkeit vorgeworfen.

Die Situation auf dem ‚freien Markt' ist auch grotesk. Bei den primitivsten Lebensmitteln, etwa bei Brot, Preisunterschiede von bis zu 50 Prozent und so viele Lebensmittel teurer bei uns als drüben. Kein Wunder, daß dann am Freitag spätnachmittags und am Sonnabend so viele von uns nach Westberlin und in die östlichen Grenzgebiete der BRD hinübergingen, um einzukaufen. Dazu kommt, daß durch Abbestellungen des Groß- und Kleinhandels bei unseren Großbetrieben wie etwa Bako (Brot!) solche Knappheit an Lebensmitteln (Milch, Käse, Brot) herrscht.

Dazu der plötzliche Angleich so vieler bei uns bisher billiger Preise an die der BRD ohne jeden Lohnausgleich. Für die, die früher mehr als eine halbe Stunde am Bahnhof Friedrichstraße auf ein Taxi warten mußten, ist es eine reine Freude, nach der Angleichung der Taxikosten an den Westen zu sehen, wie zehn, zwanzig Autos eine auf Passagiere wartende Schlange bilden.

Der heiße Sommer hat begonnen."

15. 7.: „Die Situation wird bei uns immer chaotischer. Viele Gesetze, insbesondere zum sozialen Schutz der Menschen, werden nicht mehr beachtet, sei es von Betrieben oder Gemeinden. Streiks und Demonstrationen sind erfreulicherweise üblich geworden."

Einen Monat später, am 12. 8.: „Die Volkskammer ein völliger Versager. Wahlen erst am 2. Dezember, natürlich günstig für alle Beteiligten, außer CDU und CSU. Ibrahim Böhme eine Freude. Werde ihm meine ‚Schwierigen Jahre' senden.

Auf der Post Mangel an Briefmarken, da sie ja Ende des Monats nicht mehr gültig sind.

Überall Entlassungen – auch gegen unsere Gesetzlichkeit.

Handwerkerpreise völlig verrückt hoch – Arbeitsstundenkosten verdreifacht, und doch steigende Pleiten."

18. 8.: „Nach dem Spektakel in der Volkskammer, das diese wahrlich lächerlich machte, folgt eine Woche später das Spektakel in der Regierung. Doch scheint das letztere einen Erfolg zu haben: unserer SPD ein wenig mehr Rückgrat zu geben. Ibrahim Böhme hat es sogar gewagt, im ND einen Leitartikel zu haben. Habe daraufhin gestern im Rathaus ‚Schwierige Jahre' für ihn abgegeben.

Der Dilettantismus auf unserer Seite und die kühle Brutalität, aber ebenfalls verbunden mit Dilettantismus, auf Bonner Seite sind sagenhaft. Wie recht hatte ich

31

schon vor dem ersten Vertrag betr. Währung etc., eine Katastrophe bei uns und eine Krise in der BRD vorauszusagen."

26. 8.: „Jetzt erkennt man auch in der BRD immer deutlicher, was das abenteuerliche Vorgehen der Bonner Regierung kosten wird. Habe einen entsprechenden Artikel in der ‚Weltbühne‘ geschrieben."

Eine Pause allgemein zeitgeschichtlicher Betrachtungen bis zum 28. 10.: „All meine Wirtschaftsprognosen dieses Jahr treffen ein. Katastrophe bei uns, erste Vorboten der Krise in der ehemaligen BRD, Krise in Großbritannien, am Rande der Krise in den USA.

Der letztere Faktor besonders ernst, da er zur Ablenkung durch außenpolitische Abenteuer verführt (Golfkrise!).

Ernst aber auch die Situation in der alten BRD. Das Wirtschaftsgutachten der ‚5 Weisen‘ sagt für 1991 eine ‚etwas geringere Konjunktur‘ voraus. Wie vorsichtig! Dazu wird immer deutlicher, daß bei uns die Industrie rapide abgebaut wird, und ebenso wird es der Landwirtschaft ergehen. Wir werden ein Land mit stärkerem Handwerk, stärkerem Dienstleistungsgewerbe und mehr Touristik werden, aber das ist auch alles. Schwer zu übersehen ist, wie stark die Auswanderung aus der alten DDR in die alte BRD sein wird. Wann wird man, um zynisch zu formulieren, eine Mauer gegen diese Auswanderung aufbauen?"

Am 2. 12.: „Heute Wahltag. So uninteressant, weil so leicht vorauszusehen die Resultate; so interessant die Frage, wie lange sich die neue Regierung wird halten können angesichts der Katastrophe in der alten DDR und der 1991 bevorstehenden Krise in der alten BRD."

Mit der Krise in der BRD im Jahre 1991 hatte ich unrecht. Zunächst profitierte die alte BRD noch von der Katastrophe in der Ex-DDR. Die Krise kam erst 1992. Eine doppelte Krise: einmal durch die Belastung der

32

Katastrophe in der Ex-DDR und sodann durch den Anschluß (genau wie zur gleichen Zeit in Japan) an die Weltwirtschaftskrise, die 1990 in England begann.


## Die Partei

19. 11. 1989 über Erich Honecker: „Von einer echten Tragik kann keine Rede sein – die stellte vielleicht die völlige Erstarrung einst kluger, im Falle Erichs auch souveräner, im Falle Kurts (Hager) glänzend begabter Genossen vor einer Reihe von Jahren dar."

17. 12., nach dem Parteitag: „War also auf dem Parteitag. Drei ordentliche Referate, aber die Diskussion war zumeist mäßig.

Sah viele Genossen, Hannes Hörnig, der mich wegen meiner Funktion (im ‚Rat der Alten') umarmte, Krenz, der mich begrüßte, Hager, der mich zum Glück nicht sah, Ernst Melis mit Freude, ebenso Hans Jendretzky. Viele unbekannte Genossen begrüßten mich mit rührenden Dankesworten für meine Aktivitäten in der Vergangenheit, viele wollten Bücher oder nur ihre Delegiertenkarte signiert haben.

Ging heute nach dem Hauptreferat nach Hause und schrieb für das ND einen Artikel über ‚Monopolsozialismus'."

28. 12.: „Aus unserer Grundorganisation ist die Hälfte ausgetreten. Auf unserer Versammlung am Donnerstag sehr scharf von allen die Defensive der Führung attackiert. Thomas wird eine Resolution formulieren, die wir besprechen und mit einem Begleitbrief von mir an Gysi senden werden. Die Situation in der Partei ist wirklich sehr, sehr ernst, die Unzufriedenheit mit der defensiven Führung allgemein. Natürlich besteht auch ein überaus feindlicher Druck auf die Mitglieder, von denen jetzt über die Hälfte ausgetreten ist, vor allem

Betriebsarbeiter, viel weniger in den Wohngruppen, in denen aber ganz überwiegend alte Mitglieder (Rentner) sind."

1. 1. 1990: „Marguerite fand das Interview mit Gregor Gysi im ND noch besser als ich. Es wäre schön, wenn er sich wirklich als Parteiführer bewährte – und so wichtig für uns! Die Stimmung gegen die Partei ist immer noch groß, aber auch die Treue zu ihr. Nur die Jugend ist uns wirklich verlorengegangen, und sie müssen wir wiedergewinnen."

14. 1.: „Am Freitag hatten wir unseren ersten ‚Rat der Alten‘. Gysi war ganz ausgezeichnet. Die Beratung von 3 Stunden widmete wohl 2 Stunden der Frage, was man mit dem Eigentum der Partei machen sollte. Nur ganz wenig, meinte Gysi, sei nicht juristisch abgesichert.

Mir speziell stellte er noch die Frage, ob man Eberlein ausschließen müßte.

Sprach in den Isolierwerken hier in Weißensee. Die Grundorganisation hat etwa die Hälfte ihrer Mitglieder verloren, aber die, die in der allerletzten Zeit die Partei verlassen haben, werden von den Parteilosen und Mitgliedern von anderen Parteien als Karrieristen beschimpft."

4. 2.: „Gestern war ‚Rat der Alten‘. Gysi wieder eine reine Freude, auch wenn ich die Führung wegen ihrer defensiven Haltung und ihrer kümmerlichen Publizitätspolitik angreifen mußte. Auch verlangte ich, daß endlich Leute, die sich auf Journalistik verstehen, das ND machen. Vor allem plädierte ich für eine offensive Linie. Die Partei ist von 2,2 auf 0,8 Millionen Mitglieder geschrumpft.

In jedem Fall waren alle, die sprachen, auch ich natürlich, für ein gutes Verhältnis zur SPD. Als ich in Tutzing (Evangelische Akademie) die Frage stellte, was geschieht, wenn wir nach dem 2. Dezember sowohl in der BRD wie auch in der DDR eine SPD-Regierung haben, meinte Grass ganz spontan: Sie werden sich verkrachen. Alle lachten, aber keiner widersprach."

11. 2.: „Das am Sonnabend veröffentlichte Wahlprogramm der PDS hatte, auf meine vorangehenden Interventionen hin, einen starken Absatz über die Förderung der Wissenschaften.

Las in meinem Tagebuch, daß ich im Dezember 1989 noch glaubte, wir würden aus den Wahlen als stärkste Partei hervorgehen. Wie hat sich die Situation geändert! Jetzt rechnet jeder mit einem Sieg der SPD. Frage ist nur, ob sie die Mehrheit der Sitze erhält. Wenn nicht, sie sie aber mit uns hat, sollte man eine SPD-Regierung von unserer Seite tolerieren."

4. 3.: „Unsere Grundorganisation im Institut, die ja auf die Hälfte zusammengeschmolzen ist, wird in ihren Zusammenkünften immer erfreulicher. Wir sind uns alle viel näher und vertrauter, wenn auch nicht alle gleicher Stimmung, was Optimismus und Pessimismus betrifft. Ich bin wohl der Optimistischste, weil der historisch Erfahrenste. Solche Perioden wie die jetzige hat es oft in der Geschichte des allgemeinen Fortschritts gegeben. Doch im Unterschied zu den anderen werde ich die Wendung zu neuem Fortschritt bei uns nicht mehr erleben."

11. 3.: „Ersah mit Freude, daß eine Veranstaltung mit der PDS und zahlreichen anderen linken Gruppierungen stattfindet. Der richtige Weg. Und wenn wir der SPD Zusammenarbeit angeboten haben und diese strikt abgelehnt hat, so ist das aus wahltaktischen Gründen völlig richtig gewesen. Werde mich aber nach der Wahl wieder mit Ibrahim Böhme in Verbindung setzen."

Was für eine Illusion am 18. 3. (Wahltag)!: „Wir gewinnen wieder von Tag zu Tag an Boden. Gefährlich ist vor allem die Kohlsche Allianz im Süden.

Endlich auch wieder eine Partei – wie zu Lenins und Maos frühen Zeiten, wie auch ganz zu Beginn der

KPD –, in der die Intelligenz eine führende Rolle spielt. Gysi als Parteiführer und Modrow als Vaterfigur sind eine großartige Kombination."

6. 5.: „Gleich gehe ich zu den Kommunalwahlen. Ich hoffe, die Partei zeigt eine fortschreitende Konsolidierung.

Es wird wahrscheinlich eine ganze Reihe Parteilose geben, die in die Kommunalparlamente kommen, und das ist nicht schlecht.

Die Chancen der SPD sind schwer vorauszusehen. In Berlin wird sie wohl noch dazugewinnen, da die SPD hier gegen die Koalition ist. Aber im Lande? Vor zwei Tagen meldete sie Bedenken gegen das ausgehandelte Währungspaket an. Westliche Politiker erklärten, man brauche das nicht ernst zu nehmen, das sei reine Wahlpropaganda – interessant für die Stimmung unter der Bevölkerung."

17. 5.: „Las die große Rede Gysis auf der Tagung des Parteivorstandes. Bin mit manchem nicht einverstanden, etwa, daß er gegen ‚Schwarzmalerei' ist. Was verlangt er mehr als die katastrophale Zukunft, die auf uns, und die Krise, die auf die BRD zukommt?! Gut dagegen sein Verhalten der SPD gegenüber. Deren Haltung zu uns erinnert an die Weimarer Jahre, während wir uns absolut korrekt verhalten."

27. 5.: „Georg (Fülberth) und ich sprachen auch über die Chancen der PDS in einem vereinten Deutschland. Unter den gegenwärtigen Umständen bei der Stimmung der Bevölkerung sehen wir keine Chance, daß sie die 5-Prozent-Klausel überwindet. Um so wichtiger eine Vereinigung der Linken in der BRD."

16. 6., nach einer Sitzung der von Klaus Höpcke geleiteten Präsidiums-Kommissionssitzung „Kultur und Wissenschaft": „Auf der Sitzung wurde vor allem eine Erklärung der Partei zur Intelligenz besprochen. Ich sprach zur Intelligenzfeindlichkeit bzw. zur völligen

Unsicherheit der Partei gegenüber der Intelligenz seit dem Thälmannschen Zentralkomitee, zitierte aber auf der anderen Seite die Göttinger Sieben und den König von Hannover (siehe den Anfang meines Essays über die ‚Alten Gelehrten‘).“

12. 8.: „War auf der erweiterten Vorstandssitzung der PDS, zu der auch der ‚Rat der Alten‘ eingeladen war. Traf Ursula (Schwester – J. K.), Gunther Kohlmey und Schirdewan. Das Ganze sehr erfreulich, da zum ersten Mal ein wirklich offensiver Geist herrschte. Hatte ja an Gregor geschrieben, wie sehr mir der fehlte.“

21. 10.: „Sagenhaft in seiner primitiven Brutalität bzw. brutalen Primitivität der Überfall auf das Karl-Liebknecht-Haus. Das hat man doch in der Weimarer Zeit, als ich dort arbeitete, etwas geschickter arrangiert. Überaus erfreulich der Protest einiger linker FDP-Abgeordneten in Bonn.“

28. 10., nach dem Finanzskandal: „Habe nach der Finanzaffaire einen Brief an das Präsidium der Partei geschrieben. Ich hoffe, er nützt endlich etwas. Die Situation der Partei ist wahrlich ernst – und das wenige Wochen vor den Wahlen! Der zweite Mann unter Pohl war der zweite Mann in der alten SED-Finanzverwaltung. Kein Wunder, daß er sich solche Finanzschiebung ausgedacht hat – sicherlich ehrlich, aber eben im alten Geist erzogen.“

Natürlich hatten Gysi und der Rest des Präsidums nichts von der Gelder-Verschiebung „zur Sicherung von Mitteln für den Fall der Illegalität“ gewußt. Geheimdienste und Finanzabteilungen arbeiten stets geheim vor der Führung. Vielleicht hatten Kohl und seine Vorgänger auch keine Ahnung von all dem steuergesetzwidrigen Wahlhilfespendenempfang des Schatzmeisters der Partei.

## Meine Position

Merkwürdig gestaltete sich im Laufe der hier betrachteten Zeit meine Position, in manchem nicht unähnlich der von Stephan Hermlin und Christa Wolf.

Am 5. 11. 1989 notierte ich: „Ich selbst trete, abgesehen von Artikeln, nur in kleineren Versammlungen und nur Unten auf. Kein Wort bisher von Oben oder aus dem Apparat, was mir in der gegenwärtigen Situation nur recht ist."

Am 17. 12.: „Am Montag wurde, wie üblich, die ‚Weltbühne‘ an die Postämter zur Auslieferung an die Abonnenten am Dienstag geliefert. In ihr hatte ich einen Artikel, der zur Bildung von ‚Räten der Alten‘ von Oben bis hinunter zu den Bürgermeistern aufrief.

Am gleichen Montag rief mich Micha (Markus) Wolf, ohne eine Ahnung von dem Artikel zu haben, an, daß die Partei beim Vorstand eine Gruppe von alten Genossen bilden wolle und ob ich mitmachen würde. Ursula würde auch aufgefordert werden. Wir würden auch Ehrengäste auf der Parteitagsfortsetzung sein. Natürlich sagte ich zu.

In jedem Fall ist die Mitgliedschaft im ‚Rat der Alten‘ bei der Parteiführung für mich in meinem Alter eine Traumfunktion."

Irgendwie mußte Micha aber doch etwas von dem Artikel erfahren haben, denn später nannte er mich als den Initiator der Idee des „Rates der Alten", oder er hatte von einer der Versammlungen gehört, auf denen ich in den letzten Jahren diesen Gedanken geäußert hatte, um der Spitze den Abgang zu erleichtern.

28. 12.: „Am Montag Anruf von Kuhrig, vorübergehend Chef der DSF, ob er mich am Dienstag in einer ‚wichtigen Angelegenheit‘ sprechen könne. Als er um 13.00 Uhr kam, teilte er mir im Einverständnis mit Gysi mit, daß ich am Sonnabend auf dem außerordentlichen

Kongreß als Ehrenvorsitzender vorgeschlagen werden sollte. War wegen ‚Eulenspiegel' (der einen Hetzartikel gegen mich als ‚alten Stalinisten' gebracht hatte) etc. dagegen, aber er bestand darauf, als ‚Ehrenrettung für die schändliche Behandlung von mir in der Vergangenheit'. Sagte zu unter der Bedingung, daß die Sowjetfreunde zustimmten, was ihn verwunderte. Am nächsten Morgen: Der Botschafter habe ja gesagt, aber wolle noch Moskau anrufen (!). Eine Stunde später Ja aus Moskau und freundschaftlichste Zustimmung vom Botschafter (obgleich die Botschaft von mir, als ich, Mitglied der Akademie der Wissenschaften der UdSSR, 80 und 85 wurde, nicht die geringste Notiz genommen hatte). Gespannt, ob die Sache durchkommt und das ND eine Notiz bringt."

Ich wurde dann auf dem Kongreß gewählt.

1. 1. 1990: „Die DEFA ebenso wie Robert Steigerwald wollen morgen und übermorgen ein langes Interview. Auch der ‚Tagesspiegel' will eins.

Bin jetzt für das Halbjahr 1990 völlig ausgelastet, eher zuviel Vorträge. Darunter drei Auslandsreisen, eine vierte habe ich abgesagt bzw. auf das zweite Halbjahr verschoben."

14. 1.: „Der ‚Eulenspiegel' hatte eine ganze, äußerst boshafte, gehässige Seite gegen mich, weil ich für die Einführung von Lebensmittelkarten plädiert hatte – natürlich nicht, um Lebensmittel zu rationieren, sondern um nur eine bestimmte Menge Brot etc. für den billigen Preis zuzulassen. Wer mehr möchte, soll einen höheren Preis zahlen.

Auch schickt mir die Presse Briefe an sie zu, in denen ich scharf angegriffen werde.

Natürlich unvermeidlich und muß ertragen werden – was zitiert wird, sind entweder, wie es Kossok tut, Äußerungen aus der Zeit vor der Chruschtschow-Rede oder Äußerungen, in denen ich zum Beispiel Honecker lobe, weil er als einziger Generalsekretär in einem sozialistischen Lande Analysen der Lage in der Welt des Kapitals gab (die er sich bis Anfang 1987 von mir schreiben ließ)."

11. 2.: „Schrieb einen Artikel für die ‚Weltbühne‘ unter dem Titel ‚Zur Lage‘, der dem jetzigen Chefredakteur Helmut Reinhardt so gefiel, daß er vorschlug, jeden Monat einen Artikel unter diesem Titel zu haben. Nahm natürlich den Vorschlag an."

4. 3.: „Mein ADN-Artikel hatte keine Abdrucke in der Presse. Werde meine Arbeit für ADN aufgeben – nach langer, langer Zeit. Schade, aber man soll schnell erkennen, wenn die Presse sich so verändert hat, daß sie einen nicht mehr braucht. Es bleiben mir noch die ‚Weltbühne‘ und die ‚Junge Welt‘, gelegentlich vielleicht noch die ‚Berliner Zeitung‘. Das ND bringt anscheinend auch nichts mehr von mir. Wie anders das Ausland!"

11. 3.: „Wenn ich vorige Woche schrieb, daß vielleicht noch die ‚Berliner Zeitung‘ etwas von mir bringen würde, habe ich mich geirrt; sie hat einen kurzen Leserbrief von mir nicht gebracht. Wenn ich hinzugefügt hatte: wie anders das Ausland! (zu dem damals noch die alte BRD gehörte – J. K.), so bewahrheitet sich das wahrlich.

Nachdem am 8. 3. der Sender Freies Berlin da war, kam am 9. 3. das ZDF aus Westberlin zu einer Aufnahme über Subventionen. Am 14., 15., 16. und 21. kommt Bremen zu einem großen Film über mich, am 20. ein finnischer Genosse vom dortigen Rundfunk, am 29. habe ich in Essen ein langes Interview mit Gaus. Merkwürdig das Ganze."

25. 3.: „Die Versammlungen des Kulturbundes und der DSF werden immer weniger besucht. Auch wenn ich spreche. Aber die, die kommen, haben das gleiche Bedürfnis wie früher: Sie wollen Mut finden oder

zumindest Trost über die Zeiten. Zuvor, vor dem Aufbruch im Oktober, waren sie bedrückt oder empört über die Partei- und Staatsführung. Jetzt sind sie bedrückt über die Stärke der Rechten und die Vereinnahmung durch die BRD. In dieser Beziehung ist meine Aufgabe die gleiche. Aber während des ganzen Jahres 1989 konnte ich ihnen eine Wandlung innerhalb ganz kurzer Zeit versprechen. Heute muß ich ihnen sagen: Es kann eine Reihe von Jahren dauern, aber sie kommt bestimmt. Dabei begegne ich natürlich Zweiflern wie in den Jahren seit 1986/87, die mich zu optimistisch finden."

22. 4.: „Die Post ist erfreulicherweise zusammengeschrumpft – und bisweilen gibt es auch beschimpfende Briefe."

8. 5.: „War gestern bei der ‚Weltbühne', um meinen monatlichen Artikel ‚Zur Lage' abzugeben. Reinhardt erzählte mir – er tat es schon einmal, aber jetzt scheinen sie noch häufiger und energischer zu kommen –, wie viele Briefe er gegen mich und meine Artikel erhalte. Natürlich stehe er zu mir, aber er möchte mich doch seltener bringen. Insbesondere scheint mein letzter Artikel (zur Währungsunion) Empörung hervorgerufen zu haben, in dem ich aufzeige, wie katastrophal sie für *beide* deutsche Staaten sich auswirken würde.

Meinen letzten Artikel, den ich vor wohl 10 Tagen abgab, hat er nicht gebracht. Hauptargumente für die Ablehnung: Die Menschen seien gegen irgendeine Rechtfertigung unserer Vergangenheit. Wir hätten überhaupt keine Leistungen aufzuweisen. Die Sozialleistungen seien überzogen gewesen und hätten unserer Wirtschaft geschadet. Ich betriebe ‚Traumtänzerei', wenn ich darauf hinweise, daß der Sozialismus noch in der Sowjetunion und China existiere. Das, wie er sagte, die Argumentation in den Briefen, mit der er sich anscheinend identifizierte!

41

Merkwürdigerweise hat er den Artikel ‚Zur Lage‘, den ich ihm gebracht hatte, noch angenommen.

In jedem Fall werde ich zumindest in der nächsten Zeit nichts mehr für die ‚Weltbühne‘ schreiben. Wie schnell wendet sich so ein Chefredakteur. Die Zeitschrift ist immer noch gut für unsere Verhältnisse. Also muß man annehmen, daß er speziell von den Angriffen auf mich beeinflußt wird. Wie erstaunlich der Unterschied der Haltung zu mir im Westen und zu Hause – im Westen von Rechts bis Links an mir interessiert, zu Hause natürlich nur Links, außer PDS, gegen mich, Rechts kümmert sich nicht um mich.“

17. 5.: „Erhielt heute eine Einladung vom Bundespräsidenten zu einem Konzert in Westberlin. Werde auf Rat von Marguerite, obgleich sie nicht mit eingeladen ist, hingehen.“

20. 5.: „In der ‚Berliner Zeitung‘ erschien von Schwenk, einem treuen Stalinisten in der Vergangenheit, ein übel verlogener Angriff auf mich. Habe einen Gegenartikel geschrieben. Gespannt, ob man ihn bringen wird.“

31. 5.: „Klaus Höpcke rief mich an, er sei gestern in Halle gewesen, wo Leo Kofler gesprochen und mich lobend erwähnt habe. Es ist seit Monaten immer wieder dasselbe: Im Westen, auch in der BRD, hohes Ansehen für meine Haltung in der Vergangenheit, bei uns viel und böses Beschimpfen. Natürlich nicht in den vielen Versammlungen, die ich habe, aber in die kommen eben Menschen, die in ihrer Verzweiflung über die Entwicklung bei uns von mir Mut zugesprochen haben wollen.“

10. 9.: „In wie guter Gesellschaft befinde ich mich während unseres kulturellen Untergangs! Das ND meldete heute die anarchische Auflösung des Hauses der Deutsch-Sowjetischen Freundschaft am Kastanienwäldchen. ‚Werke von Kuczynski, Tendrjakow, Renn, Dostojewski, Gorki und Zweig wurden bereits von

Mitarbeitern des benachbarten Maxim-Gorki-Theaters aus diesem Bücherberg geborgen [...] Da müssen die Kuczynskis, Gorkis und Renns den Platz für Werbe- und Bankenunternehmen räumen, da streitet man um die beste ökonomische Verwertbarkeit von Geist – da ist Angst und Mißtrauen und eine gehörige Portion von Hilflosigkeit. Offensichtlich ist in Umbruch-Zeiten wieder einmal kein Platz für Feingeister. Oder?'"

22. 9.: „Vor allem zwei in ihrer Art merkwürdige Erlebnisse sind zu notieren. Am 14. September rief der Berliner Rundfunk an, ich hätte doch am 17. Geburtstag, und sie wollten in ihrer Sendung um 6.35 Uhr einen Glückwunsch mit einer Stellungnahme von mir zur ‚Einigung' bringen. Bei der Haltung bei uns zu Christa Wolf, Stephan Hermlin und mir, die wir Sozialisten geblieben sind, schon eine Merkwürdigkeit. Ich sagte dann auch, daß die Einigung für uns eine Katastrophe, für die BRD eine Krise bedeuten wird, daß ich aber fest mit einer neuen Wende, die ich wohl nicht mehr erleben werde, rechne, und daß ich mir die Vorfreude auf diese Wende nicht nehmen lassen würde. Tatsächlich brachten sie auch alles. Um 8.00 kam dann Gretel (Kreipe, meine Sekretärin – J. K.) zur Arbeit und sagte mir, wie sie sich um 7.00 gefreut habe, mich zu meinem Geburtstag im RIAS gehört zu haben. Ganz offenbar hatte der Westberliner Sender schnell übernommen. Ganz offen gesagt, bei meiner heutigen Position in der Welt hat mich der RIAS weniger überrascht als der Berliner Rundfunk.

Dazu Interviews am 10., 12., 13., 20. September, das letzte für die Londoner ‚Times', am 11. eine Versammlung bei Robotron in Radeberg, am 16. die Westberliner Veranstaltung, am 18. einen Artikel für die ‚Junge Welt' abgegeben.

Das Leben geht weiter, wenn auch nicht ‚wie gehabt', und doch in mancher Weise unverändert."

14. 10.: „Es ist aus mit der regelmäßigen Mitarbeit in Form von Artikeln. Vor fast einem Jahr ließ mich die neue ADN-Leitung wortlos mit meinem monatlichen Beitrag fallen. Vor einigen Wochen mußte ich von mir aus mit der ‚Weltbühne‘ Schluß machen, und jetzt mache ich Schluß mit ‚horizont‘, an dem ich seit Nr. 1 regelmäßig monatlich einmal mitgearbeitet hatte. Mein letzter Artikel war ihnen zu kritisch, und überdies hat ihnen ihr westdeutscher Partner befohlen, sich künftig auf die 5 Bundesländer der ehemaligen DDR in der Thematik zu beschränken. Ende des Journalisten J. K.

Natürlich nicht Ende des Schreibens von Artikeln hie und da. Aber ich hatte doch seit 1967 so häufig für die ‚Weltbühne‘ geschrieben, seit 1968 regelmäßig für ‚horizont‘, seit 1971 für ADN. Das Ganze ist typisch für die Entwicklung der Situation für uns, die wir innerhalb der Partei in Opposition standen und Genossen geblieben sind.

Man schickte mir einen zweispaltigen Artikel über mich in der Londoner ‚Times‘ vom 29. September. Überschrieben: ‚Berlin ideologist keeps faith with the »great« Stalin.‘ Natürlich hatte ich kein Wort in dieser Richtung gesagt. Auch anderes ist einfach ausgedacht. Das Ganze aber nicht ausgesprochen unfreundlich, wie so vieles im Ausland über mich nicht feindlich.“

21. 10.: „Habe eine neue Art von Berühmtheit erreicht. Bin, wie der ‚Sonntag‘ bemerkt (siehe nachfolgend) zur ‚Unperson‘ geworden wie große historische Gestalten, die aus der Geschichte ‚realsozialistischer‘ Länder ausgemerzt wurden. Nur geschieht das eben heute, nach der Wende, in der DDR bzw. auf ihrem ehemaligen Gebiet. Grotesk!“

Schrieb an das ND, das den Brief auch brachte:

19. Oktober 1990
Chefredaktion
Neues Deutschland
Franz-Mehring-Platz 1
Berlin
1017

Liebe Genossen:

Vielleicht könnt Ihr diese „amüsante Tatsache" irgendwie verwenden:

Der „Sonntag" Nr. 42 vom 21. Oktober hatte freundlicherweise eine Besprechung meines Buches „Schwierige Jahre – Tagebuchblätter 1987 – 1989", die so beginnt: „Unlängst hörte ich, einem Mann, der in einer Berliner Buchhandlung, in einer Ost-Berliner, muß man der Genauigkeit halber wohl betonen, Jürgen Kuczynskis neues Buch ‚Schwierige Jahre – Tagebuchblätter 1987 – 1989' erwerben wollte, bedeutete der Buchhändler, von diesem J. K. werde es – solange der noch PDS-Mitglied sei – bei ihm kein Buch geben. Kuczynski – vom DDR-Bestseller-Autor zur Unperson?"

Am gleichen Tag erhielt ich die UZ, das Organ der DKP, in dem ebenfalls eine Besprechung dieses Buches war. Der Besprechung wurde ein PS angefügt, das lautete: „Ein PDS-Genosse erzählte mir, daß er in einer früheren Volksbuchhandlung in Pankow das neue Kuczynski-Buch kaufen wollte. Die Antwort der Verkäuferin: ‚Kuczynski? Den führen wir nicht, solange der noch in der PDS ist.'"

4. 11.: „War von der FAZ zu einer Veranstaltung in Westberlin eingeladen, auf der Pöhl recht langweilig und Biedenkopf brillant sprach. Sollte mit B. ein Streitgespräch in Westberlin haben, das er leider nach seiner Wahl zum Ministerpräsidenten abgesagt hat. Traf dort von unserer Seite Heiner Müller, Christa Luft, Heinz

45

Knobloch, Günther Wirt und Klaus Höpcke. Letzterer erzählte mir, daß nach der Geldschwindelkatastrophe Gregor Gysi meinen Brief an ihn vom 14. Juli und meinen letzten Brief an das Präsidium an alle Präsidiumsmitglieder verteilt hat. Beginn einer besseren Kollektivität.

Soll morgen gefilmt werden – 1 Stunde und dann noch 1 Stunde Filmen im Haus, aber ohne mich. Wohl der vierte Film über mich – zwei liegen im Archiv, und was aus den anderen geworden ist, habe ich keine Ahnung und interessiert mich nicht."

Die Filmgesellschaft kam „natürlich" aus der alten BRD.

## Meine Arbeit

Wie fröhlich notierte ich am 19. November 1989: „Das Leben wird immer intensiver, allgemein, aber auch für mich.

Montag: Interview mit ‚Tribüne', das am 17. erschien;

Dienstag: Interview mit ‚Berliner Zeitung', das am 18. erschien;

Mittwoch: Vortrag vor Wirtschaftshistorikern in Holtzau;

Donnerstag: auf Akademietagung gesprochen, Führung der Akademie Mißtrauen ausgesprochen. Artikel für ‚Einheit' geschrieben und abgeliefert;

Freitag: Besprechung der Lage in Akademie mit Günter Kröber. Artikel für ‚Weltbühne' geschrieben und abgeliefert;

Sonnabend: Interview mit einer japanischen Wochenschrift, Artikel für ‚horizont' geschrieben;

Sonntag, heute: Artikel für ‚Marxistische Blätter' begonnen."

17. 12.: „‚Probleme des Friedens und des Sozialismus'
hat endlich meinen Brief gebracht – also erst nach der
Wandlung bei uns, obgleich man mir im Mai schon
geschrieben hatte, daß man meinen Brief bringen würde. Sie werden auch das ‚horizont'-Interview mit ein-
leitenden und abschließenden Worten von mir nachdrucken."

Wie aktiv beginnt das neue Jahr! 7. Januar 1990:
„Schreibend aktiver als je. Gestern einen Beitrag für ein
Buch im Dietz-Verlag geschrieben, heute einen Artikel
über Bedeutung und Zustand unserer Wissenschaften.

Und, für mich wichtig, eine Idee für ein Buch! Es soll
vom Zustand in den letzten Jahren handeln – stark auf
Grund von Notizen dieses Tagebuchs. Es kann eine
nicht unwichtige Sache zur Beurteilung der letzten Jahre werden. Bin im Grunde sehr erstaunt, daß ich doch
noch ein Buch schreiben werde. Und auch froh.

Während die erste Hälfte dieses Jahres noch reichlich
gefüllt ist mit Vorträgen, möchte ich ab der zweiten
Hälfte abbauen: Juli und August praktisch frei und dann
nicht mehr als einen pro Woche. Lieber mehr schreiben,
zumal ich jetzt wieder für die ‚Junge Welt' schreiben
will."

11. 2.: „Schrieb heute für John Erpenbecks Buchplan
einen Artikel über Schöne Literatur und Gesellschaftswissenschaften.

Beendete gestern mein neues Buch, das ja fast nur aus
Tagebuchauszügen besteht. Hoffe, daß Gretel es bis
Ende März abgeschrieben hat. Gespannt, ob ich es hier
(bei Dietz?) veröffentlichen kann."

18. 2.: „Sprach gestern in der Nähe von Storkow zu
etwa 70 Schülern in einer von der Kirche unterhaltenen
Ferien-Lern-Veranstaltung. Natürlich wie immer eine
Freude, Fragen vor allem Vereinigung und Sozialismus
betreffend, auch von den anwesenden vier Pfarrern.

Lehnte ab, nach Mainz zu fahren, um dort um 22.10

Uhr in irgendeiner Sendung des Nord-West-Fernsehens zu sprechen."

25. 2.: „Die Interviews häufen sich wieder. Vorgestern ein italienisches Fernsehen, diese Woche ein japanisches."

4. 3.: „Morgen wird eine kleine Sache, um die mich die UZ gebeten hatte, abgeholt.

Am 7. 3. kommt ein japanisches Fernsehen.

Am 8. 3. kommt der Sender Freies Berlin, und dazu die Vortragsreisen in die BRD und nach Österreich. Doch die Vorträge bei uns sind reichlich wie eh und je. Merkwürdig das Ganze."

11. 3.: „Gretel ist fertig mit dem Abschreiben des Buches (‚Schwierige Jahre‘). Da die Verlagsleute natürlich alle auf der Leipziger Messe sind, habe ich mich mit Fiebig vom Dietzverlag erst am 20. verabreden können. Will den Verlag unterstützen, auch wenn es eine Parallelauflage in der BRD erschwert.

Aber ich muß natürlich alles tun, um diesen vor der ‚Wende‘ so unerträglichen Verlag zu unterstützen. Minimumpflicht eines uralten Genossen."

18. 3.: „Ganz traurig: Günter Gaus hat sein Interview mit mir auf der Essener Oral History-Tagung wegen zeitlicher Überlastung abgesagt. Er ist doch der beste deutsche Befrager von Persönlichkeiten. Fahre also nicht nach Essen.

Die Beiträge zur Geschichte der Deutschen Arbeiterbewegung brachten einen Aufsatz über den Briefwechsel Paul Merker – Wilhelm Koenen 1945 zur deutschen Frage. Will ihnen meinen gleichzeitigen Briefwechsel mit Paul zur gleichen Problematik anbieten."

25. 3.: „‚Constructiv‘ hat den Tagebuch-Band angenommen. Er soll im Juli herauskommen. War bei Dietz, um ihnen das Manuskript von ‚Menschenpflichten‘ in der 1. Auflage zu schenken, wenn sie es herausbringen wollen. Werde Dienstag in 8 Tagen Bescheid erhalten.

Fiebig, der amtierende Leiter, machte keinen besonderen Eindruck auf mich.

Gab am Donnerstag einen Artikel für die ‚Weltbühne‘ ab und kam dadurch zur Feier von Theeks Geburtstag (65 Jahre). Er fühlt sich so schwach, daß er nicht einmal Briefe schreiben kann."

8. 4.: „Kaschuba aus Tübingen machte ein Interview von 1 Stunde über meine ‚Persönlichkeit‘ mit mir. Der Südwestfunk zahlt sogar ein Honorar. Habe solche Interviews bisher immer einfach so gemacht, will aber mit solchen Gratis-Performances jetzt aufhören."

27. 5.: „Sprach gestern in der Stephanusstiftung vor 180 Diakonen und ihren Frauen über Menschenpflichten. Mein erster Vortrag zu diesem Thema. Ich glaube, es ging ordentlich. Die Diskussion, die von den Diakonen aufgeworfenen Fragen dagegen waren ganz ausgezeichnet.

Sprach in Treptow in einer Buchhandlung. Irene Gysi war da. Sie war ganz glücklich, Gregor am Sonntag zu sehen, da er so wenig Zeit für sein privates Leben hat. Natürlich war es eine Freude für mich, kurz mit ihr zu plaudern. Wie gern erinnere ich mich auch an die frühen Zeiten, wenn sie und Klaus und ich, etwa 1946, von Marguerite aus England gesandte Süßigkeiten verschlangen."

5. 6.: „Sprach gestern zweimal in der Volksuni in Westberlin und Freitag im RIAS.

RIAS, ein Forum mit Frau Cornelsen, der ausgezeichneten Kennerin der DDR-Wirtschaft im Westberliner Wirtschaftsinstitut, Martin Maaßen, einem unserer Staatssekretäre für Finanzen, dem Vorsitzenden der Citybank in Frankfurt am Main und einer klugen Außenwirtschaftsexpertin der BRD namens Hoppe. Natürlich sagte ich, wie stets seit dem Staatsvertrag und dem Vorziehen der Währungsunion, für uns eine Katastrophe und für die BRD eine sehr ernste Wirtschaftssituation, wenn nicht gar eine Krise noch in diesem Jahr voraus. Unser Staatssekretär sprach am längsten von uns und am uninteressantesten, fast nur technisch über sein Fachgebiet, Steuern. Hoppe klug zu ihrem Spezialgebiet. Klassisch geradezu der Citybank-Vorsitzende, ein straffer, dogmatischer Marktwirtschaftsvertreter. Als ich von der kommenden Inflation bei uns sprach, versicherte er uns, das bringe die freie Marktwirtschaft sofort in Ordnung. Ganz ausgezeichnet war Frau Cornelsen, die sich häufig im ersten Satz von mir allgemein distanzierte und mir dann in dem, was ich gesagt hatte, recht gab. Ich war, glaube ich, ordentlich. Erika (Behm – seit Jahrzehnten meine Assistentin – J. K.) fand, daß ich mich zu sehr im Hintergrund hielt, aber das tue ich im allgemeinen, wenn ich auf einem Forum bzw. in einer Gesprächsrunde spreche. Der Gesprächsleiter, ein Herr Rexin, sehr fair und geschickt.

Gestern sprach ich zweimal in der Volksuni. 40 Minuten vorlesen aus meinem Tagebuch 1987/89 und 10 Minuten über die Zukunft des Sozialismus mit anschließend einer Stunde Diskussion, von 10.00 bis 11.45 Uhr. Der Saal, der etwa 250 Zuhörer faßt, so überfüllt, daß etwa 100 stehen mußten. Genau das gleiche am Nachmittag von 15.00 bis 17.00 Uhr bei einem Forum über die Perestroika in der SU zusammen mit Haug, der im Vorjahr das Forum mit Mandel leitete, einem Inder Agee, der entsetzlich dogmatisch sprach, und einem Schweizer als Leiter. Wieder, glaube ich, ordentlich gewesen."

Einen Monat später, am 1. Juli: „Hatte am Donnerstag ein Interview mit dem BBC und am Freitag mit dem ‚Kölner Stadtanzeiger', und während meiner Abwesenheit in Salzburg wollte das Spanische Fernsehen ein Interview haben. Sagenhaft das Interesse des Auslands – und die relative Gleichgültigkeit hier ... oder die ausgesprochene Feindschaft gegen alle Widerständler der Vergangenheit, die wahre Sozialisten geblieben sind ..."

Begann im Juli den zweiten Band meiner Memoiren (1945 – 1990) zu schreiben. Die zweite Eintragung nach dem Beginn (22.7.): „Marguerite ist ganz entsetzt über die ersten Seiten meiner Memoiren, in denen ich natürlich über meine Spionagetätigkeit berichte. Werde mit Gretel darüber sprechen, da ich glaube, daß M.s Entsetzen auf ihren Gesundheitszustand zurückzuführen ist, denn diese meine Tätigkeit ist ja international bekannt."

5. 8.: „Am Montag erhielt ich die ersten Exemplare meiner Tagebücher 1987/89. Natürlich gespannt auf die Reaktion. Leider voller Druckfehler. Man hatte ein Druckverfahren angewandt, bei dem ich keine Korrekturen bekam.

Genieße meine vortragsfreie Zeit mit den vielen schreibensreichen Tagen und der kurzen Mittagszeit im Institut und dem behaglichen Essen mit Erika (Behm). Fahre jetzt nur noch 2x in der Woche mit ihr ins Ministerkasino essen."

12. 8.: „Habe heute meinen Vortrag für Nürnberg über Anna Seghers beendet. Ich glaube, er ist ihrer würdig. Hoffentlich kann er veröffentlicht werden.

Schrieb einen aufregenden Artikel für die ,Junge Welt' über Deutschlands Wirtschaft um die Jahreswende 1990/91. Zeige, wie das geeinte Deutschland noch quantitativ an Stärke gegenüber den anderen drei Großen in Westeuropa gewonnen, aber wegen der Wirtschaftsschwäche der DDR qualitativ, etwa im Sozialprodukt pro Kopf der Bevölkerung, verloren hat. Das gleiche gilt für Arbeitslosigkeit und Inflation. Kann unter Umständen Beachtung finden, da noch niemand solche Berechnungen gemacht hat."

18. 8.: „Schreibe weiter eifrig an den Memoiren. Habe das Kapitel 1950 – 1957 beendet. Nach meiner

Rückkehr vom Internationalen Wirtschaftshistoriker-Kongreß, zu dem ich morgen bis Mittwoch fahre, beginnt das traurige Kapitel 1958.

Beendete die Durchsicht meines Vortrags für Nürnberg über Anna Seghers. Gretel ist mit ihm zufrieden."

26. 8.: „Bin mit dem so unerfreulichen Kapitel ‚1958‘ der Memoiren fertig. Es ist ein Musterbeispiel für die Art, wie unverschämt und gemein die Partei mit guten Genossen der Intelligenz umging – genau wie unter Stalin, jedoch ohne physischen Terror."

2. 9.: „Bin jetzt fest entschlossen, nicht mehr für die ‚Weltbühne‘ zu schreiben. Schade.

Dagegen drängt die ‚Junge Welt‘ auf Beiträge. Ganz rührend bat mich auch die westdeutsche UZ um einen monatlichen ‚Gastbeitrag‘. Habe aber einen regelmäßigen Beitrag abgelehnt, da er mich zu sehr bindet."

14. 10.: „War bei Elmar Faber vom Aufbau-Verlag. Sehr erfreulich und herzlich. Er scheint sich als selbständiger Verlag durchschlagen zu können. Will natürlich Bd. 2 der Memoiren herausbringen."

26. 10.: „War am Freitag bei einer holländischen ökumenischen Gemeinde in Westberlin. Die Leiterin (Krämer-Haus) kannte ich von einem Besuch vor etwa 10 Jahren bei dem Theologen Fink. Alle Besucher links, zum Teil PDS. Sprach wie üblich 10 Minuten und dann hatten wir fast 1 1/2 Stunden eine gute Diskussion. Wenn es uns nur gelingt, die Linken zu einigen."

11. 11.: „Am Montag von einer westdeutschen Firma gefilmt – mein Leben in diesem Jahrhundert. Sie kamen auch am Dienstag ins Institut, und zufällig traf ich sie auch am Mittwoch vor dem Akademieverlag, als sie noch einmal filmten.

Am Mittwoch ein SFB-Interview.

Am Donnerstag sprach ich auf einer PDS-Veranstaltung in Alt-Marzahn.

Am Freitag ein Interview mit der Leipziger Volkszeitung – Fragen der Zeit.

Sonnabend auf der Vorstandssitzung der PDS beschlossen wir, daß der ‚Rat der Alten' (ebenso wie einige andere Nebenorganisationen der Partei) ständig an den Sitzungen des Parteivorstandes als Gast teilnehmen soll.

Traf wie immer dort eine Reihe alter Freunde und Bekannter; viele kennen mich, nicht wenige wollen Autogramme, aber ich kenne nur ganz wenige von den Nicht-Alten. Es gab eine Abstimmung über die Zulassung der Öffentlichkeit zu den Vorstandssitzungen. Ich verlangte, daß das nur für Parteimitglieder gilt, blieb aber bei der Abstimmung in einer sehr kleinen Minderheit, zu der jedoch zu meiner Freude Hans Modrow gehörte. Jetzt werden wir also Nazis, Republikaner und Skinheads bei unseren Vorstandssitzungen als Gäste haben. Einfach grotesk, dies ‚antistalinistische' Umkippen in den umgekehrten Fehler.

Beispiel einer Woche. Man kann nicht sagen, daß ich zurückgezogen und unbeachtet von der Welt lebe.

Doch an den meisten Vormittagen kam ich zur Arbeit an dem zweiten Band der Memoiren.“

25. 11.: ,,Am 13. sprach ich in Leipzig, organisiert von der PDS-Gruppe der Fakultät Journalistik, zu etwa 200 Studenten zu Fragen der Zeit. Es war seit längerem wieder eine menschenreiche Versammlung und lohnend, auch wenn mich solche honorarlosen Treffen in der ehemaligen Republik mit Benzin und Verpflegung von Graf und mir etwa hundert Mark kosten. Aber die Jugend braucht solche Veranstaltungen mit mir.

Am 15. eine Verabredung mit Frank Schumann für die ‚Junge Welt' getroffen. Ich werde alle ein bis zwei Wochen einen Wirtschaftsartikel für sie schreiben. Nur jeder zweite braucht bezahlt zu werden. Wenn sie ohne meinen Namen veröffentlichen wollen, können sie, wann immer es ihnen paßt, ein Pseudonym wählen.

Am 24. nachmittags in Weißensee auf einer PDS-Wahlversammlung gesprochen. Mit mir im ‚Podium' drei reizende junge Frauen, Linke, Abgeordnete von Weißensee, Berlin und Bonn. Lene Berg kam ebenfalls zu Besuch.

Wenn man bedenkt, daß ich nächste Woche Mittwoch und Donnerstag in Ulm bei einer evangelischen Institution bin, um dort über Probleme der Einheit und des Sozialismus zu sprechen, kann ich froh sein, wie aktiv ich noch wirken kann."

## Die Akademie

Die Zeit, die wir hier behandeln, brachte so manche, zumeist ungenügende, Selbstkritik der Gesellschaftswissenschaftler der DDR und zugleich den noch nicht völlig gelungenen Versuch eines Kahlschlags der Wissenschaft durch Bonn, sei es von Regierungsseite oder von seiten westdeutscher Wissenschaftsinstitutionen und Wissenschaftler.

Am 9. 12. 1989 berichte ich aus der Akademie: „Der Präsident, das ganze Präsidium, außer Werner Kalweit, haben am letzten Donnerstag in einer Sitzung der Akademiemitglieder das Vertrauen erhalten. Meiner Ansicht nach zu unrecht, da sie, im Gegensatz zu anderen Präsidien der kulturellen Sphäre, in der Vergangenheit eine besonders schwache Rolle gespielt haben."

1. 4. 1990: „Die Stimmung in der Akademie schlecht und wirr. Die Leitung ist völlig unfähig, läßt alles schleifen. So ganz im Gegensatz zu den jüngeren Wissenschaftlern, auch einigen Direktoren wie des sehr aktiven Thomas. Die nächsten zwei Wochen sollen entscheidende Veränderungen bringen. Aber stark ab-

gebaut soll in jedem Fall werden, insbesondere bei den Gesellschaftswissenschaftlern. Hoffentlich bleibt mein Institut voll erhalten."

In der Tat erwies sich der alte Präsident als völlig unfähig, in den Gang der Geschichte einzugreifen. Darum auch eine Woche später: „In den nächsten 14 Tagen eine Reihe von Sitzungen über die Veränderungen in der Akademie, einschließlich der Wahl einer neuen Leitung und eines neuen Statuts. Man spricht von einer Halbierung der Zahl der Mitarbeiter. Die jetzige Leitung war und ist ohne jede Perspektive, hat auch an der Bewegung des letzten Halbjahres praktisch nicht teilgenommen. Noch elender als die Kulturbund-Leitung."

Wieder über die Akademie am 16. Juni: „Am Freitag abend war der neugewählte Präsident der Akademie beim Ministerpräsidenten. Hoffentlich wird er noch zum Leibniz-Tag bestätigt. Der jetzige Zustand hilfloser Defensive und versäumter Gelegenheiten ist unerträglich. Es heißt, daß noch in diesem Jahr ein Drittel der Mitarbeiter entlassen werden muß, wegen Kürzung der Mittel. Die neue Regierung ist noch viel rücksichtsloser gegenüber Wissenschaft und Kultur als die alte Partei- und Staatsführung."

5 Wochen später (22. 7.) über mein Akademieinstitut: „Thomas scheint in Göttingen (Geschichtsinstitut der Max-Planck-Gesellschaft) recht erfolgreich für die Erhaltung unseres Instituts plädiert zu haben. Es wäre natürlich ein Jammer, wenn dieses größte Institut für Wirtschaftsgeschichte in der Welt mit seinem wirklich internationalen Ruf kaputtgemacht werden würde. Aber bei der Haltung unserer Regierung und der in Bonn zu unserer Wissenschaft, allgemein zu unserer Kultur, ist alles möglich."

Am 26. 8. wieder zur Akademie: „Hatte dem Präsidenten der Akademie, den ich zuvor überhaupt nicht gekannt oder gar gesprochen hatte, einen ermutigenden Brief zu seiner offensiven Haltung im Kampf um die Akademie geschrieben und angeregt, ein Plenum der Akademiemitglieder zu seiner Unterstützung einzuberufen (siehe nachstehend). Darauf erhielt ich folgenden, mich natürlich rührenden und erfreuenden Brief von ihm, den ich gleich beantwortete."

Berlin, 17. August 1990
An den Präsidenten der Akademie
der Wissenschaften der DDR
Herrn Professor Dr.sc. H. Klinkmann
Otto-Nuschke-Str. 22/23
Berlin
1086

Sehr geehrter Herr Präsident
Lieber Herr Klinkmann:
Zuerst und zuzweit Dank für die Freude über Ihr deutliches Auftreten gegen die Akademie-Vernichtungspläne der Wissenschaftsminister der beiden deutschen Staaten – auch angesichts der mir unverständlichen Zurückhaltung unserer beiden Vizepräsidenten.
Zudritt eine Anregung: Sollte nicht ein außerordentliches Plenum zu Ihrer Unterstützung stattfinden?, und sollten sich nicht die einzelnen Akademiemitglieder von sich aus an die nationale und internationale Öffentlichkeit wenden?
Mit sehr vielen guten Wünschen
Ihr

Schliemannstraße 7
Rostock 1, 2500
20. Aug. 1990
Horst Klinkmann
OMR Prof. Dr.sc.med., Dr.h.c.mult.

Lieber Jürgen Kuczynski!

Es war schon eine große Freude, von Ihnen direkt Post zu bekommen, ich danke Ihnen von Herzen dafür. Manchmal fühlt man sich in dieser so irren und wirren Zeit schon so etwas wie ein einsamer Rufer in der Wüste, und ich wäre sicherlich schon glücklich, wenn manche unserer Akademiemitglieder ein bißchen mehr Mut für öffentliche Arbeit hätten, etwas, was Sie, lieber Jürgen Kuczynski, Ihr Leben lang bewiesen haben, von dem aber offenbar in der Gesamtheit doch weniger vorhanden ist, als man gehofft hat.

In dem „Pressekrieg", den ich bewußt nach der Amtsübernahme im Interesse unserer Akademie entfacht habe, liegen wir vielleicht sogar im Moment nach Punkten vorne, das muß aber nicht bedeuten, daß nicht irgendwann nicht irgendwie ein Tiefschlag erfolgen wird.

Ich freue mich sehr, daß wir den gleichen Gedankengang hatten, ich habe unseren Vizepräsidenten für das Plenum, der dieses offensichtlich erst zu Ende September einberufen wollte, davon in Kenntnis gesetzt, daß ich doch ein außerordentliches Plenum für Ende August als absolut notwendig ansehe, die Einladung müßte in nächster Zeit bei Ihnen eingehen.

Wollen wir all denen, die uns nicht mehr haben wollen, es nicht so leicht machen.

Mit einem großen Dankeschön und vielen guten Wünschen

Ihr

gez. Horst Klinkmann

Berlin, 27. August 1990
An den Präsidenten der Akademie
der Wissenschaften der DDR
Herrn Professor Dr.sc. H. Klinkmann
Otto-Nuschke-Str. 22/23
Berlin
1086

Lieber Herr Präsident
Lieber Herr Klinkmann:
Seit mehr als vier Jahrzehnten habe ich offizielle und persönliche Briefe von Präsidenten unserer Akademie erhalten. Doch keiner hat mir solche Freude gemacht wie der Ihre vom 20. August.

Glücklicherweise bin ich in der günstigen Lage, Ihnen nicht nur Dank zu sagen, sondern auch zu berichten, am vergangenen Montag auf dem Kongreß der Internationalen Gesellschaft der Wirtschaftshistoriker in Louvain ganz in Ihrem, in unserem Sinne tätig gewesen zu sein. Ich habe dort mit dem neuen Präsidenten der Gesellschaft, einem Italiener mit viel Einfluß sowohl in der Wirtschaft wie in der Wissenschaft, mit einem Honorary President der Gesellschaft, mit dem Direktor des Braudel-Instituts in New York und mit einem Professor am Maison des Sciences Sociales in Paris besprochen, daß ich ihnen einen Brief über die Riesenhuber-Absichten betreffend unsere Akademie und damit auch speziell des Instituts für Wirtschaftsgeschichte schreiben werde und daß sie mir in ihren offiziellen Funktionen einen entsetzten Antwortbrief schreiben werden.

Mit vielen guten Wünschen
Ihr

Horst Klinkmann erwies sich als der beste Präsident in der Zeit meiner Akademie-Mitgliedschaft. Mutig und klug für die Interessen der Akademie eintretend – trotz mangelnder Unterstützung durch Kräfte, die ihm zur Seite stehen sollten –, aufgeschlossen für guten Rat, menschlich sich um Schwierigkeiten von Kollegen kümmernd. Eine reine Freude ist es stets, ihm zu begegnen, auch wenn man nur wenige Minuten mit ihm spricht.

Am 18. 10. zum Institut: „Es ist, wie Thomas mit Recht feststellte, zu 99 Prozent sicher, daß unser Institut für Wirtschaftsgeschichte an der Akademie nicht weiterbestehen wird. Wie er formulierte: ‚Ein Kuczynski baute es auf, ein Kuczynski muß es abbauen.‘

Es wurde ganz klar, daß die Auflösung vom Wissenschaftsrat und Riesenhuber von vornherein, noch bevor die ‚Evaluationskommission‘ des BRD-Wissenschaftsrats es am Montag besichtigte, beschlossene Sache war. Das größte Wirtschaftsgeschichtsinstitut der Welt mit internationalem Ansehen war für die Westdeutschen nicht tragbar. Schade, daß Knut Borchardt und Jürgen Kocka (Mitglieder der Evaluationskommission) so versagt haben. Das Ganze ist doch ein echter Verlust für die Wissenschaft, die deutsche wie die internationale.

Die, die ich bei der Gründung vor mehr als einem Dritteljahrhundert um mich geschart hatte, sind heute Rentner oder können in den Vorruhestand treten. Schwer wird es für die Nachfolgegenerationen werden.

Ein Jammer natürlich auch um die vielversprechenden Forschungsprojekte, die nun nur weiter und zu Ende geführt werden können, wenn Universitäten oder eventuell die Max-Planck-Gesellschaft, Institut für Geschichte, sie teilweise übernehmen.

Interessant auch, daß der Leiter, Kaase, vom Wissenschaftsrat, mich bat, nicht an der Sitzung mit dem Institutsrat, dem ich auf Grund meiner Mitgliedschaft in der Akademie angehöre, teilzunehmen. Offenbar hielt man mich für eine eminence grise, die die Aussa-

59

gen von Mitgliedern des Institutsrats beeinflussen würde. Dafür spricht auch, daß man jedes Mitglied der Redaktion des Jahrbuchs befragte, was für einen Einfluß ich in der Redaktion hatte. Wahrlich mit Recht antwortete jeder: nicht den mindesten, da ich an keinen Sitzungen oder Beratungen teilnähme.

Natürlich ist es auch mit dem René-Kuczynski-Preis zu Ende."

Am 21. 10.: „Am Donnerstag Klassen-Geschäftssitzung in der Akademie. Die Klassenmitglieder sollen eine Selbstevaluation vornehmen, worin ich nicht allzuviel Sinn sehe."

Meine Evaluation:

Evaluation der wissenschaftlichen Leistungen von Jürgen Kuczynski

Ich habe an 100 Bücher und 3 500 Artikel auf wissenschaftlichem wie populärwissenschaftlichem Gebiet als berufsmäßig angestellter oder frei arbeitender Wissenschaftler und Journalist geschrieben. Meine Arbeiten sind in etwa 30 Sprachen, teils original oder in Übersetzungen erschienen, sowohl in den USA wie in Äthiopien, sowohl in der UdSSR wie in Südkorea.

Meine Arbeiten betreffen Probleme der Philosophie wie der Wirtschaftswissenschaft, der Literaturwissenschaft wie der Soziologie, der Geschichtswissenschaft allgemein wie insbesondere der Wirtschaftsgeschichte, der Biographie wie der Autobiographie.

Leitende Funktionen in der Wissenschaft:

Gründer und Leiter des Forschungsinstituts der amerikanischen Gewerkschaftszentrale American Federation of Labor 1927/28;

Gründer und Leiter des Instituts (bzw. seiner Vorgänger als Abteilung und selbständige Arbeitsstelle) für

Wirtschaftsgeschichte an der Akademie der Wissenschaften der DDR 1956 – 1967;

Mitglied der Exekutive und Vizepräsident der Internationalen Gesellschaft der Wirtschaftshistoriker 1972(?) – 1986;

Vorsitzender der Londoner Bezirksorganisation der Association of Scientific Workers 1942 – 1944;

Leiter des Instituts für Wirtschaftsgeschichte an der Wirtschaftswissenschaftlichen Fakultät der Humboldt-Universität seit seiner Gründung (1946?) bis 1956;

Dekan der Wirtschaftswissenschaftlichen Fakultät der Humboldt-Universität 1951 – 1953.

Gewählte Mitgliedschaften in wissenschaftlichen Institutionen und Gesellschaften:

Fellow of the Royal Statistical Society;

Ordentliches Mitglied der Akademie der Wissenschaften der DDR;

Auswärtiges Mitglied der Akademie der Wissenschaften der UdSSR.

Evaluation des Niveaus von Jürgen Kuczynski in der Deutschen Demokratischen Republik im Rahmen der Gesellschaftswissenschaften:

Einer der allzu wenigen mittelgroßen Hügel in einer im ganzen recht flachen Landschaft.

Am 3. 12. wurden die Evaluationen in ihrer Gesamtheit besprochen. Darüber schrieb ich am 4. 12.: „Hatte gestern doch ein recht fundamentales Erlebnis in der Akademie. Von 11.00 – 12.00 Uhr traf sich die Gruppe der Ökonomen in der Klasse zur Frage der Resultate der Selbstevaluation, die die Akademiemitglieder vornehmen sollten, und von 14.00 – 18.00 Uhr die ganze Klasse, um die Berichte der drei Gruppen – außer den Ökonomen die Philosophen und eine Mischgruppe – entgegenzunehmen.

Die Evaluation betraf ausschließlich die Fachkompetenz – weder Zivilcourage noch Redlichkeit des Wissenschaftlers.

Als ich in der Klasse die Frage der Kompetenz als Gesellschaftswissenschaftler allgemein aufbrachte und fragte, wer etwa selbstkritisch Abstand genommen hatte, vom entwickelten Sozialismus zu sprechen, oder wer anerkannt hat, daß es antagonistische Gegensätze im Sozialismus gibt, ging man schweigend darüber hinweg. Einfach sagenhaft! Ich hätte auch fragen können, wer der Meinung des Kommunistischen Manifests gewesen sei, daß die Freiheit des einzelnen die Voraussetzung für die Freiheit der Gesellschaft ist. Plötzlich sind alle Fachspezialisten, keiner ist mehr ein marxistischer Gesellschaftswissenschaftler.

So wenig wird noch begriffen, wie fundamental unsere persönliche Selbstkritik sein muß. Und wenn sie bei mir weniger stark und umfassend sein muß, dann wegen des gnadenvollen Glücks meines langen Lebens, beginnend mit dem Verkehr alter Bolschewiki im Elternhaus, einer dreijährigen Studentenzeit, die in die drei letzten Lebensjahre Lenins fiel, der Freundschaft mit Varga und Tulpanow, dem Besuch der SU 1930, als noch die alten Schüler Lenins da waren, der Freundschaft mit der Frau Vargas, die mir so viel von ihrer guten Freundin, der Krupskaja, erzählte, der vertrauten Bekanntschaft mit der Stassowa, einst Sekretärin Lenins, die mir so viel von ihm erzählte."


## Kultur

Auf dem letzten Schriftstellerkongreß wurde eine fast völlig neue Revisionskommission gewählt. Auch Marianne Schmidt, unsere Vorsitzende und mir seit langem gut befreundet, wurde abgewählt. Obgleich ich als Ehrenmitglied natürlich die Sitzungen der neuen Kommission hätte besuchen können, kam ich zum ersten Mal seit mehr als einem Dritteljahrhundert nicht mehr zu ihren Sitzungen. Außerdem ging es im Schriftstellerverband, nicht durch seine Schuld allein, immer mehr durcheinander.

So notierte ich am 1. Januar 1990: „Die Situation in den Kulturverbänden, auch im Schriftstellerverband, ist beunruhigend. Allerhand unüberlegte Aktionspläne. Dazu die finanziellen Streichungen durch die Regierung – so völlig unüberlegt! Überhaupt könnte unsere Regierung (ebenso wie die der KPdSU) in vielem schneller handeln, insbesondere wenn sie alte Lehren (Lenin!) beherzigte."

Und gleich wieder am 7. 1.: „Schrecklich der Zustand im Schriftstellerverband. Eine Gruppe von Anarchisten ‚revolutioniert‘. Dazu die Sperrung bzw. Aufgabe der Zuschüsse vom Finanzministerium, dazu der Rücktritt von Kant, so daß Präsidium und Vorstand ohne Haupt, und das drei Monate vor dem Kongreß! Als ich Freitag die Sitzung der Revisionskommission verließ, sagte ich mit Recht: ‚Das einzige, das feststeht, ist, daß wir uns in 14 Tagen wiedertreffen.‘"

Allgemeiner am 1. April: „Die DSF ist von 6 Millionen auf 300 000 Mitglieder zusammengeschrumpft. Der Kulturbund ist in einer ernsten Krise. Entsprechend auch der Besuch meiner Versammlungen. Die Stimmung ist, genau wie vor der ‚Wende‘ 1989, bedrückt (weniger zornig und empört als damals), da es vor allem Genossen und andere echt linke Kräfte sind, die kommen. Meine Aufgabe, Mut zu machen, ist im Grunde die gleiche geblieben, aber unter ganz anderen Umständen und aus ganz anderen Gründen."

Schlimme Notiz am 1. 7.: „Dazu der brutale Kulturabbau und das Verschleudern von Büchern, wenn sie nicht gar auf den Müll geworfen werden, sei es durch Buchhandlungen oder Bibliotheken – darunter natürlich Anna Seghers, aber auch, wie einem Pressebericht zu entnehmen war, André Gide."

Am 9. 7. über Christa Wolf: „Die neue ,Weltbühne' hat einen Artikel über Christa Wolf, sie gegen die gegenwärtige Angriffswelle verteidigend. Doch in gewisser Weise apologetisch, wenn auch freundlich. Aber ohne echte Empörung, ohne echte Wut auf das ungebildete Pack der 180prozentigen Wendehälse. Was ist denn das Verbrechen von Christa Wolf, Hermlin, Heym und mir? Daß wir Sozialisten geblieben sind, daß wir vielmehr mit dem gleichen Mut, mit dem wir vorher gekämpft haben, jetzt aus der Vergangenheit Lehren zu ziehen suchen, statt blind das Gegenteil von dem, was wir vorher gesagt und getan haben, jetzt zu sagen und zu tun, daß es noch Menschen gibt, die uns achten und lieben und verehren.

Das Ganze paßt so gut in den radikalen Kulturabbau, den Staat und Gemeinden und Betriebe betreiben. Die Verlage zittern um ihre Existenz. Die Autoren tun das gleiche."

Und wieder einige Tage später, am 15. Juli: „Der ,Sonntag' hat einen Artikel gegen die Hetze gegen Anna Seghers. Wollenberg hat mich zu einer Rede anläßlich des 90. Geburtstages von Anna nach Nürnberg eingeladen.

Diese ganze Situation – siehe auch meine Bemerkungen vom 9. 7. – hat mich veranlaßt, einen zweiten Band meiner Memoiren, der die Zeit von 1945 bis heute umfaßt, anzufangen. Hoffentlich gelingt er."

Wie vorsichtig gingen die Kulturoffiziere der Sowjetunion mit unserer Kultur, soweit sie nicht faschistisch war, um!, wie brutal geht die Bonner Regierung vor!

# Wirtschaft

Den gleichen Kahlschlag wie für die Kultur beobachten wir auch für die produzierende Wirtschaft, das heißt, bisher vor allem für die Industrie – die Landwirtschaft soll folgen.

Es gab zwei, die diese absolute Katastrophe für die DDR-Wirtschaft voraussahen: Detlef Hensche und ich. Hensche zuerst in der Zeitschrift seiner Gewerkschaft, ich, ihn voller Zustimmung zitierend, vier Wochen später in der „Weltbühne" vom 20. März 1990. Mein Artikel lautete:

„Währungsunion – heute oder in vier Jahren?

Unter Währungsunion sei hier nicht verstanden eine Art von relativ stabiler Konvertibilität zwischen D-Mark und Mark der DDR, wie sie zwischen allen fortgeschrittenen Industriestaaten in der Welt des Kapitals, insbesondere auch innerhalb der meisten Mitglieder der EG, besteht. Auch diese wird natürlich gegenwärtig heftig diskutiert: Soll 1 zu 1 oder 1 zu 2 oder 1 zu 3 usw. konvertiert werden? wird gefragt.

Nein, hier soll von Währungsunion im Sinne der D-Mark als einheitlicher Währung für beide deutsche Staaten die Rede sein.

Auch dazu sind die Diskussionen national wie international heftig. Es beginnt schon mit der Problematik: Währungsunion vor der Wirtschaftsunion, gleichzeitig mit ihr oder erst nach ihr. Manchen kann es nicht schnell genug gehen, und sie hätten am liebsten schon in den ersten Wochen nach den Wahlen am 18. März eine solche Union. Die ‚Welt‘ vom 7. März meldete, daß der Kabinettsausschuß ‚Deutsche Einheit‘ in Bonn eine gleichzeitige Wirtschafts- und Währungsunion befürwortet, ohne schon ein Datum zu nennen. ‚Kontrapunkt‘, das Organ der BRD-Industriegewerkschaft

Druck und Papier, Publizistik und Kunst, vom 19.2. bringt einen ausführlichen Artikel zu unserer Problematik unter der Überschrift ‚Währungsunion: Am Anfang oder Ende?‘. Dort heißt es: ‚Ein Wundermittel wird zur Zeit gehandelt: die Währungsunion. Über Nacht soll sie der DDR wirtschaftliche Rettung bringen. Das Gegenteil ist zu befürchten: Eine wirtschaftliche und soziale Katastrophe mit Massenarbeitslosigkeit – wenn die Währungsunion am Anfang und nicht am Ende der wirtschaftlichen Sanierung steht.‘ Ja, beiden deutschen Staaten droht dann eine Katastrophe: Der DDR droht das Schicksal, zum Armenhaus Deutschlands zu werden. Dann werden nicht 2 000 Menschen täglich kommen, sondern 20 000. Nebenbei, die finanziellen Folgen eines solchen Abenteuers von unkontrollierbarer Zerstörungskraft wären Steuererhöhungen. Von den politischen Fernwirkungen ganz zu schweigen: Massenarbeitslosigkeit und Perspektivlosigkeit wären der Nährboden für rechtsradikale Lösungen. Es gibt nicht den wundersamen marktwirtschaftlichen Konsumaufschwung über Nacht bei fortgeschriebener sozialer Sicherheit und Vollbeschäftigung. Elbe und Rhein fließen nicht bergauf.‘

Eine ähnliche vorsichtige Haltung zur Währungsunion nehmen aber nicht nur andere Gewerkschaften und viele Funktionäre der SPD ein. Mindestens ebenso vorsichtig sind die Banken, ist allgemein die Finanzwelt. Allgemein fürchtet man hier bei einer Ausdehnung des D-Mark-Umlaufs auf die DDR eine Inflation größeren Ausmaßes in der BRD. Am 15. Februar äußerte sich der Zentralbankrat in Frankfurt am Main sehr deutlich. Die ‚Welt‘ vom Tag danach berichtete: ‚Bedenken vor allzu schnellem Tempo [...] Die Währungshüter werden durch ihren Rat und durch die Mitwirkung bei den anstehenden Verhandlungen versuchen, die damit verbundenen Risiken (für die BRD – J. K.) so klein wie möglich zu halten [...] Wer versuchen sollte, die Einführung der DM in der DDR ohne die notwendigen Reformen (in der Wirtschaft – J. K.) durchzuführen, würde negative Folgen für die DDR und für die Bundesrepublik riskieren [...] Die DDR müsse ihre derzeitige Wirtschaftsstruktur radikal umbauen. Da das nicht über Nacht geschehen könne, brachten die Teilnehmer ihre Überzeugung zum Ausdruck, daß sie ein Eilverfahren nicht für gut halten.'

Eine zögernde Linie, wie die Deutsche Bundesbank, nahm gleichzeitig ein Bericht der ,Fünf Weisen', also der Leitung der fünf wichtigsten Konjunkturinstitute der BRD, in einem Memorandum für Bundeskanzler Helmut Kohl ein. Die Währungsunion dürfe danach jedenfalls unter keinen Umständen ,bereits am Anfang einer wirtschaftlichen Integration mit der DDR' stehen.

Der Landesbankpräsident von Niedersachsen rechnet gar mit einer Dauer von 3 bis 5 Jahren, bis die D-Mark auf dem Gebiet der DDR eingeführt wird, und setzt ganz selbstverständlich diese Einführung nach der Wirtschaftsreform an.

Dem steht die Meinung einer Reihe von Regierungsmitgliedern, insbesondere des Finanzministers Theo Waigel, entgegen, die noch in diesem Jahr, möglichst noch vor den Wahlen am 2. Dezember, deren Ausgang gegenwärtig ungünstig für CDU und CSU beurteilt wird, die Einheit Deutschlands ,unter Dach und Fach' gebracht sehen wollen. ,Die Welt' vom 8. März berichtet, daß Matthias Wissman, der wirtschaftspolitische Sprecher der CDU/CSU-Bundestagsfraktion, meint, ,es müsse alles versucht werden, die Währungsunion bis zum Sommer des Jahres »hinzubekommen« [...] Wissmann warnt vor einem »Gezerre von zwei bis drei Jahren«'.

Kein Wunder, daß angesichts der Haltung der Regierung der Wert der D-Mark auf den internationalen

Märkten nach unten tendiert. Kein Wunder, daß es zum Beispiel im Börsenbericht der amerikanischen Tageszeitung ‚International Herald Tribune' vom 2. März in der Überschrift heißt: ‚Währungsunion-Befürchtungen schlugen auf den deutschen Börsen ein.' Und im folgenden Text heißt es: ‚Westdeutsche Finanzmärkte erlebten am Donnerstag einen Verfall, als Angst vor der Aussicht auf die Währungsunion mit Ostdeutschland aufstieg. Der kürzliche Verfall der Deutschen Mark beschleunigte sich, Aktienkurse fielen, und die Zinsen von Anleihen stiegen.' Einen Tag später brachte die ‚Neue Zürcher Zeitung' gleich zwei Aufsätze unter den Überschriften ‚Währungsunion belastet D-Mark' und ‚Die deutsch-deutsche Annäherung als Belastung der Kapitalmärkte'.

Erstaunlich diese Konstellation: Gewerkschaften und Finanzwelt gegen die Regierung, gegen übereilte Maßnahmen auf dem Gebiet der Währungsunion, um ‚Schaden von der BRD und der DDR abzuwehren'. Man kann nur hoffen, daß sich diese vernünftige Haltung in Bonn durchsetzt, daß man dort die letzte Regierungserklärung des DDR-Ministerpräsidenten, die zu sorgfältiger Vorarbeit bei einer Währungsunion mahnt, zur Kenntnis nimmt, denn andernfalls wäre der Schaden in der Tat unabsehbar für beide deutsche Staaten: für die BRD ebenso wie für die DDR eine katastrophale Wirtschaftskrise von Ausmaßen, wie man sie seit 1929/32 nicht gekannt hat."

Wenn ich den vierten Absatz beginne mit „Eine ähnlich vorsichtige Haltung zur Währungsunion nehmen nicht nur ...", so ist es völlig richtig, daß andere aus den verschiedensten politischen Richtungen eine „vorsichtige Haltung" einnahmen. Aber die Haltung von Hensche und mir war nicht „vorsichtig", sondern die schärftsmögliche dagegen, weil wir beide eine Katastrophe voraussagten, andere nur Unbehagen hatten.

Allerdings änderte ich meine Meinung über die Ursachen der Katastrophe. Das Wort Katastrophe behielt ich für Ostdeutschland, und wahrlich mit Recht, bei, ebenso wie den Ausdruck Armenhaus, bzw. sprach ich von Armenkolonie. Aber die Katastrophe für Industrie und Landwirtschaft leitete ich anders ab. In einem wegen des Verhaltens der „Weltbühne" zu mir nicht mehr von ihr abgedruckten Artikel vom 25. August 1990 hieß es:

„Frühwarnung durch die ‚Weltbühne‘
Im März und April dieses Jahres brachte die ‚Weltbühne‘ einige Artikel (von J. K.), die warnten, daß eine übereilte Währungs- und Wirtschaftsunion zu einer Katastrophe in der Deutschen Demokatischen Republik und zu einer Krise in der Bundesrepublik Deutschland führen müßte.
Nun, die Voraussicht einer Katastrophe in der DDR war nicht so schwierig ...
Natürlich ist von größeren Investitionen in der DDR durch BRD-Produktionsbetriebe nichts zu merken. Warum auch? Ist es doch für diese BRD-Betriebe viel vernünftiger und profitabler, in den eigenen Betrieben für den neuen Markt DDR zu produzieren. Zumal die Konjunktur in drei so wichtigen Industrien der BRD wie der Eisen- und Stahlindustrie, dem Maschinenbau und der chemischen Industrie nicht mehr so gut ist wie im Vorjahr. Kein Wunder, daß es nach wenigen Wochen ihrer Existenz über die ‚Treuhandgesellschaft‘ der DDR-Industrie in der ‚Welt‘ vom 22. August auf der ersten Seite heißt: ‚Die Treuhandgesellschaft der DDR ist ins Gerede gekommen. Ihre Aufgabe ist es, das Tor zu öffnen für einen breiten Zustrom privaten Kapitals, westlicher Unternehmerinitiative und neuer Produktionstechnologie‘ – und diese Aufgabe hat sie bisher in keiner Weise erfüllt. Kein Wunder, daß nach wenigen

Wochen Amtszeit ihr aus der BRD importierter Chef Reiner Maria Gohlke zurückgetreten ist.

Viel wichtiger aber noch ist, daß man allmählich in der BRD ebenso wie im westlichen Ausland mehr und mehr erkennt, welche Kosten auf die BRD zukommen, um angesichts der wirtschaftlichen Katastrophe in der DDR die Menschen und irgendeine Form des gesellschaftlichen Zusammenlebens dort zu erhalten – oder um nicht der Gefahr einer Massenwanderung von 16 Millionen Menschen nach dem westlichen Teil Deutschlands und damit auch dort nicht nur einer Krise, sondern ebenfalls einer Katastrophe ausgesetzt zu sein.

Am klarsten scheinen die Börsianer den Ernst der Situation zu erfassen. Die schon zitierte ‚Welt‘ vom 22. August brachte ihren Hauptartikel auf der Wirtschaftsseite unter der Überschrift ‚Deutsche Börse: Um jeden Preis schnell weg mit den Wertpapieren‘. Und im Untertitel heißt es mit halbem Recht: ‚Zur Golfkrise kommt die Unsicherheit in der DDR.‘ Mit halbem Recht, weil es richtig heißen müßte: kommt die Unsicherheit über das, was die von Bonn diktierte Währungs- und Wirtschaftsunion über *beide* deutsche Staaten gebracht hat. In einer kleinen Notiz ‚Im Keller‘, womit die Aktien gemeint sind, heißt es ebendort schon richtiger: ‚Der Einbruch gestern zeigt, wie deutlich »hausgemachte« Querelen die ohnehin vorhandene Marktschwäche durch die Golfkrise noch verstärken können. Kaum jemand kann das unerträgliche politische Gezänk in der DDR und auch hier (! J. K.) mehr verstehen.‘

Doch handelt es sich nicht nur um politisches Gezänk der Parteien oder innerhalb der Regierungen. Im politischen Teil der ‚Welt‘ – immer noch am gleichen Tag! – lautet die Überschrift des Hauptleitartikels ‚Deutsche Baisse?‘ Dort heißt es: ‚Unter den Deutschen scheint

70

sich Baisse-Stimmung breitzumachen [...] Im Westen ist sie deutlicher zu spüren', denn im Osten herrscht ja vielfach nicht einfach Baisse-Stimmung, sondern verzweifelte Angst davor, was werden soll, ja Schrecken über das, was schon geworden ist.

Wie meinte man doch in der ‚Weltbühne' in diesem Frühjahr voraussehen zu können: Katastrophe in der Deutschen Demokratischen Republik und Krise in der Bundesrepublik. Wie glücklich wären die Autoren, die Redaktion ebenso wie die Leser der ‚Weltbühne', wenn man heute sagen könnte: Zum Glück hatte die ‚Weltbühne' diesmal ausnahmsweise unrecht gehabt. Doch wird uns dies Glück nicht zuteil."

Vielleicht sollte ich noch folgendes Interview wiedergeben, das ich direkt vor der Währungs- und Wirtschaftsunion dem „Kölner Stadt-Anzeiger" am 29. Juni gab und das dort am 3. Juli unter der Überschrift „Ich bin Pessimist wie Bundesbank-Chef Pöhl. Fragen an Professor Jürgen Kuczynski" zu meiner Freude abgedruckt wurde.

„Herr Professor Kuczynski, mit welchen Gefühlen gehen Sie in die neue Ära, die am Sonntag begann?

Kuczynski: Ich glaube, daß die neue Zeit, wenn wir das nächste und übernächste Jahr nehmen, zu einer Katastrophe für uns und einer Krise für die Bundesrepublik wird. Das ist im Grunde auch die Auffassung aller Finanzleute in der Bundesrepublik. Nur bei uns gibt es viel weniger Leute, die begreifen, was diese Wandlung bedeutet, obgleich sehr viel Angst da ist.

Frage: Ist das nicht allzuviel Schwarzmalerei?

Kuczynski: Ich betreibe dieselbe Schwarzmalerei wie beispielsweise die Franzosen. Wenn man die französische Finanzpresse liest, findet man dort beglückte Stimmen, daß jetzt der Franc die D-Mark als stabilste Währung Europas ablösen werde. Ich stehe keineswegs allein da, und das ist keineswegs ein marxistischer Standpunkt, sondern eine Meinung, die in allen Finanzkreisen geteilt wird.

Frage: Spricht daraus nicht auch die verletzte Seele eines Wissenschaftlers, der an den Sozialismus geglaubt hat?

Kuczynski: Nein, eigentlich nicht. Ich bin in allen wesentlichen Punkten einig mit Bundesbankpräsident Pöhl, solange er mit Freunden spricht und sich nicht offiziell äußern muß – einig in der ganz außerordentlich pessimistischen Einschätzung. Es ist interessant zu beobachten, wie sich in dieser Frage westliche Finanzkreise, nicht nur in der Bundesrepublik, und die Wirtschaft, insbesondere die produzierende, unterscheiden.

Frage: Was befürchtet der Ökonom Kuczynski?

Kuczynski: Meine Befürchtungen, was die Bundesrepublik betrifft, sind völlig identisch mit denen der Finanzwelt, nämlich höhere Zinsen, eine schneller steigende Inflationsrate und für die DDR Massenentlassungen. Die geringsten Schätzungen gehen von etwa 1,5 Millionen aus, das wären 17 bis 18 Prozent Arbeitslosigkeit, und ich halte diese Schätzungen für absolut realistisch. Von einem Investitionsschub, von dem vor zwei bis drei Monaten mal die Rede war, hört man nichts mehr. Die westdeutsche Wirtschaft will, von ihrem Standpunkt aus völlig zu Recht, vor allem ihre Produkte verkaufen.

Frage: Am 1. Juli gab die DDR einen großen Teil ihrer Souveränität auf. Ist damit auch der Sozialismus endgültig gestorben?

Kuczynski: Im Augenblick jedenfalls wird er völlig abgetötet, insbesondere was das soziale Netz betrifft. Das war in vieler Hinsicht kümmerlicher als das der Bundesrepublik, aber im ganzen unendlich viel breiter und hat deswegen viel mehr Sicherheit gegeben. Wenn unser Wirtschaftsminister einen heißen Herbst befürchtet, so stimme ich ihm nur deswegen nicht zu, weil ich schon einen heißen Sommer sehe.

Frage: Sie sind auch Wirtschaftshistoriker. Halten Sie Parallelen mit der Währungsreform 1948, die ja die Teilung besiegelt hat, für zulässig?

Kuczynski: Eigentlich kann man das nicht vergleichen: am Sonntag wurde ja nur die Hauptwährung des Landes auf eine Provinz ausgedehnt, ein Stück Kolonisierung gewissermaßen.

Frage: Haben Sie persönlich sich denn ein bißchen auf die D-Mark freuen können?

Kuczynski: Ja, schon, weil das Warenangebot größer wird. Aber ich bin mit meinem guten Einkommen eben nicht repräsentativ für die Masse der DDR-Bürger."


**Freunde und Bekannte**

Am 21. 12. 1989 ein erfreulicher Abend: „Zum Empfang, den Mitterand dem Staatspräsidenten gab. Natürlich viele Leute gesehen, aber die letzte 3/4 Stunde war ganz besonders nett: Wir saßen sehr bequem zusammen mit Hermlin und seiner Frau sowie Walter Janka und Frau, nachher kam noch die französische Botschafterin mit dem Privatsekretär von Mitterand dazu.

Sah Klaus Gysi – sehr gealtert, und Micha Wolf mit seiner sagenhaft jungen Frau. Zeitweilig hatten sich auch Klaus und Monika Höpcke zu M. und mir gesetzt. Ganz plötzlich erschien auch nach vielen Jahrzehnten Karl Mickel. Heiner Müller und ich trösteten uns gegenseitig, daß Mitterand so spät kam und wir nicht an das Buffet konnten; schließlich aber stellten wir uns so dicht, daß wir uns heimlich kleine Brötchen nehmen konnten."

Am 11. 2. 1990: „Vorgestern ein gutes Mittagessen mit Georg Iggers (amerikanischer Historiker) und Marguerite. Er ist ein guter Historiker und ein hervorragender Mensch, der sich eine menschenrührende Naivität erhalten hat.

Gestern ein erfreuliches Mittagessen mit den Kleinschmidts aus Westberlin und Marguerite. Wieder im Johannishof. Ganz rührend brachten sie für Marguerite 4 Flaschen elsässischen Weins und für mich drei Detektivromane, von denen ich einen guten gleich gestern nachmittag und abend (bis 20.00 Uhr!) las."

Am 27. 5.: „Georg Fülberth war bei mir, eine Freude wie immer. Er wird die ,Tagebuchnotizen' im ,konkret' besprechen. Wir waren uns einig, daß die Partei in der BRD nur eine Chance innerhalb einer breiten linken Vereinigung hat. Zugleich versprach er, von seiner ultralinken Haltung abzugehen und die PDS nicht mehr anzugreifen. Das heißt natürlich nicht, daß ich zu der defensiven und zum Teil opportunistischen Haltung der Partei schweigen werde. Aber das ist natürlich etwas ganz anderes, als wenn Georg sie angreift."

22. Juli: „Fand in der ,Weltbühne' einen Artikel über das Schicksal meines alten Freundes Mani Bruck, mit dem ich den Roman in der ,Roten Fahne' geschrieben hatte – und über seine Frau, die noch lebt und ein großartiger Mensch gewesen sein muß. Sie hat ihn geheiratet, während er im Zuchthaus war ... eine Jüdin in der Zeit des Faschismus!"

18. 8.: „Las die Erinnerungen von Walter Markov. Wie klug ist er doch, und wie weise geworden! Schade, daß wir uns, außer gegenseitiger Achtung, nie nähergekommen sind, da wir uns so selten begegnet sind."

30. 9.: „Waren am Freitag in der französischen Botschaft zum ,Abschiednehmen'. Die Botschafterin wie immer reizend. Traf Herbert Krolikowski, mit dem ich länger plauderte, die Hermlins, die Höpckes, Klaus Gysi, aber sonst kannte ich kaum jemanden. Für Mar-

guerite aber war es gut zu sehen, daß sie so etwas noch unternehmen kann."

8. 12.: „Sah so manche alte Freunde in der Woche. Hatte Mittagessen mit Marianne Lange, die noch für die ‚Weltbühne' gelegentlich schreibt.

War kurz bei den Klenners. Annelies sehr bedrückt, er fest und äußerlich zumindest nicht so bekümmert wie sie. Zum Abschied sagte er mir: Wir beide bleiben fest.

Am 7., zu ihrem Geburtstag, wie fast jedes Jahr, bei Rosa Kahn, der Frau von Sieke. Der eine Enkel, ehemals Major, zur Umschulung in Karlshorst, der andere, Hauptmann, hängt in der Luft. Aber beider Frauen haben noch Arbeit. Sie fest bei uns."

15. 12.: „Am Mittwoch besuchte mich Georg Iggers. Wie immer eine Freude. Er ist natürlich ganz erschrokken über den wissenschaftlichen Kahlschlag bei uns.

Am Freitag war ein amerikanischer Journalist bei mir. Da ich ja eine Lincoln-Biographie geschrieben hatte, wollte er wissen, ob Lincoln irgendeine Rolle in unserer Revolution im Oktober/November 1989 gespielt hatte. Natürlich mußte ich das verneinen.

Am Freitag nachmittag kam Andreas Mytze aus London. Er möchte meine Rede über Anna Seghers in Nürnberg entweder ganz oder teilweise veröffentlichen."

Ja, man sah sich seltener. Lange Pausen zwischen einem Mittagessen mit Kohlmeys oder Scheels, zumal die Mahlzeiten soviel teurer geworden sind. Auch die Schließung des Konsums beim früheren Ministerkasino, in dem ja einige führende Akademiemitglieder und Witwen wie Hilde Eisler, Ilse Rodenberg, Gerda Seigewasser regelmäßig aßen oder wie Ilse zumindest einkauften, spielt eine Rolle. Ich sehe zum Essen außer Erika, gelegentlich Hilde und Gerda, nur noch Freunde, die ich dazu einlade, oder Gäste auf der Durchreise.

75

## Reisen

Ja, ich reiste viel, und immer war es schön und hoffentlich auch nützlich. Zwar bemerkte ich am 15. Oktober 1989: „Habe nicht die mindeste Lust, nach Südkorea zu fahren – in dieser Situation möchte man jeden Tag hier erleben." Doch der Bericht vom 5. 11. zeigt, wie lohnend doch die Reise war: „Ich war eine Woche in Séoul zu einer Marx-Konferenz. Die Vorträge auf der Konferenz, soweit ich sie anhörte oder las, von gemischtem Interesse. Überaus interessant und wichtig die große Anzahl marxistischer und semi-marxistischer Akademiker an den koreanischen Universitäten.

Überraschend für mich auch, daß man 3 Bücher von mir übersetzt hatte, eines durch einen Arbeiterführer Lee, der dafür ins Gefängnis kam (aber die Auflage ist bisher 20 000) – genau wie der türkische Verleger des ‚Dialogs', der dort beschlagnahmt ist, für seine Freiheit vor Gericht kämpfen muß. (Übrigens ist die billige Ausgabe von 60 000 hier leider bereits völlig vergriffen.) Auch sind eine ganze Reihe Artikel von mir in Südkorea übersetzt.

Merkwürdigerweise gab ich nicht nur den Keynote Speech, sondern war auch der Honorary Chairman des Kongresses. Meine beiden Beisitzer waren Wallerstein und ein Südkoreaner."

Als die Gräfin Marion Dönhoff 80 Jahre alt wurde (am 2. Dezember 1989), veranstaltete „Die Zeit" ein zweitägiges Colloquium mit dem Thema „Post-Kommunismus". Eingeladen waren etwa 40 Prominente aus vielen Ländern des Westens und des Ostens. Aus den USA kam Kissinger, aus der SU Schatalin, der führende Wirtschaftsreformer, aus der BRD kamen natürlich Willy Brandt und Helmut Schmidt, aus der DDR war ich eingeladen, aus Italien mein alter guter Bekannter Segre.

Da der erste Redner erkrankt war, bat man mich, als erster zu sprechen. Natürlich sprach ich gegen die Idee des Postkommunismus. Unter anderem erwähnte ich auch das Telegramm, das Lenin am 1. Januar 1919 an die Genossen des Kommissariats für Innere Angelegenheiten gesandt hatte, und das so beginnt: „Ich grüße und beglückwünsche die Fraktion der Kommunisten zum neuen Jahr. Ich wünsche von ganzem Herzen, daß wir alle im neuen Jahr weniger Dummheiten machen als im alten." Und dann rief ich etwas pathetisch aus: „Welcher Staatsmann heute würde ein solches Telegramm senden?!", als ich in der ersten Reihe vor mir den Bundespräsidenten entdeckte. Etwas verlegen verbeugte ich mich und sagte: „Entschuldigen Sie, Herr Bundespräsident, daß ich Ihre Telegramme vorweggenommen habe." Er aber grüßte nur freundlich.

Nachher hatten wir eine nette kurze Unterhaltung, und einige Monate später lud er mich zu einem Konzertempfang ins Schloß Bellevue ein. Er war und ist ein kluger Konservativer mit menschlicher Würde und Wärme.

Ich sprach auch ausführlicher mit Willy Brandt, der damals lebhaft für eine deutsche Konföderation eintrat und mir sagte, dafür würde er auch auf dem Parteitag Mitte Dezember sprechen. Wenige Wochen später, als wir beide zusammen mit Genscher auf einer Veranstaltung der Evangelischen Akademie in Tutzing Kurzreferate zur deutschen Frage hielten, flüsterte er mir zu: „... der Zug ist abgefahren" und trat für eine völlige Vereinigung ein. Ich hatte nie Schwierigkeiten, mit ihm zu plaudern, auch wenn wir zumeist sehr verschiedener Meinung waren.

Ende Januar 1990 überaus interessant in der alten BRD (4. 2. 1990): „Die zwei Tage an der Evangelischen Akademie in Tutzing natürlich sehr interessant. Zu

77

einem Thema der Deutschen Frage sprachen Genscher, Brandt und ich. Bei weitem am wichtigsten war die Rede von Genscher, nicht nur wegen seiner Position, sondern auch wegen seiner raffinierten Problematik. Er meinte nämlich, daß das geeinte Deutschland natürlich der NATO angehören müsse, das Einflußgebiet jedoch an der Elbe wie bisher aufhören und aus Sicherheitsgründen für die SU nicht bis zur Oder ausgedehnt werden dürfe. Brandt dagegen meinte recht primitiv, ,die Sache der Einigung ist schon gelaufen'. Ich sprach gegen die Vereinigung in einem Staat in der nächsten Zeit, für eine Konföderation. Der einzige, der mich unterstützte, war Günter Grass, teilweise auch Antje Vollmer, die aber nach der Konferenz sich den Vereinigern offiziell für die Grünen anschloß.

Hatte sehr gute Unterhaltungen mit Carl Friedrich von Weizsäcker und seiner Frau und mit Grass, sprach mit Alberts, Monika Maron, Günter de Bruyn, Walfried Schließer, der mich in seinem Wagen nach Hause brachte, Kurt Masur, Hildegard Hamm-Brücher, Glienke, unseren Gesandten in Bonn; Ibrahim Böhme, das Haupt der SPD bei uns, und ich nannten uns zum Schluß beim Vornamen. Natürlich sprach ich auch die Jankas."

Am 5. Mai: ,,War eine Woche in der BRD.

Zuerst in Nürnberg, wo ich Jupp Schleifstein und Lisa Abendroth kurz sah. Besonders nett natürlich das Zusammensein mit Jörg Wollenberg.

Meine kurze Rede über Perspektiven in der DDR wurde in der einstündigen Diskussion und auch am folgenden Vormittag als zu optimistisch angesehen. Dagegen mein Vortrag zum gleichen Thema (Postsozialismus in der DDR?) in Tübingen bei den Volkskundlern und Historikern der Universität nicht.

In Tübingen sah ich natürlich die Bausingers mit Freude wieder und war viel mit Wolfgang Kaschuba zusammen, gab ein Zeitungsinterview und eines für das private Fernsehen Neufunkland, das von der SPD unterstützt wird.

Vor allem aber verbrachte ich ein paar besonders nette Stunden mit Hans Mayer, zuerst mit Sekt in seiner Wohnung und danach zum Mittagessen im Museums-Restaurant. Wir hatten beide Freude aneinander, und er schenkte mir die 2 Bände seiner Erinnerungen, in denen ich gleich das Kapitel über unsere gemeinsame gute Freundin Käte Harig las. (Heute las ich Marguerite, deren Augen im Augenblick besonders schlecht sind, die erste Hälfte dieses Kapitels vor.)

Von Tübingen flog ich nach Hamburg, zum Bertelsmann-Club, um mit Scholl-Latour, den ich hier kennenlernte, und drei anderen als Jury zu ihrem Preisausschreiben ,Denk ich an Deutschland' mitzuwirken. Jede Einsendung sollte nur 5 Seiten sein. Es kamen über 10 000, davon rund 70 Prozent aus der DDR. Da es unmöglich für uns ist, alle Einsendungen zu lesen, konstituierten wir uns statt als Jury als Beirat für ein zu veröffentlichendes Buch von etwa 400 Seiten. Scholl-Latour wird das Vorwort, ich werde das Nachwort schreiben."

Am 24. und 26. Juni berichte ich von einer Vortragsreise nach Salzburg.

24.: ,,Bin hier, angeregt und betreut von Theo Mayer-Maly und seiner Assistentin Gretel Beck, Gast der Universität. Werde morgen über Menschenpflichten sprechen und anschließend ein Seminar über ,Fragen der Zeit' haben. Heute früh hatte ich schon ein Interview mit dem Österreichischen Rundfunk (ORF) zu letzterem Thema.

Nach 10.30 Uhr hatten wir eine wunderschöne Fahrt durch das Salzkammergut nach St. Wolfgang, wo wir die Kirche mit dem herrlichen Pacher-Altar besuchten, und nach Bad Ischl, wo wir in der berühmten Konditorei von Zauner Lunch und als Nachtisch vorzügliche Konditoreiwaren hatten.

Schon gestern abend aßen wir in einem Gourmet-Restaurant etwas außerhalb Salzburgs und werden es heute abend wieder in einem anderen tun.

Natürlich freue ich mich auch, daß ich auf solchen Reisen nicht im mindesten angestrengt bin. Zu schade nur, daß ich M. nicht mehr mitnehmen kann wegen ihres Gesundheitszustandes."

26.: „Ganz offenbar hat die Universität hier ein relativ niedriges Niveau von auswärtigen Gastvorträgen, denn mein Vortrag und Seminar wurden ziemlich allgemein als ‚Ereignis‘ betrachtet, und die ‚Salzburger Nachrichten‘ hatten einen Dreispalter über den Vortrag. Zwischen Vortrag und Seminar hatte ich noch Interviews mit unserer ‚Volksstimme‘ und den ‚Salzburger Nachrichten‘.

Mayer-Maly und Gretel brachten mich noch nach München, wo wir sehr vornehm aßen, und zum Flugplatz.

Die ganze Reise war, glaube ich, nützlich für uns (die DDR?, die Akademie?, in jedem Fall für die Partei und den Sozialismus!) und in jeder Beziehung schön und angenehm durch meine rührenden Gastgeber."

Im August ganz kurz auf der Wirtschaftshistorikerkonferenz in Louvain (26.8.): „War für einen Tag auf dem Wirtschaftshistorikerkongreß in Louvain. Aber die zwei Tage Hin- und Rückfahrt haben sich gelohnt, denn an diesem einen Tag konnte ich eine Reihe alter guter Bekannter, u.a. den Präsidenten und einen Ehrenpräsidenten der Gesellschaft mobilisieren gegen die Bonner Abbaupläne von Akademie und unserem Institut. Plauderte auch nach Jahren wieder nett und harmlos mit Waltraud Falk. Thomas, der erst ankam, als ich schon abgefahren war, ebenfalls erfolgreich in der gleichen Richtung."

Im September wieder in der BRD: „War am Dienstag abend auf einer Veranstaltung mit Eppler, Höhmig und Reißig sowie Iring Fetscher als Moderator in Düsseldorf. Ich glaube, ich war einigermaßen ordentlich. Das Ganze recht luxuriös, im besten Hotel untergebracht und reichliches Honorar. Die nächste Reise in der BRD wird nach Nürnberg sein."

Am 2. 12. Bericht über eine Reise nach Ulm: „Ulm ganz außerordentlich erfreulich. Der Pfarrer Dieterich sehr fortschrittlich. Mein Vortrag – Gretel fand ihn sehr gut – kam gut an. Ein amüsantes Erlebnis: Jemand von der ‚Stuttgarter Zeitung' wollte ein Interview mit mir machen. Ich sagte zu – umsonst, wenn bis zu einer Viertelstunde, 100 Mark, wenn länger. Nach einer Weile rief er an, die Zeitung wolle nicht zahlen. Grotesk die Idee, daß man etwas für mich mit dem Interview täte."

# Kapitel II
## Das Jahr 1991

In gewisser Weise hat sich das Leben recht verändert. Wegen der Krankheit und zunehmenden Schwäche von Marguerite haben wir, mit Ausnahme der Kinder, praktisch kaum noch Freunde zu Gast. Wegen meiner Schwerhörigkeit gehe ich nicht mehr zu Versammlungen, außer dem „Rat der Alten", und ganz selten zur Parteigruppe. Aber natürlich noch zu solchen, auf denen ich spreche und mir der Vorsitzende bei der Diskussion zum Verstehen der Bemerkungen hilft.

Sodann ist mit dem Ende des Schriftstellerverbandes auch das Ende meines Verkehrs mit Schriftstellern gekommen. Das heißt, die „Unterabschnitte" Freunde und Schöne Literatur fallen weg.

Auch beginnt Erika Behm aufzuhören, regelmäßig meine Arbeiten, Vorträge usw. zu notieren. Das übernimmt jetzt Gretel Kreipe, aber die jährlichen Zusammenfassungen fallen fort.

Aus diesen Gründen werden die nächsten Jahre nicht in Einzelabschnitte aufgegliedert, sondern ich berichte chronologisch.

Im Jahre 1991 beginnt – allen sichtbar – die Katastrophe in Ostdeutschland. Die Ex-DDR wird, was in Sizilien oder Wales oder West-Virginia 100 Jahre und mehr gedauert hat, innerhalb eines Jahres zur Armenkolonie eines wahrlich nicht armen Landes. Industrie und Landwirtschaft beginnen – kapitalistisch gedacht völlig richtig, da Westdeutschland Ostdeutschland (mit seiner geringeren Produktivität und veralteten Technik) versorgen kann – zu verschwinden.

Der Kahlschlag der Kultur aber ist eine reine Konkurrenzsache, da unsere Schöne Literatur und ein Großteil unserer Wissenschaft der westdeutschen durchaus ebenbürtig sind.

Die Arbeitslosigkeit nimmt Ausmaße an, die an die Krise 1929/32 erinnern. Das Sozialsystem beginnt auseinanderzubrechen. Standen wir an der Spitze der Welt hinsichtlich Kinderkrippen und Kindergärten und Nachmittagsbeschäftigung von Schulkindern, so bricht das alles jetzt langsam, aber sicher zusammen.

Die Bibliotheken in Betrieben werden geschlossen, und Bücher werden für viele unerschwinglich teuer.

Die Menschen spüren das sehr deutlich.

In Westdeutschland müssen Dutzende von Milliarden Mark aufgebracht werden, um die Menschen in der DDR irgendwie am Leben zu erhalten.

Der Unterschied der Situation zum Herbst 1989 und zu 1990 wird so deutlich auch angesichts der verschiedenen Lage: in Westdeutschland noch gute Konjunktur, was ich nicht vorausgesehen hatte – vorübergehender Aufschwung vor allem auf Grund von Lieferungen in die Ex-DDR –, dagegen in Ostdeutschland Krise und dann Katastrophe. Das führte zu einem besonderen Gegensatz der Menschen in beiden Teilen Deutschlands, zu der Gegenüberstellung von ,,reichen und arroganten Wessis" und ,,armen, unbedarften Ossis". Eine ganz neue Art von Mauer wird zwischen beiden Teilen Deutschlands errichtet.

Vielleicht hängt damit auch zusammen, daß ich im Laufe des Jahres 1991 aus einer Unperson in der Ex-DDR ganz allmählich wieder zu einer Person werde. Natürlich überaus erfreulich für mich!

Überaus erfreulich auch meine Arbeitsfähigkeit. Jede Woche einen Artikel für die „Junge Welt", dazu weitere Artikel für andere Zeitungen und für Zeitschriften.

Dazu Bücher. Am wichtigsten meine „Kurze Bilanz eines langen Lebens", ein erster ernsthafter Versuch einer Selbsteinschätzung – sowohl stark selbstkritisch, was das Negative betrifft, aber natürlich auch in mancher Beziehung positiv. Manche Kritiken in Presse, Rundfunk und Fernsehen klug und ausgewogen, so daß die erste Auflage bald vergriffen war.

Dazu nicht wenige Versammlungen, vor allem in der alten BRD, aber auch einige in der alten DDR. Natürlich kommen vor allem Linke. Und natürlich ist meine Hauptaufgabe, wie stets, wenn auch unter ganz anderen Verhältnissen, den Menschen Mut zu geben.

Dazu, wie immer und ganz international, Interviews für Rundfunk und Fernsehen.

Außerdem viele persönliche Gespräche bei mir zu Hause, zumeist mit mir vorher Unbekannten, die Rat und Mut brauchen, wissenschaftlich, politisch oder allgemein menschlich.

Ein ganz persönlich überaus befriedigendes Leben in der altvertrauten Umgebung vor allem von Marguerite und den Kindern, ganz gelegentlich von Renate und den Urenkeln – und dann Gretel Kreipe, Erika Behm und Horst Graf.

Und nun meine Tagebuchnotizen.


6.1.1991: „Marguerite geht es recht schlecht. Mußte heute und gestern zum Essen ausgehen, da sie sich zu schwach fühlte, eine Mahlzeit zu bereiten. Abendbrot brachte ich ihr an beiden Tagen ans Bett.

Die Nachrichten aus der Ex-DDR von Tag zu Tag trauriger – zum großen Teil, was die Intelligenz betrifft, wegen der brutalen Kahlschläge aus Bonn. Die Studenten wehren sich, die Professoren feige wie unter dem

SED-Regime. Fink von der Humboldt-Universität eine großartige Ausnahme. Mocek aus Halle schrieb mir einen arg deprimierten Brief – er ist erledigt, und er rechnet damit, daß auch Sabine ihre Stellung verlieren wird. In diesem Jahr werden wir den höchsten Prozentsatz der Arbeitslosigkeit innerhalb der Intelligenz auf der ganzen Welt haben.

Schreibe jede Woche einen Artikel für die ,Junge Welt' – von zweien erscheint immer nur einer unter meinem Namen, und auch nur jeder zweite wird honoriert. Sie sparen Geld, und ich habe ,mein Organ'. Aber für wie lange noch? Die westdeutschen Besitzer wollen ein Boulevard-Blatt aus ihr machen. Die ,Tribüne' ist nun endgültig eingegangen. Alle unsere Zeitungen haben ernste Abonnenten-Verluste, selbst die ,Berliner Zeitung', die doch wirklich gut aufgemacht ist.

Erhielt einen großartigen kritischen Brief von einem Unbekannten zu den ,Schwierigen Jahren'. Sehr kritisch und zugleich freundschaftlich. Habe auf Grund des Briefes einen größeren Aufsatz zu dieser Thematik geschrieben. Will ihn als Einleitung zu der gegen Ende des Jahres erscheinenden Artikelsammlung im Papy-Rossa Verlag benutzen, vorher aber an ,konkret' senden.

Wehler und Ingeborg Weber-Kellermann sandten interessante Sonderdrucke, Francesca Schinzinger in Aachen, wie alljährlich, Entenleber, Sigrid Kleinschmidt ein ganz wundervolles Paket mit elsässischem Wein für Marguerite und drei englischen Deteks für mich. Wie rührend alle zu uns sind! Sigrid begann einen beiliegenden Brief: Liebe Baucis und Philemon.

Lese die erste Fassung der Memoiren (Bd. 2 – J. K.), ohne die Notwendigkeit von Änderungen (abgesehen von Winzigkeiten) zu sehen – aber habe kein Urteil über ihre Qualität und ihren Nutzen. Wem soll ich sie geben außer Peter (Sohn – J. K.) und Thomas, um zu einem

Urteil zu kommen – Marguerite würde ein halbes Jahr brauchen, um sie zu lesen, wegen ihrer Augen ... und außerdem könnte sie dann vieles andere, was sie interessiert und lesen sollte, nicht lesen."

13. 1. 1991: „Hatte merkwürdigerweise plötzlich eine Einladung vom belgischen Gesandten zu einem Empfang anläßlich des Besuchs einer Senatsdelegation. Da um 18.00 Uhr und ohne M., habe ich abgesagt.

Schreibe viel. Am Freitag ein Eilbrief mit der Bitte, für ‚Marxistische Blätter' einen Artikel zu schreiben, am Sonnabend ein Brief von der UZ wegen eines Artikels. Dazu einen Artikel für die ‚Junge Welt'. Dazu eine Sache für das Artikel-Buch von PapyRossa. Alles kurze Sachen, mit Ausnahme des letzteren. Obgleich Wochenende, stand ich an beiden Tagen um 5.00 Uhr auf aus lauter Artikellust.

Gestern vormittag ‚Rat der Alten'. Gysi wieder vorzüglich. Viel Angriffe auf das ND. Die nächste Sitzung soll mit der Redaktion des ND stattfinden. Erzählte von seinem letzten Treffen mit Gorbatschow – er habe ihm gesagt, daß er nicht begeistert von dessen Treffen mit Kohl auf der Krim gewesen sei. Falin sei weniger nachgiebig gegenüber dem Westen als Schewardnadse, aber in schwächerer Position. Auf dem Parteitag soll stärker unsere Strategie herausgearbeitet werden.

Will morgen einen Artikel über Marktwirtschaft und Sozialismus beginnen. Zugleich gegen die Aufwertung des Kapitalismus durch Michael Brie, Schwenk usw. Auch für PapyRossa.

M. ist wieder im Krankenhaus. Es soll am 31. Januar geschlossen werden – einzelne Ärzte bleiben als selbständig praktizierende in den Räumen. Wieder eine Abwicklung, gewissermaßen von einem Tag zum anderen. Die Brutalität solcher Aktionen wird immer größer und verbreiteter.

Gysi bemerkte übrigens, wie aktiv Thomas sei. Thomas war eben hier und erzählte mir, daß er Delegierter zur Landeskonferenz der Partei sei. Wir sprachen auch darüber, daß Peter und Ingrid Fragebogen an der Universität erhalten hatten. Sie haben verabredet, wenn dort eine Frage nach der politischen Zugehörigkeit zu einer Partei oder ähnliches ist, sie antworten werden: ‚Entfällt, da gegen das Grundgesetz.‘

Will mich mit den Leuten vom Antifa-Komitee in Verbindung setzen, daß man bald mit einer Kampagne zur Erhaltung der Ehrenpensionen für Kämpfer gegen den Faschismus beginnen sollte. Sie sind nach dem Einigungsvertrag nur bis Ende des Jahres garantiert. Vielleicht sollte man zuerst mit einer Liste von Nazipensionären in der alten BRD beginnen."

20. 1. 1991: ,,Bin völlig lahmgelegt durch einen Sturz auf der Straße. Die Heizung war ausgegangen, und so eilte ich zur Feuerwehr, die auch kam, mich aber nicht mitnehmen konnte. So eilte ich ihr nach, und dabei geschah es. Der verstauchte Fuß ist schon wieder fast in Ordnung, aber die geprellten Knochen verursachen, insbesondere in Verbindung mit einer Bronchitis, scheußliche Schmerzen. Der Arzt sagte, die Sache könne drei, vier Wochen dauern.

Habe in den letzten vier Tagen daher nichts geschrieben.

Gelesen eine harmlose Biographie von Wilhelm Busch und Detektivkurzgeschichten in einem großartigen Buch, das mir Brix (Schwester – J.K.) gesandt hat.

Gehe zumeist kurz nach 12.00 mittags schlafen, stehe auf, um mir Abendbrot zu machen, und gehe dann wieder bis 6.30 morgens schlafen. (Marguerite ist noch im Krankenhaus – J. K.)

Golfkrieg: Im Augenblick kann man keiner Seite glauben. Erstaunlich nur, daß man sich bei der gewaltigen Massierung amerikanischer Truppen bisher nur auf den Luft- und Raketenkrieg beschränkt, das heißt im

Grunde auf den Krieg gegen die Zivilbevölkerung. Grotesk natürlich die Situation für Israel, das auf amerikanischen Wunsch, auch wenn es beschossen wird, nicht eingreifen darf, um die anti-irakische arabische Front nicht zu stören. Also schießen die Amerikaner von Israel aus – eine Situation, die es in der Kriegsgeschichte noch nicht gegeben hat.

Mittlerweile spitzt sich die Situation in der Sowjetunion immer mehr zu. Die Stimmung gegen Gorbatschow wird immer stärker, gleichzeitig beginnt wohl auch das Militär von sich aus zu handeln. Auch die Position von Jelzin wird immer schwieriger.

Für unser altes DDR-Gebiet hat man offenbar eine starke Erhöhung der Mieten vorgesehen. Ob die Bevölkerung sich das gefallen lassen wird? Ob sich das ohne entsprechende Lohn- und vor allem Rentenerhöhungen durchführen lassen wird?

Selten hat es so viele so bedeutsame Krisenherde in der ganzen Welt gegeben wie gegenwärtig – und selten waren Wirtschaftskrisen wie in Großbritannien und den USA wie auch anderswo so unwichtig gegenüber Krisenherden ganz anderer Art wie heute. Nein, nicht selten, in gewisser Weise ist die Situation heute ganz einzigartig in der Weltgeschichte."

27. 1. 1991: „‚Kaisers Geburtstag – schulfrei‘ – immer wieder die Erinnerung an den 27. Januar bis 1918.

Marguerite hat eine Verrenkung des Halsknochens, und es geht ihr ganz schlecht. Man kümmert sich kaum noch um die Patienten, die ja in der nächsten Woche alle entlassen werden. Es sind kaum noch welche da, und M. hat noch kein neues Krankenhaus, in das sie aufgenommen werden kann, hofft aber, durch befreundete Ärzte noch etwas zu finden.

Ingrid war gerade da, während Peter zu M. gegangen ist. Sie rechnen damit, daß bis Ende Mai über ihr Schicksal entschieden sein wird. Wenn sie entlassen werden, wollen sie in ihre Berliner Wohnung ziehen, da die Hoffnung auf eine Arbeit ihrer Meinung nach größer hier ist als in Halle.

Thomas ist für 2 Tage in Holtzau, wo der Bonner Beauftragte zur Auflösung der Akademie-Institute sich mit allen Institutsdirektoren trifft, um die Lage zu besprechen.

Erhielt eine Aufforderung von Ernst Wimmer, etwas für ‚Weg und Ziel‘ zu schreiben, was ich in den letzten 3 Tagen getan habe. Schickte auch einen Aufsatz an ‚konkret‘. Gespannt, ob die beiden Sachen angenommen werden.

War wegen meines Unfalls verhindert, am Parteitag gestern und heute teilzunehmen. War nur hingefahren, um mich einzuschreiben und die Materialien nach Hause zu nehmen. Sehr gespannt, wie er verlaufen wird.

Noch gespannter natürlich auf die Entwicklung im Golfkrieg, der nicht so verläuft, wie man es sich von amerikanischer Seite erhofft hat. Die Idee, mit dem Luftkrieg die Sache erledigen zu können, hatten schon die Nazis, was England betrifft. Der Ölteppich und seine Folgen sind noch nicht abzusehen. Das Ganze grausig, und natürlich ist man gegen beide Seiten, gefühlsmäßig jedoch mehr gegen die USA. Aber mit der Idee gerechter und ungerechter Kriege ist es endgültig aus. Keine Lösung durch Krieg ist mehr gerechtfertigt. Habe entsprechend einige Sätze für die Zeitschrift von Mytze geschrieben.

Gleichzeitig spitzt sich die Weltwirtschaftslage und auch die in der Bundesrepublik immer mehr zu. Ich bin sicher, daß die nächste zyklische Krise in der Bundesrepublik noch in diesem Jahr ausbrechen wird – was die alte BRD betrifft ... bei uns ist die Katastrophe schon da. Wenn diese Krise länger andauert und tief sein wird, kann sie in Deutschland noch zu einer Wende führen, die wohl keinen echten Sozialismus,

90

aber einige sozialistische Elemente in die Gesellschaft bringen kann."

3. 2. 1991: „Gestern war Hannes Hörnig bei mir. Wie immer waren wir in der Beurteilung der Situation so einig. Wir beide fanden die Rede von Gregor sehr gut, wohl die beste, die er bei solcher Gelegenheit gehalten hat. Besonders gut die klare Haltung gegenüber der kapitalistischen Gesellschaft – im Gegensatz zu so manchen Genossen auch in der Führung der PDS.

Habe dazu auch einen Artikel für die Sammlung von meinen Artikeln geschrieben, die zu Ende des Jahres bei Jürgen Harrer (PapyRossa) erscheinen soll.

Am Freitag war ich bei Ruth Hoppe (meine alte Sekretärin und Mitarbeiterin – J.K.). Seit langem wieder ein Besuch bei ihr. Wir waren uns vertraut wie vor vielen Jahren. Ein schönes Zusammensein mit gutem Geplauder und einem netten gemeinsamen Mittagessen.

Marguerite ist nach der Schließung des Regierungskrankenhauses in einem Krankenhaus im Klinikum Buch. Leider ohne Telefon im Zweibettzimmer. Leider auch hat ihr Freund Dr. Neumann eine Woche Urlaub. Aber die Betreuung ist besser als in der letzten Zeit des Regierungskrankenhauses. Sie ist sehr schwach, aber hat kein Fieber mehr.

Gretel ist fertig mit den Memoiren, nun wird sie drei Manuskripte zusammenlegen, je eines für die beiden Söhne und eines für Hannes, der es kritisch lesen will.

Der Golfkrieg geht hoffnungslos weiter. Natürlich hat Irak ihn provoziert, natürlich ist das Regime dort unerträglich. Aber die größere Gefahr für die Menschheit stellt der ‚Weltpolizist' USA dar.

Insbesondere angesichts der zunehmenden Schwäche der Sowjetunion. Die Verhältnisse werden immer wirrer, die Situation dort wird immer weniger durchschaubar.

Der einzige Trost in der gegenwärtigen Situation ist, daß man weiß, wie auch Engels sagt, daß die Geschichte im Zickzack verläuft, und daß sich letztlich stets die fortschrittliche Zickperiode durchsetzt. Dies Wissen gibt einem doch eine außerordentliche Sicherheit den grauenhaften Unsicherheiten in der Welt wie in der Ex-DDR gegenüber und erlaubt einem einen festen Optimismus.

Eben rief Ursula an. Ganz erschrocken, so ganz im Gegensatz zu dem, was ich eben geschrieben habe: sie hat die Welt, die Menschheit abgeschrieben, hat Freude an den Kindern und Enkeln, aber sonst ist sie ausgehöhlt.

Draußen sind 10 Grad Kälte, aber man sieht die künftigen Knospen der Magnolien und kann sich auf April/Mai freuen, wenn ich hoffentlich auch wieder meine zweite verbliebene ästhetische Freude, Marguerites Greisengesichtlein, voll genießen kann."

10. 2. 1991: „Gestern Ältestenrat. Vorsitz Modrow. Diskussion des Parteitages. Er berichtete auch von seinem Besuch in der Sowjetunion. Genau wie Gysi – auch er hatte sich über das Nachgeben Gorbatschows Kohl gegenüber beklagt, und auch er berichtete, daß Falin – im Gegensatz zum SU-Botschafter in Bonn – mit uns übereinstimmt.

War am Freitag bei den IPW-Berichten. Sprach mit Lothar Kruss. Er und van der Meer, beide arbeitslos, leiten sie. Sie sind angeschlossen dem ‚Demokratie und Recht'-Verlag in Hamburg – diese Zeitschrift gehörte einst zum Pahl-Rugenstein Verlag. Habe gestern und heute einen Artikel für sie geschrieben. Lothar erzählte auch, daß sich etwa 40 ehemalige IPW-Mitarbeiter zu einem eingetragenen Verein zusammengeschlossen haben, der sich monatlich einmal trifft; praktisch alle sind arbeitslos.

Am Donnerstag war jemand von der Zentrale der

DSF bei mir. Sie haben ihre Jahrestagung – die Mitgliederzahl, die von 3 Millionen Mitgliedern vor 1989 auf 300 000 vor einem Jahr zusammengeschmolzen war, beträgt unter 27 000. Aber sie sind entschlossen, weiterzumachen. Sehr froh darüber.

Marguerite geht es weiter sehr mäßig, aber doch ein wenig besser. Doch vorläufig muß sie noch im Krankenhaus bleiben. Entsprechend geht es mir. Ging gestern um 16.35 schlafen und stand heute, um den Artikel zu beenden, um 2.30 auf.

Will in dieser Woche zu der Pfarrerin gehen, die die Gemeinde leitet, der der Dorotheenstädtische Kirchhof gehört. Erika hat herausbekommen, daß nur noch Angehörige der Gemeinde dort beerdigt werden können. Möchte aber so gern zu meinen alten Freunden, den Brechts, Hanns Eisler, Anna Seghers, den Bechers kommen. Gespannt, ob ich das für Marguerite und mich durchsetzen kann.

Hatte, wie seit längerem jede Woche, auch diesmal einen Artikel in der ‚Jungen Welt‘. Wie froh bin ich, daß ich dort einen Platz gefunden habe.

Hatte einen Brief von Adam Schaff. Schön, daß diese Verbindung nicht abgerissen ist.“

17. 2. 1991: „Werde in der April-Nummer zum ersten Mal seit vielen Jahren wieder einen Aufsatz in den IPW-Berichten haben. Freue mich natürlich darüber. Lothar Kruss las das Manuskript gleich durch und nahm es an.

Brachte Hannes Hörnig das Memoiren-Manuskript und blieb dort zu einer Tasse Kaffee. Zum ersten Mal hielt seine Frau keine Distanz zu mir, und wir waren zu dritt nett zusammen.

Arbeite eifrig an dem Artikel-Band für PapyRossa und habe Freude daran, zu so manchen älteren Aufsätzen Vorbemerkungen im Rückblick zu schreiben. Ich glaube, Artikelsammlungen kann ich noch lange herausgeben. Dazu sind die Gegenwart und die Zukunft wahrlich interessant genug. Sie mit Artikeln zu begleiten, dazu bin ich noch wach genug.

Die „Junge Welt' ist immer noch bedroht, aber die Situation sieht nicht mehr so schlimm aus wie vor einer Woche.

Hatte einen ganz traurigen Brief von Knuth Borchardt. Er scheint sich wegen seines Herzens ganz zurückziehen zu müssen. Natürlich trennen uns politische Welten ... aber – und wie oft bemerkt man das an den überkommenen Äußerungen von Lenin! – letztlich ist man doch nicht Politiker, sondern Mensch. Selbst Lenin handelte in seiner Eigenschaft als Staatsmann gelegentlich ganz bewußt gegen seine politischen Pflichten, nur als Mensch, also nicht nur im persönlichen bzw. familiären Verkehr.

Kocka sandte mir die ersten zwei Bände seiner Geschichte der arbeitenden Menschen, an der er seit einer Reihe von Jahren gearbeitet hat. Er ist wohl allgemein gebildeter als Wissenschaftler im Vergleich zu Borchardt, aber steht menschlich vielleicht hinter ihm zurück.

Marguerite meint, daß es ihr ein klein wenig besser geht. Da sie stets klagt, daß ich zu schweigsam bei meinem wochentäglichen Besuch bin, zu wenig erzähle, schreibe ich ihr jetzt täglich einen Brief, den ich ihr mitbringe. Zu ihrer Freude können die Kinder viel besser erzählen als ich.

Mein verstauchter Fuß behindert mich immer noch, ohne mir Schmerzen zu machen. Es stört mich aber nicht, bis an mein Ende humpeln zu müssen, da ich sowieso kaum noch laufe."

24. 2. 1991: „Keine überaus interessante Woche – außer daß meine Steuerberaterin, die schon angefangen hatte, meine Sachen durchzuarbeiten, plötzlich erklärte, sie hätte zuviel zu tun, um weiter für mich zu arbeiten.

Politischer Grund? Bin jedenfalls zu dem Steuerberater von Thomas in Westberlin übergewechselt.

Am Freitag ein Interview für eine südkoreanische Zeitschrift, wie üblich über Fragen der Zeit.

So froh, daß die „Junge Welt" weiterexistiert. Die einzige mir gebliebene Zeitung (bzw. Zeitschrift), die laufend von mir kleine Sachen zur Wirtschaft nimmt. Habe mich in den letzten Jahrzehnten so daran gewöhnt, zu Wirtschaftsproblemen zu schreiben, daß ich mir gar nicht vorstellen kann, was ich ohne diese laufende Beobachtung mit anschließendem Schreiben machen sollte.

Das Buch mit gesammelten Artikeln für Jürgen Harrer geht in den nächsten Tagen seiner Fertigstellung entgegen.

Am Mittwoch kommt Hannes Hörnig, um über die Memoiren zu sprechen. Natürlich gespannt auf seine Reaktion. In den nächsten Tagen will auch Thomas mit mir sprechen. Gelesen hat er schon, behauptet aber, noch nachdenken zu müssen.

Rita kommt am Dienstag abend, um mit mir über den wohl wichtigsten Artikel im Buch („Probleme der Selbstkritik") zu sprechen. Habe auch einen interessanten Brief von einer jüngeren Historikerin mit Anklagen gegen mich erhalten, den ich, wenn sie mir die Erlaubnis gibt, als Nachtrag zu dem Artikel abdrukken möchte.

Marguerite ist immer noch im Krankenhaus. Ich zweifele, ob es viel geholfen hat. Und wie wunderschön und gesund sieht ihr Kopf aus. Leider wird sie stets böse, wenn ich das sage, auch wenn ich das Wort gesund weglasse.

Sollte im März zu Wollenberg nach Nürnberg fahren, aber er scheint Schwierigkeiten mit seinen Veranstaltungen zu haben. Auch mit Lisa Abendroth, die offenbar ihren Mann in der Erinnerung als einen treuen

Sozialdemokraten und nicht als eine so erfreuliche Gestalt der Linken sehen möchte."

3. 3. 1991: „Hannes war bei mir. War im ganzen mit den Memoiren sehr zufrieden, wünschte nur einige Ergänzungen. Fand sie ‚mutig‘, da ich aus dem Tagebuch keine Fehleinschätzungen und Fehlprognosen fortgelassen hatte. Sein jüngster Sohn ist seit 5 Monaten arbeitslos und hat noch keine Unterstützung erhalten. Zum Glück arbeitet dessen Frau noch. Er ist Maschinenbauer.

Hundt von der MEGA war da, um Adressen im Ausland zur Unterstützung des Unternehmens von mir zu erhalten. Sein arbeitsloser Bruder hatte eine Woche zuvor Selbstmord begangen.

‚Constructiv‘ wird im April meinen Aufsatz über das ‚neugeteilte Deutschland‘ veröffentlichen.

Das Wichtigste: Marguerite ist wieder zu Hause. Noch sehr schwach und schlechter Stimmung, aber ich habe sie wieder.

Schrieb einen Beitrag zur Festschrift von Frank Deppe. Kurz, aber sehr scharf über unsere Katastrophe und ihre Ursachen.

Schrieb natürlich wieder einen kurzen Beitrag für die ‚Junge Welt‘.

Die sehr teure Westberliner Zeitschrift GEO brachte ein Interview mit mir. Da ich darin sie und Herrn Graf erwähnte, kaufte Erika für sich ein Exemplar und schenkte Herrn Graf eine Ablichtung. Rührend!

Ohne jede Idee für ein neues Buch.

War bei der Sozialversicherung. Jede Erhöhung der normalen Altersrente wird mir von der Staatsrente abgezogen. Auf diese Weise wird meine Rente als Akademie-Mitarbeiter bald auf dem Niveau der eines Dozenten liegen. Werde unter diesen Umständen nach einiger Zeit den Teil Biographien und Autobiographien der Bibliothek verkaufen müssen. Da aber das Institut, dem ich, da die Kinder natürlich nicht genug Wohnraum gehabt hätten, die Bibliothek ursprünglich nach meinem Tod vermachen wollte, bald nicht mehr bestehen wird, kein Schaden.

Rita wird im nächsten ‚Freitag‘ ein Interview haben. Sie wird doch recht erfolgreich. Ein Glück, da Thomas ja nächstens arbeitslos wird und, da er ‚abgewickelt‘ wird, sehr zweifelhaft ist, ob er überhaupt Arbeitslosenunterstützung erhalten wird. In dieser Beziehung noch keine Entscheidung über das Schicksal von Peter und Ingrid.“

10. 3. 1991: „War am Donnerstag im Antifa-Komitee bei Goldstein. Man hat sein Vermögen, das 1953 von der Partei beschlagnahmt worden war und das die PDS voriges Jahr zurückgegeben hatte (2,7 Millionen), durch die Treuhandgesellschaft erneut beschlagnahmt – und jetzt sitzen sie ohne Geld da. Die Willkür wird immer größer.

Morgen braucht Gretel das Artikelmanuskript nur noch zu paginieren, und dann geht es an den Verlag ab.

Heute kommen Peter und Ingrid mit ihren Bemerkungen zum Memoiren-Manuskript, und dann kann dieses auch spätestens am Monatsende an den Aufbau-Verlag gehen. Thomas war sehr unzufrieden mit dem Manuskript, da es zu wenig Kommentar zu den Tagebucheintragungen enthält. Habe es daraufhin noch einmal gelesen und bin nicht seiner Meinung.

Erika hat sich seit Dienstag in ihre Wohnung zurückgezogen – sie war mit ihrer Arbeit im Februar nicht fertig geworden und arbeitet jetzt als Rentnerin ohne Gehalt bis zum 15. März für das Institut am Bulletin. In dieser Zeit sind vier Artikel von mir erschienen, die sie bibliographieren muß. Aber dafür bezahle ich sie jetzt, ebenso für ihre Arbeit, wenn Gretel auf Kur ist. Sie bleibt irgendwie meine Assistentin. Wird hoffentlich auch die Korrekturen der beiden Bücher lesen, wenn sie erscheinen sollten, und das Personenregister machen.

Rita ist nach Chile gefahren – mit genügend Aufträgen, um die Fahrt zu bezahlen. Sie wird dort bei ihren Freunden Santibanis wohnen, die mit ihr gefahren sind.

Hatte an ‚Freitag‘ geschrieben, daß ich gerne das Buch meines verstorbenen Freundes Fritz Landshoff für sie besprechen möchte. Sie riefen gleich positiv zurück. Freue mich natürlich.

Wieder einmal keine Idee für ein neues Buch. Aber laufend Ideen für kleine Artikel. Schrieb gestern gleich zwei: einen für die ‚Junge Welt‘ und einen für das ND.“

17. 3. 1991: „Sprach am Montag in Westberlin beim VVN-Komitee. Etwa 40 Leute, fast alle sehr links. Der Chef sagte mir, sie hätten Schwierigkeiten mit unserem Antifa-Komitee, in dem so manche nicht anti-kapitalistisch wären.

Die Volksuni, Westberlin, rief an, ich sollte wieder wie in den beiden vorangegangenen Jahren bei ihnen sprechen. Thema Perestroika. Sagte ab, da ich das Thema, wenn über die heutige Situation in der Sowjetunion gesprochen werden soll, einfach nicht beherrsche. Die Situation, die noch vor einem Jahr so klar war – guter Fortschritt im allgemeinen im Überbau, völliges Versagen in der Wirtschaft und in der Nationalitätenfrage – ist heute völlig unübersichtlich, da sowohl die pro-kapitalistischen wie die diktatorisch-sozialistischen Kräfte wie vielleicht ‚einfach die Sicherheits-Militärkräfte‘ an Zuspruch gewinnen. Ich kenne keinen, der irgendwie sicher in der Voraussicht der Entwicklung ist – der Ausgang der Volksbefragung heute ist ebenfalls völlig unsicher.

Dazu die Honecker-Affaire, die auf beiden Seiten grotesk ist: sowohl der Prozeß, den man ihm machen will, wie die Entführung.

Ebenso grotesk die Situation in der Golfregion: vor

vier Wochen von seiten der USA die Erklärung, Saddam müsse unter allen Umständen abtreten – heute die Angst, er könnte gestürzt werden, weil die Kräfte gegen ihn Fundamentalisten sind. Dazu die Meinungsverschiedenheiten zwischen den USA und Frankreich. Dazu die Haltung Bonns. Die Weltsituation war in diesem Jahrhundert wohl schon ernster, aber bestimmt nicht verwirrter.

Habe eine kleine Buchbesprechung von mir aus an ‚Freitag‘ gesandt. Gespannt, ob sie sie bringen. Würde mich freuen, wenn eine wirkliche Verbindung möglich wäre, eine Art Ersatz für die ‚Weltbühne‘, die mir natürlich sehr fehlt, obwohl sie immer schwächer wird. Manche schreiben mir, daß sie meine Beiträge vermissen.“

24. 3. 1991: „Vor einer Woche besuchte uns Niese, der ehemalige Maurer aus Westberlin. Rührend mit seinen Geschenken: Blumen, eine Biographie der Meitner für Marguerite und Golo Manns Jugenderinnerungen für mich. Letztere insbesondere interessant für mich durch seine Erinnerungen an seine Heidelberger Studentenzeit. Kurios seine Bewunderung für Jaspers damals, die aufhört, als dieser nach 1945 wirkliche Bedeutung erlangt. Wie ganz anders auch sein und mein Verhältnis zu Rickert. Gemeinsam ist uns nur unsere Freude an den jours von Marianne Weber.

Am Montag war Günter Hertel vom Akademie Verlag bei mir. Dieser ist völlig in den Händen seiner westdeutschen Partner, Berlin hat nichts mehr zu sagen.

Wie anders der Aufbau-Verlag! Brachte am Freitag meinen Memoiren-Band zu Faber. Er hat mit einigen Westdeutschen, Bekannten von ihm, eine Kapitalgesellschaft gegründet, die ihn bisher völlig selbständig arbeiten läßt. Natürlich müssen sie etwas abbauen und konzentrieren, können nicht mehr zwei Dutzend Lyrikbände im Jahr veröffentlichen, ändern aber die Gestalt des Verlages in keiner Weise. Gespannt, ob er mit den Memoiren einigermaßen einverstanden ist. Will ihn nach Ostern anrufen.

Am Sonnabend hatten wir ,Rat der Alten' mit Spikkermann, Oschmann und einer mir unbekannten Redakteurin vom ND. Sprach in der Diskussion. Nannte das ND ein ,mäßig aufgemachtes Blatt für die Intelligenz von gutem Niveau'. Ein gutes Diskussionsblatt. Es fehlt ihm jedoch eine mobilisierende Kraft, was nicht zum wenigsten an der PDS liegt, der sie ebenfalls fehlt.

Gretel auf Kur, und die gute Erika hilft aus, obgleich es ihr gesundheitlich schlechtgeht.

Schreibe weiter regelmäßig einmal in der Woche für die ,Junge Welt' und gelegentlich für irgendwelche kleine linke Veröffentlichungen in der alten BRD. Habe aber keine Idee für einen größeren Artikel oder gar für ein Buch, ohne jedoch das Gefühl zu haben, geistig abzusterben.

Am Dienstag kommen Reni und Arthur aus England (Schwester und Schwager – J. K.). Gespannt, was sie von den englischen kommunistischen Parteien und der Familie zu berichten haben. Bine (Schwester - J. K.) sorgt rührend dafür, daß ich den ,Morning Star' erhalte."

31. 3. 1991: ,,Wohl selten in der Geschichte der Menschheit haben 86jährige ein so erstaunliches Jahrhundert erlebt wie meine Generation. Es war ein Jahrhundert des Niedergangs einer alten Gesellschaftsordnung und der mißlungenen Geburt einer neuen.

Die Niedergangserscheinungen zeigten sich besonders stark in Deutschland an zwei verlorenen Weltkriegen, verloren durch Arroganz und Leichtsinn der herrschenden Klasse, sowie am Faschismus und seinen Grausamkeiten sowie an der besonderen Art des Untergangs der DDR als Kolonie (wieder die Arroganz in Bonn, die sich auch dort jetzt zu rächen beginnt).

Persönlich hatte ich besonderes Glück als ‚jüdischer Kommunist' 1933 bis 1936 sowie als ‚Querdenker' 1945 bis 1989.

Was die Familie betrifft, war jedoch unser Schicksal nicht so verschieden im 19. und 20. Jahrhundert. Seit meinem Urgroßvater sind fünf Generationen aus politischen Gründen entweder ins Exil getrieben worden oder dort geboren – Schicksal, beginnend vor fast 150 Jahren.

Weiter: Schon seit einer Generation vor meinem Urgroßvater bis zu meinem ältesten Urenkel, also durch acht Generationen, waren wir politisch interessiert und haben in sieben Generationen politisch aktiv gearbeitet, in sechs Generationen Politisches im Druck erscheinen lassen.

Weiter: Seit dem Großvater meines Urgroßvaters haben wir bis zu meiner Enkelin, also in acht Generationen, wissenschaftlich gearbeitet – aber nur in einer Generation, der vor meinen Urgroßvater, naturwissenschaftlich.

Politisch Bedeutsames haben nur zwei geleistet – mein Vater durch die Herbeiführung der letzten politischen Zusammenarbeit von KPD und SPD bei der Fürstenenteignungskampagne und Ursula durch ihre Spionagetätigkeit. Wissenschaftlich haben drei Generationen, sagen wir, wirklich Ordentliches, aber nicht mehr, geleistet.

In drei Generationen haben beide Ehepartner für die Öffentlichkeit geschrieben – in der dritten sowohl Peter wie Thomas und ihre Frauen.

Wirklich bezaubernd schöne Frauen haben mein Vater und sein Vater geheiratet, und Marguerite wurde es in ihrem Alter.

Entschuldigung für diese Eintragung: heute ist Ostersonntag.“

1. 4. 1991: „Ursula besuchte uns am Sonnabend, und

101

wir stellten fest, daß die Welt, wenn wir von Deutschland absehen, uns kaum noch interessiert – teils natürlich ‚Abwehr' wie bei der Sowjetunion, teils echtes Uninteresse. Das heißt für die Politik. Wirtschaft interessiert mich natürlich intensiv weiter, vielleicht mehr denn je.

Zwei interessante Besuche in dieser Woche:

Ein Mann Greiner von einem sozialwissenschaftlichen Institut in Hamburg, der sich für die Linke unter Roosevelt und in der Armee interessierte und mir eine Ablichtung von PM von einem 17. 9. brachte mit dem Leitartikel unseres Freundes Max Lerner. Es war eine Freude, sich an so viele Freunde der Jugend und des frühen mittleren Alters zu erinnern.

Und eine junge Frau wie ein älterer Mann von einem Bildungszentrum Neue Welt in Westberlin, die einen äußerst radikalen marxistischen Flügel repräsentierten, also die PDS als ‚sozialdemokratisch' einschätzen.

Die ‚Linke' ist wirklich katastrophal zerstritten. Es wird außerordentlich schwer für uns sein, hier eine einheitliche Front herzustellen. Zum ersten Mal in unserer Geschichte sind gegenwärtig die Gewerkschaften die entscheidend-aktive Kraft. Wir verstehen es noch nicht einmal in der Ex-DDR, die Massen zu mobilisieren, außer ganz gelegentlich zu mittleren Demonstrationen.

Habe die vier Tage von Karfreitag bis Ostermontag sehr faul verbracht. Außer einem etwas längeren Artikel für das ND und die Monatsbörsenübersicht für die ‚Junge Welt' und einigen Briefen nur Deteks.

Allerdings auch etwa 50 von Gretel katalogisierte Bücher – sie waren etwa 2 Monate liegengeblieben – eingeräumt.

War am Dienstag beim Amtsarzt von Weißensee, um zu erfahren, wie ich wegen meines schlechten Laufens einen Schwerbeschädigten-Ausweis erhalten kann –

wegen der Ermäßigung bei Steuer und Versicherung des Autos. Er war ganz reizend – war vor einigen Jahren mit Madeleine zusammen auf einer Reise in Vietnam. Wir plauderten etwa 20 Minuten. Aber er selber hat damit leider nichts mehr zu tun."

3. 4. 1991: „Erstaunlich die Reaktion der Linken auf den Mord an Rohwedder. Nicht im ND, wo die Überschriften vernünftig sind – etwa zahlreiche Stimmen Prominenter unter der Überschrift ‚Mord ist kein Mittel der politischen Auseinandersetzung'. Genau richtig!

Aber die ‚Berliner Zeitung' hatte als Hauptüberschrift ‚Trauer um Detlev Karsten Rohwedder', was wahrlich kindischer Unsinn ist. Auch die ‚Junge Welt' geht etwas weit mit der Hauptüberschrift ‚Entsetzen über RAF-Mord an Treuhandchef'. Zwar hat das ND auch als Überschrift eines zweiten Artikels auf der 1. Seite ‚Entsetzen und Empörung über das Attentat', aber die Hauptüberschrift des ersten Artikels auf Seite 1 lautet: ‚Mord an Treuhandchef verschärft innenpolitische Situation', was völlig richtig ist.

In Wirklichkeit waren und sind Treuhandgesellschaft und Rohwedder in keiner Weise irgendwie beliebt gewesen. Doch ist es ein Glück, daß sich die RAF sofort bekannt hat, sonst hätte man der PDS die Sache zugeschoben. Auch so versucht man bereits eine Verbindung RAF – Stasi, um den Osten und die Empörung über die allgemeine Situation dort in die Angelegenheit einzubeziehen.

Telefonierte soeben mit Elmar Faber vom Aufbau. Hat den größten Teil der Memoiren gelesen und will sie herausbringen. Das Manuskript ist jetzt im Lektorat. Natürlich sehr froh, insbesondere nach der doch recht negativen Reaktion von Thomas, Peter und Ingrid. Das Erscheinen wäre ein schöner Abschluß meiner Bücher.

Auch wenn ein paar Wochen später die Artikelsammlung bei PapyRossa erscheinen sollte. Artikelsammlungen mag ich, solange ich noch lebe, herausbringen; sie sind keine Art Abschluß. Wohl aber Band 2 der Memoiren.

Wenn sie ein wirklicher Verkaufserfolg sind, kann man durchaus daran denken, sie mit jeder neuen Auflage durch weitere Teile dieses Tagebuches zu ergänzen. Das wäre überhaupt eine ganz neue Art der Veröffentlichung: stets durch neue Tagebuchnotizen ergänzte Auflagen – die große Frage ist nur: Wie kann ich unbefangen Tagebuchnotizen schreiben, ohne dann dabei laufend an ihre Veröffentlichung zu denken?"

5. 4. 1991: „Ist man wirklich so (revisionistisch) heruntergekommen? Vorgestern war ich noch so zufrieden mit der Art, wie das ND mit dem Mord an Rohwedder umging, und heute hat das ND einen langen Beschwerdebrief ‚ND – an schlechte Tradition angeknüpft‘, in dem die Berichterstattung auch hier vom ‚Parteistandpunkt‘ angegriffen wird. Von ‚Hofberichterstattung‘ ist übertrieben, aber nicht ganz unberechtigt die Rede. Gut, daß das ND den Brief abgedruckt hat.

Gestern übrigens ein Anruf vom ND, daß sie meinen Beitrag – die Zitate etwas gekürzt – bringen wollen. Natürlich freue ich mich.

Die Leipziger Universitätszeitung hatte eine überlange, stark aufgemachte Besprechung der ‚Schwierigen Jahre‘ durch Günter Katsch unter der Überschrift: ‚Der Nestor als ein Tacitus der SED-Aristokratie?‘

Überaus interessant und von solcher Unwissenheit zeugend die folgende Stelle: ‚Wie beurteilt er selbst sein Verhalten? Typisch für ihn und die Mehrheit der SED-Mitglieder ist sicher folgende Stelle: »Unserer Grundorganisation hat man Auflösung angedroht, wenn wir weiter gegen den Parteibeschluß, den *Sputnik* zu verbieten, sind. In der Versammlung sagte ich, ich bleibe selbstverständlich bei meiner Meinung, daß das Verbot falsch war, aber werde mich diszipliniert fügen und nicht gegen es diskutieren.« Ein Kommentar erübrigt sich.'

Nein, ganz im Gegenteil!, ein Kommentar wäre durchaus angebracht. Denn einmal waren wir die einzige Grundorganisation in der Akademie, die schriftlich nach Oben gegen das Verbot protestiert hat. Zweitens gab es wohl kaum eine Grundorganisation im ganzen Land, in der man so offen eine solche Erklärung abgeben konnte, wie ich es getan habe. Wie schreibt doch Jan Peters in der neuesten Nummer von ,Initial' (Nr. 2, S. 185): ,Ich möchte gern wissen: Welche Verhaltenstypologie läßt sich für Historiker im pseudosozialistischen Regime der DDR ausmachen? Die Frage erwächst aus persönlicher Betroffenheit und erkanntem Lernbedarf, auch in einem Institut wie dem meinigen, dem Akademie-Institut für Wirtschaftsgeschichte, wo wir unter dem Schutz und Schirm von Jürgen Kuczynski doch offen sprachen und gleichsam auf einer vor dem Dogmatismus geschützten Insel lebten.'

Im übrigen aber ist die Besprechung von Katsch von seinem Standpunkt aus fair und wahrlich anregend – auch in seiner nicht immer berechtigten Kritik."

7. 4.1991: ,,Wenn man bedenkt,

daß ich zu den Füßen von Richard Böckh spielte, während er mir von meiner Mutter für mich genau aufgeschriebene Ratschläge für das Studentenleben auf Grund seiner eigenen Erfahrungen und der Bummeleien von Heinrich Heine und Felix Mendelssohn-Bartholdy, die er persönlich kannte, sowie seines Vaters, des großen Altertumsforschers, der 1785 geboren wurde, gab;

daß meine Großmutter, weil sie so reizend aussah, von Victor Cousin, dem großen Hegelinterpreten in Frankreich, dem einstigen Minister, geboren in Paris während der Großen Revolution, einst seine Geliebte mit Flaubert teilend, seine Gesammelten Werke mit einer Widmung von ihm geschenkt erhielt;

daß der Mann meiner Urgroßmutter, der ersten Frau, der ich in meinem Leben einen Handkuß gab, im Februar oder März 1848 eine Ausgabe des ,Kommunistischen Manifest' gekauft hatte, die im Laufe der Zeit auch auf mich gekommen war;

daß der Sohn von Wilhelm Liebknecht, dem Jugendfreund von Marx und Engels, Karl Liebknecht, mich bei einem Spaziergang im Grunewald an die Hand nahm;

daß ich die von Marx und Engels noch direkt angeleiteten Schüler Bernstein und Kautsky persönlich kannte;

daß ich Oliver Wendell Holmes (gestützt an dem Arm eines entfernten Verwandten meiner Familie gehend) so oft ehrfurchtsvoll auf der Straße grüßte, ihn, der einst als junger Leutnant im Bürgerkrieg den amerikanischen Präsidenten Abraham Lincoln angeschrien hatte, er solle zurückkommen und nicht so dicht an die Front gehen;

daß ich die Mutter von Florence Thorne, der Assistentin zweier Präsidenten der American Federation of Labor, gut kannte, die ihre erste Milch aus der Brust einer Negersklavin im Süden der Vereinigten Staaten trank;

dann wird man verstehen, wie uralt ich geworden bin und wie eng ich, der praktisch das ganze 20. Jahrhundert erlebt hat, mich doch auch dem 19. Jahrhundert in Deutschland, Frankreich und den Vereinigten Staaten verbunden fühle.

Insbesondere auch, wenn ich etwa in meiner Bibliothek die Erstausgaben Kants, die der Großvater meines Urgroßvaters als begeisterter Kantianer gleich nach Erscheinen kaufte, oder die Erstausgaben Heines, die als sein Zeitgenosse mein Urgroßvater ,ganz selbstverständlich' erwarb, streichele. Unsere Familienbibliothek, gesammelt in zwei Jahrhunderten, ist so schön, nicht weil wir viel Geld zum Bücherkauf hatten, sondern weil wir die richtigen Zeitgenossen hatten und ihre Bücher kauften."

8. 4. 1991: „Die Magnolienknospen sind schon ganz weiß. Jetzt beginnen die Wochen doppelten Schönheitsgenusses: Marguerites Kopf und die Magnolien.

Hatte einen Brief von Günter Reimann, meinem Vorgänger bei der ‚Roten Fahne‘. Er lebt in New York, kommt wieder einmal zu mir. Er ist vernünftig geblieben und schrieb mir eine Reihe von Fragen, betreffend die Wirtschaftsentwicklung in der DDR, ganz in den Kategorien von Marx.

Erika weiter ein treuer und zuverlässiger ‚Ersatz‘ während Gretels Kur.

Das ND hat meinen Artikel noch nicht gebracht. Werde am Nachmittag anfragen.

Artikel für ‚Junge Welt‘ beendet. Aber was soll ich den Rest der Woche tun? Noch nicht einmal eine Idee für einen größeren Artikel.

Eine gute Sache von Fink in der letzten ‚Weltbühne‘. Aber er wie auch Klinkmann sind Einzelgestalten in ihrem Einsatz für die Wissenschaft, soweit es sich um Spitzenfunktionen handelt.

Jetzt soll auch die Kunsthochschule in Weißensee erledigt werden.

Die Situation hier wird immer ernster, und die Partei ist ihr in keiner Weise gewachsen. Es fehlt ihr jede Kraft der Mobilisierung. So viele kluge, arbeitsame Menschen an der Spitze ohne Effektivität in der Führung der Menschen.

Die ‚Junge Welt‘ ist endgültig gesichert und, wie es scheint, ohne politische Konzessionen. Ein kleiner Lichtblick im politischen Leben und ein großer für mich persönlich."

14. 4. 1991: „Das ND hat den Artikel gut aufgemacht

gebracht. Marguerite fand ihn gut. Am gleichen Nachmittag Anruf von einer belgischen Zeitung, daß sie ihn teilweise nachdrucken wollen. Auch einige freundliche Briefe. Überdies ein Anruf von Prokot, ob ich das neueste Buch von Altvater für sie besprechen möchte. Schrieb die Besprechung am Sonnabend. Freue mich doch, daß es zwischen ND und mir jetzt etwas lebhafter zugeht.

Gleichzeitig brachte ‚Freitag‘ mit Verspätung eine Besprechung von mir. Die wichtigere – die Erinnerungen von Fritz Landshoff betreffend – kommt in der Nummer zur Leipziger Buchmesse. Es wäre schön, wenn ich öfter im ‚Freitag‘ schreiben könnte. Dort erscheinen auch sehr ausführliche Aufsätze.

Die Magnolien – wie jedes Jahr eine berauschende Pracht.

Mit meiner Gesundheit geht es rapide abwärts, ohne daß mich das stört. Laufe immer wackliger, mit leichtem Schwindel, auch werde ich wohl stärker schwerhörig. Aber das Entscheidende ist, ich kann weiter wie eh und je schreiben. Da ist nichts von Altern oder Nachlassen der Kräfte zu bemerken. Ebenso bei meiner Freude an Detektivromanen.

Heute, beim ‚Wort zum Tage‘ vor den Nachrichten, wurde wieder einmal die Frage aufgeworfen, ob bzw. wie man sein Leben verändern würde, wenn man es ein zweites Mal leben könnte. Ich glaube, ich würde nichts Grundlegendes geändert haben wollen. Natürlich könnte man manche Fehler vermeiden, aber dabei handelt es sich nicht um Dinge von entscheidender Wichtigkeit. Daß ich Marguerite nicht so glücklich gemacht habe, wie sie es verdient hätte, ist natürlich; das hätte kein Mann gekonnt, weil sie es in so hohem Maße verdient. Den Kindern gegenüber habe ich nicht das mindeste Schuldgefühl, da sie mich zu meinem Glück stets so genommen haben, wie ich bin. Ekelhaft, diese Selbstzufriedenheit? Ich glaube nicht, denn ich meine nicht, daß ich damit irgend etwas Besonderes geleistet habe."

21. 4. 1991: „Brief von Gotthard Erler (Aufbau), daß die Memoiren erst im Februar erscheinen können. Natürlich zweifelhaft in meinem Alter, ob ich das noch erleben werde. Habe darum gebeten, mir die Korrekturen wesentlich früher zu senden.

Schrieb gestern meinen Vortrag für Nürnberg. Zugleich kam eine Einladung von Wollenberg, auf einem Treffen des Metallarbeiterverbands in Berlin im Oktober zu sprechen – Erfahrungen der Geschichte der Arbeiterbewegung als Thema. Habe zugesagt.

Thomas wird vielleicht in einem Kölner Institut mit einem kleinen Team von Mitarbeitern mit dem Thema ,Statistische Geschichte der Wirtschaftsentwicklung in Deutschland' Arbeit finden. Eine Anregung von Jürgen Kocka, was mich freut.

Alheit schrieb mir als Thema für seine Veranstaltung über Biographie: ,Das Ende einer realen Utopie? Brükke und Kontinuität einer deutschen Biographie in diesem Jahrhundert.' Werde gern darüber sprechen und vielleicht schon in der folgenden Woche den Vortrag ausarbeiten.

Es ist eisig kalt – unter Null, und das schützt die Magnolien vor allzu schnellem Verblühen. Sie sind ganz wundervoll in ihrer überreichen Blüte. Und so bequem zu genießen, direkt vor meinem Fenster.

Hatte Besuch von einem mir unbekannten Abgeordneten des englischen Parlaments namens Rupert Allason, der sich für meine Tätigkeit als Sowjetspion interessierte.

Gretel ist von der Kur zurück, und alles ist wieder bequem wie immer mit der Arbeit, obgleich Erika sich wahrlich bemüht hatte, alles so einfach wie möglich für mich zu machen. Aber es ist eben doch ein Unterschied, wenn man einen guten Geist neben sich zu Hause hat.

Das ND hat meine Besprechung von Altvater noch nicht gebracht. Vielleicht wollen sie sie für die Leipziger Buchmesse-Ausgabe aufheben. Werde morgen anfragen, was los ist.

Hatte ein interessantes Erlebnis bei einem Podiumsgespräch mit André Brie und einem mir unbekannten Professor bei der PDS Am Köllnischen Park. Der Saal war überfüllt. Brie meinte, meinetwegen, was ich lachend verneinte, da ich doch in der Ex-DDR völlig unten durch bin. Er konterte: aber doch nicht bei der PDS. Vielleicht hatte er wirklich recht. Denn zu Anfang bei der Vorstellung von uns drei wurde nur bei mir geklatscht. Doch schön für mich, noch so geschätzt zu werden – wenigstens in einer Versammlung mit vorwiegend Genossen."

5. 5. 1991: „Schrieb nichts am letzten Wochenende, da ich 3 Tage in Nürnberg zum 6. Abendroth-Kolloquium war. Doch recht lohnend. Es war dem 100. Geburtstag der IG Metall gewidmet. Die Nürnberger Metaller-Führung ist nicht nur großartig links, sondern auch persönlich besonders nett. Sah dort auch Dieter Fricke, Frank Deppe, natürlich Lisa Abendroth und vor allem, wie immer mit Freude, Jörg Wollenberg.

Hans Radandt hatte ein hundsgemeines Interview in einer Broschüre des Kölner Wirtschaftsinstituts gegen unsere Wissenschaft und insbesondere gegen Wolfgang Jonas und Helga Nussbaum. Das Ganze ist unverzeihlich. Endlich werde ich jede Beziehung zu ihm abbrechen.

Thomas hat einen vorzüglichen Artikel zur PDS im ND. Er ist auch das Wochenende über auf einer Tagung der Zentrale. Nur werde ich dadurch meinen für das ND geplanten Artikel über die Weltwirtschaftskrise nicht, wie ich ursprünglich wollte, dem ND anbieten können. Sonst wird es noch zum Familienveröffentlichungsblatt.

Schrieb meinen Artikel für die ‚Junge Welt' für nächste Woche über eine Verschärfung der Krise in den USA. Im ganzen aber ist es doch erstaunlich, welch geringe Rolle im Vergleich zu früher die Weltwirtschaftslage oder die in einzelnen Ländern des Kapitals in unserer Presse spielt – geringer als in der führenden westlichen Presse.

Die Magnolien sind am Abblühen. Aber auch die Reste sind noch wunderschön.

Anne und Christian (Nichte und Mann – J. K.) waren hier. Die Lage in Frankreich, sei es in der Partei, in den Gewerkschaften, in der sozialistischen Regierung oder in der Wirtschaft, alles andere als erfreulich.

Eine Freude dagegen die schlimme Niederlage der Tories und die Zerrüttung unter und in den Bonner Regierungsparteien."

12. 5. 1991: „Sprach gestern auf der dreitägigen Tagung von Alheit in der Humboldt-Universität zum Thema Biographien im 20. Jahrhundert. Zwei Tage vorher hörte ich mir Ingeborg Weber-Kellermann und Hermann Kant an. Letzterer hatte kaum Beifall – er ist leider so unbeliebt, noch viel unbeliebter als ich. Nach meinem Vortrag hatte ich I. W.-K. und Alheit zum Mittagessen eingeladen. Nett, nicht mehr.

Ein merkwürdiges Erlebnis: Theo Pinkus ist gestorben, und Thomas Grimm bat mich, für eine Zürcher Wochenzeitschrift einen Nachruf zu schreiben. Fand ihn mäßig gelungen. Grimm und der Schweizer Redakteur waren jedoch zufrieden. Zwei Tage später ruft ein Redakteur vom ‚Freitag' an, ob sie diesen Nachruf ebenfalls bringen können.

Genau wie bei dem Vortrag gestern verliere ich mehr und mehr meine Urteilskraft über das, was ich schreibe – aber zum Glück in der Weise, daß ich zu skeptisch mir gegenüber geworden bin.

Georg Fülberth schickte mir sein neuestes Buch.

111

Etwas ganz Besonderes – wenn auch meiner Ansicht nach so manches falsch gesehen. Leider scheint er Keynes entdeckt zu haben. Aber brillant in seinen Einfällen. Habe gleich eine Besprechung geschrieben, die ‚Freitag' hoffentlich nehmen wird.

Thomas Grimm will Ende Juni zweimal eine Stunde Interview für seinen Sender – letzten Dienstag sprach ich für den Deutschlandfunk.

Aber immer noch keine Idee für ein neues Buch. Wird wohl auch nicht mehr kommen. Bestenfalls wird es noch eine Sammlung größerer Artikel in ein paar Jahren geben. Die Gedankenflüge werden nicht weniger tief, aber kürzer."

19. 5. 1991: „Pfingsten – wie schön: drei freie Tage zu Hause ... vormittags Arbeit und nachmittags ein Detek. Und Marguerite hält noch durch, für drei Tage Mittag zu kochen, wenn auch vor allem eine gute Suppe als Hauptgericht und dann Obst und Kekse mit Kaffee.

Die Woche ereignislos, wenn auch gelegentlich viel zu tun. So am Donnerstag: Beim Augenarzt wegen einer plötzlichen Entzündung auf dem linken Auge, anschließend Rezepte für meine übliche Medizin bei Prof. Mühlberg geholt, anschließend einen Artikel über die Weltwirtschaftskrise beim ND, Prokot, abgegeben (er will, daß ich nächsten Sonnabend zu einer ND-Veranstaltung komme, da ich aber am Vormittag ‚Rat der Alten' habe, bat ich ihn, Hans Modrow anzurufen, der entscheiden soll, wohin ich gehe, da beides zu anstrengend für mich), darauf zu ‚Utopie kreativ', wo ich Steiner sprach, darauf zu Tacheles-Nachfolger, um über den Verkauf meines Buches zu beraten, darauf zu Aufbau, um eine Verabredung mit Erler zu treffen, darauf Essen in Akademie (Nuschke-Straße), darauf Apotheke, Medizin holen, darauf Institut, Presse holen, darauf nach Hause, wo ich einen Artikel (3 Schreibmaschinenseiten) über Finanzkrisen schrieb und einen begonnenen Detek zu Ende las. Aber solche Tage sind doch recht selten geworden.

Habe eine Idee für einen größeren Artikel über Besatzungsmächte – ein Vergleich der so erfolgreichen nach dem Kriege und der Bonner Regierung in der Ex-DDR. Will morgen damit anfangen. Vielleicht für ‚Freitag‘.

Die Partei ist immer noch im Abstieg. Immer noch ohne echte Organisationsarbeit, ohne Mobilisierung der Basis, da immer noch – bei allen Mahnungen auch von mir – ohne Sofortprogramme."

26. 5. 1991: „Sprach gestern auf dem Podium zusammen mit Fink – ein großartiger Rektor der Humboldt-Universität, Täve Schur, Edgar Kühlow und Petra Bläss wie Waltraut Lewin, die drei letzteren kannte ich noch nicht, auf einer Veranstaltung des ND. Spickermann war auch dabei. Mit meiner ersten Bemerkung hatte ich keinen Beifall. Zwei Redner vor mir, darunter Hans Modrow, der nur kurz im Präsidium saß, hatten Adolphi, Vorsitzenden der PDS in Berlin, wegen seiner Stasi-Tätigkeit verteidigt, darauf hingewiesen, wie kompliziert solche Probleme sind usw. Allgemeiner Beifall.

Dann ich: Für mich ist Adolphi nicht in erster Linie ein Stasi-Problem. Für mich ist entscheidend, daß er in der vorigen Woche jede Stasi-Tätigkeit abgeleugnet und sie diese Woche zugegeben hat, daß er also vorige Woche die Partei und Öffentlichkeit belogen hat. Nur ganz wenige klatschten. Ebenso erschreckend finde ich die Formulierung von Gysi, daß Adolphi ‚reichlich spät‘ sich zur Stasi-Arbeit bekannt habe. Nein: zu spät hat er das getan. Sehr gut daher der ND-Kommentar auf der ersten Seite, der das sehr deutlich macht.

Habe einen ausführlichen Artikel über die Lebenshaltungskosten geschrieben. Der erste gründliche und wissenschaftliche von linker Seite. Unsere Wirtschaftsberichterstattung ist wirklich im allgemeinen recht kümmerlich. Werde ihn dem ND anbieten, da er zu lang für die ‚Junge Welt' geworden ist. Habe ebenfalls einen längeren Artikel über ‚Besatzungsmächte' an ‚Freitag' geschickt. Hoffe sehr, daß sie ihn annehmen.

Erlebte eine erstaunliche Provokation. Erhielt von einer Mitarbeiterin des Präsidiums der PDS einen Brief von ein paar Zeilen, daß ‚beiliegender, offenbar falsch adressierter Brief an sie zurückgekommen' sei. Der Brief war an eine Firma in Berlin gerichtet mit mir als Absender und als meine Adresse PDS Karl-Liebknecht-Haus. Weder die Adresse der Firma noch die völlig blödsinnige Absenderadresse in meiner ‚Handschrift' stimmten. Als ich den Brief in Gegenwart von Gretel öffnete, befanden sich in ihm drei Anti-PDS-Flugblätter. Hätte man den Brief in der PDS geöffnet, hätte man vielleicht gedacht, ich versende mit PDS-Adresse feindliche Flugblätter. Habe das Ganze mit einer entsprechenden Erklärung an die Partei zurückgesandt. Schon weil möglicherweise andere Genosse auf diese Weise diffamiert werden können. Bin gespannt, ob das der Fall ist."

2. 6. 1991: „Habe eine lange Woche hinter mir:

Am Montag vormittag mit Thomas bei Rechtsanwalt Matthäus, der auch Keßler verteidigt, ein Schüler meines Freundes Kaul, um den René-Kuczynski-Preis vor dem Zugriff von Bonn zu retten. Am Nachmittag Besuch von Arno Donda, der jetzt Leiter der Statistik für die 5 neuen Bundesländer ist. Seine beiden Töchter und sein Schwiegersohn, ein Major, sind arbeitslos. Er ist das einzige Mitglied des alten Ministerrats, das auf Grund seiner Qualität noch im Amt ist. Er sagte mir, daß er sich gut steht mit dem Chef des Bundesamts für Statistik, der noch weniger Macht hat als er, Donda, unter der Leitung von Mittag. Sein Gehalt ist das alte – 4 200 Mark im Monat, aber wenn er nächstes Jahr pensioniert wird, erhält er nur noch 800 Mark.

Am Dienstag zu Besuch bei Ruth Hoppe.

Am Mittwoch zwei arme Menschen – eine Noch-Mitarbeiterin eines Akademieinstituts und ihr Freund, ein Student der Geschichte. Beide hatten mich gebeten, mich zu sprechen, weil sie so verzweifelt über ihre und die allgemeine Situation sind.

Am Donnerstag zur Klassensitzung in der Akademie, aber nur, um ein paar alte Freunde zu sehen. Am Nachmittag ein Photograph, der eine Sammlung ‚bedeutender Gestalten aus Ostdeutschland' veröffentlichen will.

Am Freitag früh um 7.30 Uhr mein alter Freund und Vorgänger bei der ‚Roten Fahne', Günter Reimann. Am Nachmittag ein Genosse Eggerdinger aus München, der dort eine marxistische Zeitschrift herausgibt, mit der Bitte um einen Beitrag.

Am Sonnabend nachmittag Besuch von Peter und Ingrid.

Schrieb in dieser Woche neben vielen Briefen einen mir wichtigen Aufsatz über ‚Militärmacht und Wirtschaftsmacht', den hoffentlich die ‚Junge Welt' bringen wird, und meinen Beitrag für Eggerdinger.

Natürlich froh, in meinem Alter noch so eine, hoffentlich nützliche, Woche verbracht zu haben.

Lese weiter – welch ein Luxus! – auch an Wochentagen ein wenig Detek."

9. 6. 1991: „Ein Vertreter der Elefanten Press war bei mir. Sie wollen, daß ich ein Taschenbuch für sie schreibe. Als Titel schlug er vor: ‚Meine großen Fehler' – ich schlug vor: ‚Meine mittelgroßen Fehler.' Aber natürlich denke ich gar nicht daran, ein reines Reuebuch zu schreiben.

Schreibe fröhlich und mindestens fünf Seiten pro Tag an dem neuen Buch. Es wird zwei Teile haben: Der erste Teil behandelt wichtige Fehler in Politik und Wissenschaft, der zweite meinen Widerstand gegen die Linie der Partei.

Erler vom Aufbau-Verlag sagte mir, ich müßte meine Memoiren – etwa 550 Seiten Manuskript – um 150 Seiten verkürzen, damit sie sie herausbringen könnten. Sonst würden sie zu teuer werden. Natürlich betrübt, aber mir bleibt nichts anderes übrig.

In der Woche drei Beiträge gedruckt: zwei in der ,Jungen Welt' und einen kurzen Brief im ,Times Literary Supplement', welch letzteres mich besonders freut.

Schrieb heute eine Schreibmaschinenseite – meinen Beitrag für die ,Junge Welt' in der nächsten Woche.

Schrieb einen Brief an Erwin Strittmatter, den ich auch veröffentlichen will. Entdeckte in seinem Tagebuch zu ,Wundertäter III' eine ganz üble Denunziation: Ich hätte meine teils ungünstige Besprechung seines Buches ,im Auftrag' des Politbüros geschrieben, wie ich Eva mitgeteilt hätte. Natürlich ist kein Wort davon wahr. Ich hoffe, das ND wird, nachdem ich ihm Gelegenheit gegeben habe, zu antworten, den Brief veröffentlichen. Diesen Vorwurf kann ich wirklich nicht auf mir sitzenlassen.

War beim Augenarzt. Alles in Ordnung. Kann weiter ohne Brille lesen."

16. 6. 1991: ,,Komme prächtig mit dem neuen Buch voran. Habe schon mehr als ein Drittel geschrieben. Aber es wird ganz anders, als Elefanten Press möchte.

Die Woche recht erfolgreich insofern, als ich eine kleine Sache in der ,Jungen Welt', eine andere im ND hatte, die ,Woche' aus Zürich mit meinem Pinkus-Artikel und eine juristische Zeitschrift mit meinem Innsbrucker Vortrag über Menschenrechte bekam.

Erhielt auch zwei Drittel der Korrekturen des Papy-Rossa-Buches, die ich gestern und vorgestern las und die jetzt Erika bekommt.

Holte vom Aufbau-Verlag mein Memoiren-Manuskript, das sie gekürzt haben wollen. Ganz interessant ein Absatz in dem Brief von Gotthard Erler: ‚Ein Problem für sich ist das Kapitel VIII (1989–1990). Wir sind nicht sicher, ob wir mit einer Veröffentlichung in dieser Form Dir und uns einen Gefallen tun würden. Niemand wird von Dir Wendigkeit erwarten, aber wenn unser Haus das Image bekäme, ein PDS-Verlag zu sein, könnte das für uns tödlich werden. Hier könnten wir uns ein etwas »quereres« Denken und mehr Fröhlichkeit vorstellen.'

Auf der Sitzung der Grundorganisation las ich meinen Brief an Gysi in der Adolphi-Angelegenheit vor:

‚Werter Genosse Gysi:

Ich bitte den Parteivorstand, mich einer außerhalb von Berlin gelegenen Grundorganisation einzuordnen, da ich nicht beabsichtige, in der Partei unter Leitung eines Landesvorsitzenden, der die Partei und die Öffentlichkeit in der einen Woche belügt und in der nächsten Woche unter der drückenden Last der Beweise die Wahrheit sagen muß, zu arbeiten.

Mit sozialistischem Gruß'

(Sonst redete ich ihn natürlich immer mit ‚Lieber Gregor' an.)

Am Freitag vormittag bei Spickermann vom ND wegen der Denunziation durch Strittmatter. Glaube nicht, daß das ND etwas drucken wird. Werde NDL versuchen müssen.

Am Nachmittag war Brock-Lee aus Südkorea bei uns. Wir fuhren anschließend zur TU nach Charlottenburg, wo ich bei der Veranstaltung mit ihm ein paar Sätze einleitend und einen Satz zum Schluß sprach. Wie alle solche Veranstaltungen dauerte auch diese zu lange.

Am Donnerstag war Klasse, aber das Thema interessierte mich nicht. Außerdem verstehe ich wegen meines schlechten Hörens kaum, was gesagt wird. So ging ich nicht, sondern arbeitete lieber an dem neuen Buch."

30. 6. 1991: „Geburtstag meiner Mutter. Denke selten an sie, aber wenn, dann mit ganz intensiver Liebe.

Schrieb gestern und heute die letzten 10 Seiten an dem neuen Buch – das heißt, ich hoffe, daß, wenn Gretel sie abgeschrieben hat, das Manuskript den vom Verlag gewünschten Minimumfang hat. Gretel findet es gut. Will Thomas bitten, das Manuskript zu lesen, bevor ich es abgebe.

NDL hat ebenfalls abgelehnt, meinen Briefwechsel mit Strittmatter abzudrucken. Sie wollen keinen Streit zwischen uns. Habe ihn darum im Buch untergebracht.

Die Reise in der alten BRD für die Sozialistische Deutsche Arbeiterjugend ging ordentlich. Die letzte Nacht verbrachte ich in Köln bei Renate (Enkelin). Sie und die Kinder eine reine Freude, weniger ihr Mann, der immer noch bei ihr lebt.

Ich kam auf der Hinfahrt mit 1 Stunde und 50 Minuten Verspätung in Köln an und fuhr gleich nach Leverkusen, wo ich auf der Vorstandssitzung der SDAJ ganz kurz sprach und diskutierte (insgesamt etwa 2 Stunden). Von dort nach Essen, wo ich wohnte. Am nächsten Tag, Sonntag, 23.6., um 11.00 eine Veranstaltung mit der DKP in Dortmund – vorher ein kurzes Interview mit dem Westdeutschen Rundfunk. Die Dogmatiker dort erstaunlich vertreten – etwa durch 2 Genossen eines ‚Solidaritätskomitees mit Erich Honecker‘ oder einen Genossen, der erklärte, die DKP sei die einzige Arbeiterpartei.

Am Montag – ich war großartig ausgeschlafen, da ich am Sonntag um 16.00 schlafen gegangen war und am Montag erst um 8.00 aufstand – am Vormittag Interviews mit einem der 4 Leitungsmitglieder der DKP (sie haben 4 Sprecher als Spitze), Helga Rosenberg, mit einem Vertreter der UZ und ebenso der ‚Marxisitischen Blätter‘, insgesamt 2 Stunden, am Nachmittag von 15.00 – 17.00 kurze Einleitung und Diskussion mit dem

‚Seniorenkreis der DKP Ruhr-Westfalen‘ und am Abend, 19.30 – 21.30, zu Fragen der Zeit eine Veranstaltung mit der SDAJ Essen und der Karl-Liebknecht-Buchhandlung. Da die letztere Eintritt nahm, verlangte ich von ihr als Honorar 3 Detektivromane, die im Ruhrgebiet spielen. Leider waren alle drei recht mäßig.

Am nächsten Tag, Dienstag, sprach ich von 10.00 – 12.00 Uhr in der Universität Bochum, im ‚Arbeitskreis für kritische Unternehmens- und Industriegeschichte‘, ein Kreis, in dem auch Linke stark vertreten sind.

Von dort dann nach einem netten Mittagessen nach Köln.“

7. 7. 1991: „Eine großartige Woche insofern, als das Buch für Elefanten Press beendet und überprüft ist. Thomas will mir bis Mittwoch Bescheid geben, wie er es findet. Hoffentlich so gut wie Gretel.

Am Mittwoch war Lee aus Südkorea da für ein Interview für seine Zeitung. Es ging, glaube ich, ordentlich.

Am Freitag nachmittag kam Frank Schumann (‚Junge Welt‘) mit 2 Linken, die in Hannover eine Zeitschrift herausgeben. Wieder ein Interview.

Konnte ihm gleich meinen Beitrag für nächste Woche geben.

Habe zwei Kleinigkeiten für das ND geschrieben und einen größeren Beitrag für die UZ, für die ich jetzt monatlich schreiben werde.

War nicht zur Festsitzung der Akademie am Donnerstag – einmal, um noch am Elefanten-Press-Buch zu arbeiten, und sodann, weil ich Herrn Graf (Urlaub) nicht habe und mir das Gehen immer schwerer wird, schließlich wegen meiner Schwerhörigkeit.

Der RIAS sandte mir seine Sendung über ‚Schwierige Jahre‘ zu. Wirklich ganz besonders freundlich der Text wie auch die Zusendung.

Von der Sendung, für die mich Lea Rosh wollte, habe

119

ich merkwürdigerweise noch nichts wieder gehört – aber sie soll auch erst im September stattfinden.

DT 64, der vor einiger Zeit eine verabredete Sendung kurzfristig abgesagt hatte, hat sich für übermorgen wieder angemeldet.

Heute, am Spätvormittag, wird mir Erika den Rest der Korrekturen des PapyRossa-Bandes mitbringen. Morgen sollen sie dann nach Köln abgehen. Gespannt, wann das Buch erscheint. Ob noch zur Frankfurter Buchmesse?

Thomas weiter überaus aktiv in der Partei. Vor ein paar Tagen hatte er ein Bild im ND von einer Größe, die ich nie erreicht habe. Peter kommt heute zu Besuch.

Habe mit M. besprochen, daß wir doch wieder alle paar Wochen alte Freunde einladen wollen. Man sieht sich kaum noch. Eigentlich telefoniert nur noch M. mit ihnen, während ich ganz gelegentlich Kohlmeys schreibe.

Habe die Briefe in der Strittmatter-Angelegenheit an Friesel, Hermlin, Kant, Christa Wolf und Mittenzwei gesandt."

14. 7. 1991: „Letzte wirklich fruchtbare Woche meines Lebens?

Am Montag sandte ich die Korrekturen des im Herbst bei PapyRossa erscheinenden Buches ab.

Am Dienstag ein einstündiges Interview mit DT 64.

Am Mittwoch eine Abschlußbesprechung des Memoirenbandes beim Aufbau-Verlag. Sie begnügten sich mit meiner Kürzung um 75 Seiten und hatten noch etwa 40 winzige Änderungsvorschläge, die wir in einer Stunde erledigten. Sie wollen die Veröffentlichung auf den Winter vorziehen.

Am Donnerstag Gretel die letzten Verbesserungen am Elefanten-Press-Buch gegeben. Ebenfalls am Donnerstag meinen UZ-Beitrag gesandt.

Am Sonnabend im ‚Erzähl-Café‘ eine Veranstaltung ‚40 verlorene Jahre?‘

Schrieb für die ‚Junge Welt‘ einen ‚Abschied‘ von Pöhl – ganz positiv.

Schrieb meinen Vortrag für Hagemann (Universität Hohenheim) für seine Tagung ‚Wirtschaftswissenschaftler im Exil‘.

Dafür nächste Woche bisher nur mein üblicher Artikel für die ‚Junge Welt‘ und Besuch vom Lektor der Elefanten Press, der das Manuskript abholen will.

Erika rührend weiter für mich da. Schreibt – Gretels Besuche haben wegen Grafs Urlaub so lange Pausen – gelegentlich etwas, bringt mir Sonnabend vormittag ‚Die Welt‘, bibliographiert regelmäßig und ißt gelegentlich im Institut mit mir. Gretel genau so rührend, wenn ich nicht genug für sie zum Schreiben habe – aber manchmal sind Artikel so zeitgebunden, daß sie nicht in ihr Kommen-Programm passen.

Marguerite schläft bei der gegenwärtigen Hitze unten, so daß ich nicht wie sonst aufbleibe, bis sie oben im Bett liegt, und am Wochenende fröhlich meine 12 Stunden von 7 bis 7 schlafe.

Es ist solch eine Freude für Marguerite und mich, zu erleben, wie gut sich Peter und Thomas oder Renatchen und Ingrid und Peter stehen. Natürlich reines Glück, da Eltern bzw. Großeltern in solchen Dingen nicht den mindesten Einfluß haben.“

21. 7. 1991: „Eine recht friedliche Woche:

Am Mittwoch holte der Lektor von Elefanten Press das Manuskript ab. Er wollte mich gleich wissen lassen, wie er es findet, hat aber noch nichts von sich hören lassen.

Am gleichen Tag waren Inge Pardon und Henryk Skrzypczak vom Rettungskomitee des Archivs und der Bibliothek des IML da. Die Situation ist immer noch unklar.

Schrieb eine Kleinigkeit für die ‚Junge Welt' und das ND.

Die Freunde aus Bamberg riefen an – erfreut über das UZ-Interview, und wann ich zu ihnen käme. Eine ähnliche Anfrage aus Nürnberg.

Reise nach Stuttgart Ende September sicher, da ich auf Liste der Vortragenden über Exil-Wirkungen bin.

Das Laufen wird für mich immer schwieriger. Froh, daß morgen Herr Graf wieder da ist.

Überlege sehr vorsichtig, ob ich nicht als Parallele zu den niedergehenden ein Buch über die aufgehenden Gesellschaften schreiben soll. Während die ‚Kurze Bilanz' bei Elefanten Press ein guter Abschluß vor allem meines politisch(-wissenschaftlichen) Lebens wäre, könnte dieses Buch ein entsprechender Abschluß meiner wissenschaftlich(-politischen) Arbeiten sein.

Erika hat herausgefunden, daß man ihre Mutter seit Wochen unter Drogen gesetzt hat, damit sie einschläft, wenn sie am Nachmittag Besuch von ihren Töchtern hat, um diesen Besuch loszuwerden. Kosten des Aufenthalts: 7 000 Mark im Monat! Bei uns wird die Situation immer schlechter, da immer mehr Schwestern nach Westberlin gehen, wo sie ein ganz anderes Gehalt bekommen. Dazu kommt bei uns allgemein natürlich noch der Abbau der Polikliniken wie überhaupt der Abbau des Gesundheitswesens, auch durch Abbau ‚politisch belasteter' Ärzte.

Das Gesundheitswesen ist aber wohl überall in der Welt des Kapitals im letzten Jahrzehnt heruntergekommen (war aber auch so im ‚realen Sozialismus', und ist es jetzt in der SU)."

28. 7. 1991: „Meine Rente ist von 4 370,– Mark auf 2 010,– Mark ab 1. August gekürzt worden, wie für alle Rentner mit Zusatzversorgung. Engelberg hat sich, wie mir Erika erzählte, schon im Fernsehen darüber beklagt. Wenn uns die Ehrenrente für Kämpfer gegen den Fa-

schismus erhalten bleibt, können wir unter Zusetzung unserer Ersparnisse wie bisher weiterleben, vorausgesetzt, daß die Miete im nächsten Monat nicht irrsinnig steigt. Offenbar darf die Intelligenz in einer Kolonie im Alter nur eine begrenzte Summe, die weit unter der Durchschnittsrente im ‚Mutterland‘ liegt, erhalten.

War bei ‚Utopie kreativ‘. Sie sind vom Dietz-Verlag gekündigt, aber rechnen damit, bis Ende des Jahres gesichert zu sein mit Hilfe der Partei. Die ‚Weimarer Beiträge‘ dagegen sind eingegangen. Habe mir, da ich sie wegen des erhöhten Preises dies Jahr abbestellt hatte, die letzten 6 Nummern beim Aufbau-Verlag gekauft, um sie vollständig zu haben.

Herr Graf ist von den Ferien zurück, und ich genieße es, nicht mehr zum Bus laufen zu müssen, und erledige alle aufgeschobenen Sachen in der Stadt. Will ihn natürlich so lange wie irgend möglich halten. Bei unserem Alter wird sich das hoffentlich bis zum Ende machen lassen.

Habe angefangen, für das neue Buch ‚Aufgehende Gesellschaften‘ zu lesen. Gespannt, ob ich es noch wirklich schreiben werde.

Der Tacheles-Nachfolger hat 2 000 Exemplare der ‚Schwierigen Jahre‘ an den Pahl-Rugenstein-Nachfolger verkauft und Verhandlungen mit der Elefanten Press über die Restauflage begonnen.

Ein Brief vom PapyRossa-Verlag, daß mein Buch an der Spitze der Vorbestellungen der im Herbst erscheinenden Bücher liegt. In der alten BRD habe ich, so ganz im Gegensatz zur Ex-DDR, noch meinen alten Ruf. Zu grotesk die ganze Situation.

Habe meinen Wochenartikel für die ‚Junge Welt‘ geschrieben. Im ND erschien mein kurzer Brief und eine Buchbesprechung. Von Thomas am Wochenende dort ‚Das Zitat der Woche‘. Witzig und klug.

Gestern waren Peter und Ingrid da. Die Situation an

123

der Universität denkbar schlimm. Jeder versucht, sich auf Kosten des anderen irgendwie zu retten. Ellbogen-Gesellschaft."

4. 8. 1991: „Groteskerweise hat sich die Akademie der Wissenschaften der UdSSR auf mich als ihr langjähriges Mitglied besonnen und mir einen Rundbrief an eine Reihe Wissenschaftler geschickt und mich um Auskunft über den Stand der Wissenschaften im Lande in einem Artikel für den WESTNIK gebeten. Habe abgesagt, da ich über die alte BRD nicht genug Bescheid weiß und es mir politisch zweifelhaft erscheint, ob sie einen Artikel über die desolate Lage in der Ex-DDR bringen würden.

War zu Besuch bei den IPW-Berichten, wo ich Horst van der Meer antraf. Sie können bestimmt bis Jahresende durchhalten. Er und Lothar Kruss, der auf Ferien war, leben von der Arbeitslosenunterstützung und wollen sich bei einer ABM (Arbeitsbeschaffungsmaßnahmegesellschaft) melden, wobei sie hoffen, Geld von ihr zu erhalten, während sie ihre gegenwärtige Aufgabe, die IPW-Hefte, hauptberuflich weitermachen.

War bei Ursula und Len, die ich jetzt häufiger besuchen werde, statt daß sie zu uns kommt, da die ‚Junge Welt' in ihre Nähe gezogen ist. Sie ist weniger bedrückt als zuvor.

Erhielt eine Aufforderung vom Haug-Verlag, für das Marx-Lexikon über ‚Gleichmacherei' zu schreiben, was ich gestern getan habe.

Schrieb auch einen Brief an die ‚Blätter für deutsche und internationale Politik' gegen eine Behauptung von Jörg Goldberg. Gespannt, ob sie ihn bringen werden.

Hatte einen Brief von Hagemann – werde auf der Exil-Tagung in Stuttgart Ende September sprechen.

Habe von Heubner (Elefanten Press) angeregte Verbesserungen und Ergänzungen, soweit sie mir richtig erschienen, im Manuskript von ‚Kurze Bilanz eines langen Lebens‘ fertiggemacht. Hoffentlich können wir die Sache nächste Woche abschließen.

Will Jochen Herrmann nächste Woche aufsuchen, um über Literatur zum Übergang von der Sklaverei zum Feudalismus aus der BRD und sonstige westliche Literatur – die unsere kenne ich – zu sprechen. Denke also immer noch an ein neues Buch.

War bei Ruth Hoppe vor 10 Tagen, die 100,– Mark mehr Rente bekommt, was mich schon deshalb freut, weil ich nicht weiß, wie lange ich nach meiner Rentenhalbierung und dem in den nächsten Tagen zu erwartenden Mietbescheid ihr noch monatlich 100,– Mark schenken kann.

War bei Mühlberg wegen neuer Rezepte. Er wollte mich auch untersuchen. Weigerte mich jedoch, da ich halbjährlich für völlig ausreichend befinde. Gegen meine Laufschwierigkeiten kann man sowieso nichts machen.“

11. 8. 1991: „Habe gestern das neue Buch angefangen und habe, wie so oft bei solcher Gelegenheit, Schwierigkeiten beim Einschlafen, weil mich die Sache so beschäftigt. Es wird ein kleines Buch, aber doch von Bedeutung wegen der Thematik, die in gewisser Beziehung ganz neu ist – natürlich hervorgerufen durch den Untergang des ‚realen Sozialismus‘.

War wegen diesbezüglicher Literatur bei Joachim Herrmann, der in dieser Beziehung vorzüglich funktionierte. Auch ist er viel bescheidener, in jeder Beziehung angenehmer geworden. Jemand, dem sein Fall menschlich gut getan hat. Wie erfreulich!

Thomas Heubner tat plötzlich so, als ob noch nicht entschieden sei, daß man mein Manuskript annimmt. Versprach endgültigen Bescheid in der nächsten Woche. Sagenhaft!, aber die Verlage sind im Zuge der Marktwirtschaft alle unzuverlässiger und frecher geworden – sogar ein linker Westberliner, angefeuert von der scharfen Wendung bei uns.

Schrieb, wie schon ein- oder zweimal, für die ‚Junge Welt' einen Artikel für ihre Automobil-Seite.

Einen Brief von Nagel aus Nürnberg: Sie wollen sich mit der PDS in Bamberg in Verbindung setzen, um eine gemeinsam organisierte Reise von mir zu arrangieren.

Am gleichen Tag ein Brief von Jörg Wollenberg, der mit 2 Leuten von der IG Metall zu mir kommen will, um eine Veranstaltung im Oktober zu besprechen.

Lese täglich über das Kolonat im Römischen Reich, das ich in meinen Schriften seit 1946 so falsch behandelt habe. Erste gute Neubehandlung im Buch für die Elefanten Press, bin aber schon viel weiter. Ein Gebiet übrigens, auf dem unsere Wissenschaftler manch Gutes gebracht haben. Aber wer im Politbüro hatte sie auch in ihrer Forschung stören können und wollen! Merkwürdig, wie Marx und Engels es kaum in ihren Arbeiten berücksichtigt haben.

Die Kollegin von der Londoner ‚Times' sandte mir ihr Kapitel über mich in ihrem neuen Buch. Nicht unfreundlich, aber voller Fehler und auch Spitzen. Habe mich geweigert, Stellung dazu zu nehmen. Soll sie!"

18.8.1991: „Das Erscheinen meines Manuskripts bei der Elefanten Press ist in der Schwebe. Dazu kommt ein merkwürdiges Verhalten meines Lektors, wie aus nachfolgendem Brief an den Aufbau-Verlag hervorgeht.

Habe fröhlich und begeistert mein neues Buch über Transformationsperioden begonnen. Schon etwa 20 Seiten geschrieben. Überaus interessant mit wirklich neuen Ideen.

Zum ersten Mal rief der Chefredakteur der ‚Jungen Welt' aus eigener Initiative wegen eines Artikels am Dienstag abend an – natürlich wegen der bevorstehenden Zinserhöhung. Der Artikel erschien am Donnerstag früh.

Für übernächste Woche zwei Verabredungen mit alten Freunden getroffen. Seit langem wieder ein Kaffee-Besuch von Klenners und einer von Kohlmeys. Freue mich sehr, daß es geklappt hat.

Endlich erschien das Buch meines uralten Freundes Landshoff. Schade, daß er es nicht mehr erlebt hat."

15. August 1991
Herrn Gotthard Erler
Aufbau-Verlag
Französische Str. 32
0-1086 Berlin

Lieber Gotthard:

Noch einmal Dank für Deinen Anruf.

Ich hoffe, Du schickst der Elefantenpress eine kräftige Rechnung für die Vervielfältigung der „Memoiren". Das Ganze ist eine Unverschämtheit. Du mußt Dir vorstellen: Eines Tages kommt ein Lektor der Elefantenpress zu mir und fragt mich, ob ich nicht ein kleines Büchlein für sie mit dem Titel „Meine großen Fehler" schreiben möchte. Natürlich sagte ich zu unter der Bedingung, daß ich „den Fall allseitig behandeln" kann. Ich schrieb die 150 Schreibmaschinenseiten voller Freude in 5 Wochen, gab das Manuskript, nachdem es zwei andere voller Zufriedenheit gelesen hatten, ab. Inzwischen hatte ich meinen Vertrag erhalten. 14 Tage später kam der Lektor wieder mit einer Reihe interessanter Bemerkungen, die ich fast alle berücksichtigte, wie er mit Befriedigung feststellte.

Jetzt scheint es plötzlich im Verlag Meinungsverschiedenheiten zu geben, ob sie das Manuskript annehmen sollen. Sie haben sich, statt an mich, hinter meinem Rücken an Euch wegen der Memoiren gewandt – wohl um zu prüfen, ob die beiden Manuskripte sich überschneiden. Wenn Du in mein Manuskript, das sie Dir offenbar im Austausch senden wollen, hineinsehen solltest, würde mich Dein Urteil natürlich sehr interessieren.

Was den Titel der Memoiren betrifft, bin ich natürlich einverstanden, daß mein Titel als Untertitel kommt. Aber warum dann nicht, wie der erste Band, als Haupttitel „Memoiren, Bd. 2". Sicherlich ist mir auch ein anderer Haupttitel, den Ihr findet, recht. Laßt mich Eure Idee bald wissen.

Entschuldige den langen Brief, aber ich meine, Du kannst eine Erklärung des ganzen Falles von mir verlangen – zumal ich zum ersten Mal in meinem Leben – mit über 100 Büchern veröffentlicht – Schwierigkeiten mit einem Verlag in bezug auf die Veröffentlichung habe.

Alles Gute!

Dein gez. J. K.


25. 8.1991: „Eine der schlimmsten Wochen meines Lebens. Der Putsch in der Sowjetunion und danach wohl der Untergang der Partei als Faktor des gesellschaftlichen Lebens dort. Der Putsch, durchgeführt von wahrhaftig nicht Laien, von einer sagenhaften Inkompetenz – und der vorläufige Untergang der Partei als Faktor des gesellschaftlichen Lebens von einer sagenhaften Schnelligkeit, mit ein paar Federstrichen wurde sie ausgelöscht, klang- und sanglos. Gorbatschow scheint erledigt, auch wenn noch im staatlichen Amt. So vieles, vieles einfach von einem Tag zum anderen völlig aus der Geschichte gestrichen. Ob je ein Jahrhundert solche Überraschungen gebracht hat wie das 20.?, beginnend mit 1917 – 1914 war keine Überraschung.

Erhielt zwei Briefe mit anti-kommunistischer Literatur – einen mit Absender K. Hager und seiner Adresse, einen ohne Adresse mit Absender G. Sindermann. Habe beide Umschläge an Gehrcke geschickt und Hager geschrieben, daß ich nicht an den Absender glaube.

Bin mit dem ersten Abschnitt des neuen Buches praktisch fertig. Ich glaube, sehr interessant und voller neuer Gedanken. Will das abgeschriebene Manuskript an Herrmann geben.

Einen Brief von der UZ. Sie haben auch den zweiten Artikel, bei dem ich etwas Zweifel hatte, abgedruckt.

Das ND hat den blödestmöglichen Vorabdruck aus meinem neuen Buch beim PapyRossa-Verlag gebracht. Aber immerhin.

Habe für die „Junge Welt' einen Artikel über die Krise in England geschrieben. Sie vertieft sich wirklich immer mehr, aber noch regt sich nichts.

In der BRD, der alten, und in der Bonner Regierung wird die Situation immer prekärer.

Thomas und Peter und Madeleine – es ist eine reine Freude, wie gut die Kinder miteinander stehen –, und morgen kommt Renate für ein paar Tage zu uns – eine besondere Freude für Marguerite.

Heute kommt Neil Taylor, vorige Woche wohl war Robert Simpson bei uns – auch eine Freude, wie die Kinder der Schwestern zu uns stehen, wann immer sie in unser Land kommen."

1.9.1991: „Komme mit meinem neuen Buch gut vorwärts. Habe heute den zweiten Teil, Übergang vom Feudalismus zum Kapitalismus, abgeschlossen. Das Ganze doch sehr interessant und voll neuer Gedanken.

Habe unsere neue Mietfestsetzung erhalten. Voller Fehler. Die Miete mehr als verachtfacht. Wenn ich nicht Änderungen durchsetzen kann, muß ich nach einiger Zeit ausziehen und die Bibliothek verkaufen. Doch kann einem Schlimmeres passieren. Immerhin hat die Bibliothek seit 200 Jahren durchgehalten, eine Seltenheit für bürgerliche Bibliotheken. Und eine Zwei-, Drei-Zimmer-Wohnung kann Marguerite nur guttun.

Gestern war jemand bei mir, der eine Dissertation über Max Quarck schreibt – bei Iring Fetcher, der mir durch ihn sein neuestes Buch sandte. Der Besuch bei mir natürlich interessant für ihn, da ich ja Quarck noch gut kannte und ihn, besonders im Verkehr mit jungen Menschen, so hoch schätzte.

Erika war da, um einen Weg zu finden, mich life in der Veranstaltung mit Lea Rosh zu sehen. Rührend, aber blöd. Das Ganze findet in einem Café statt. Thema ‚Ende der Ismen. Wenn Utopien sterben‘. Natürlich sterben große Utopien nie, und ich werde fragen, ob der Kapitalismus zu Ende ist.

Madeleine besucht. Sie hält sich großartig.

Einen langen Brief von Knut Borchardt. Er ist durchaus dafür, daß den ‚privilegierten Intellektuellen‘ wie mir die Rente gekürzt wird. Gesundheitlich geht es ihm sehr schlecht. Sein Herzversagen begann bei der Untersuchung unseres Instituts im Bonner Auftrag.

Bekomme Aufforderungen, über die Situation in der UdSSR zu schreiben, aber lehne ab, da ich zu unsicher bin.

Einen Brief von Kurt Hager. Auch er erhält üble Briefe mit gefälschten Absendern von Bekannten.

Gunter Kohlmey war da mit Gerda. Es war so nett, wir waren so vertraut und so einer Meinung, daß er heute anrief, um sich noch einmal, insbesondere bei Marguerite, zu bedanken.

Erhielt das von Lionel Richard herausgegebene Buch ‚Berlin, 1919 – 1933. Gigantisme, crise sociale et avantgarde l'incarnation extrême de la modernité‘ mit meinem Beitrag. Endlich mal wieder auf französisch erschienen.

Alain C. Boos von Radio France Internationale war zu einem Interview-Besuch mit seiner amerikanischen Freundin Prof. Ruth Bevan von der Yeshiva Universität, New York, am Sonnabend bei mir."

8. 9. 1991: „Eine gute Woche. Hatte einen ordentlichen Auftritt bei einer Fernsehveranstaltung mit Lea Rosh in einem Café in Westberlin. Mitwirkend unter anderem auch Lothar Bisky, der nett scheint, und eine Kriminalschriftstellerin Biermann, die u.a. als ‚ehemalige Nutte' vorgestellt wurde und mir sagte, welches Ansehen ich unter den Kriminalschriftstellern der DDR habe, da ich ja den Krimi bei uns salonfähig gemacht hätte.

Am Dienstag war Thomas Heubner da, um mir noch ein paar winzige Änderungen an dem Elefanten-Press-Buch vorzuschlagen. Es soll nun zum Weihnachtsverkauf auf dem Markt sein.

Am Mittwoch war Niels Beckenbach von der Gesamthochschule Kassel da. Er schreibt ein Buch über die Rolle der Intellektuellen nach 1945 und möchte ein Interview mit mir machen, das eventuell auch über das Fernsehen übertragen wird.

Habe das Buch über die Transformationsperioden beendet. Will Joachim Herrmann, Hans-Heinrich Müller und Georg Fülberth bitten, je einen kritischen Beitrag zu einem Kapitel zu schreiben. Dadurch wird es noch interessanter.

Sah Erika nach längerer Pause wieder. Sie ist völlig durcheinander. Gesundheitlich – Herz vor allem –, und jeden Tag bringt sie ihrer Mutter etwas zu essen. Hoffentlich hält sie irgendwie durch und kann weiter die Bibliographie machen und bei Büchern Korrekturen lesen.

Eva Schmidt-Kolmer ist gestorben. Selbstmord? Sie machte, als ich sie zuletzt sah, noch einen so lebendigen Eindruck. Wir Alten werden immer weniger.

Thomas hatte im ND einen ganz großartigen theoretischen Aufsatz. Sowohl M. wie ich fanden es das Beste, was wir von ihm bisher gelesen haben. Rita war nicht zufrieden, daß er nicht ‚wissenschaftlich an seinen Büchern' arbeitet. Ich versuchte, ihr klarzumachen, daß solche Artikel auch eine wissenschaftliche Leistung sind. Er geht ganz in der Parteiarbeit auf.

Heute nachmittag kommen er und Peter zum Kaffee – eine Freude, für Marguerite, die sie wahrlich verdient. Natürlich auch nett für mich."

15.8.1991: „Habe eine ganz großartige Vorbesprechung meines Buches bei PapyRossa, das im Oktober zur Buchmesse herauskommt, von Otto Köhler in ‚konkret'. Eine solche Besprechung konnte nur in der alten BRD erscheinen – hier sind wir alten Opponenten, die Marxisten geblieben sind, ja außer in der PDS und bei einigen ‚Linken' völlig unten durch.

Der ‚Tagesspiegel' rief an, er wolle einen Artikel von mir über die Verhältnisse in der SU. Hatte mich das ganze Jahr hindurch geweigert, zu diesem Thema zu schreiben. Diesmal habe ich zugesagt, da man, gerade weil man trotz aller Erfahrungen in fast 70 Jahren Berichten und Stellungnahmen zur Lage in der Sowjetunion heute die Verhältnisse nicht durchschaut, endlich etwas sagen muß. Es wird ein sehr persönlicher Artikel werden, und ich habe in der vorangegangenen halben Stunde bereits die Einleitung geschrieben.

Ein nettes Erlebnis. Vor ein paar Tagen rief Ursula an, sie freue sich so, mit mir auf einer Veranstaltung gleichzeitig zu lesen. Sie habe in der Presse gesehen, daß auch Kuczynski dabei ist. Ich hatte keine Ahnung, wovon sie sprach. Es stellte sich dann am nächsten Tag heraus, daß es sich um Rita handelt.

Thomas intensiver als je in der Partei Oben aktiv. Eine große Freude.

Habe an Hans-Heinrich Müller und Georg Fülberth geschrieben, ob sie mitzudruckende kritische Bemerkungen zu je einem Kapitel des neuen Buches machen wollen. Mit Joachim Herrmann werde ich sprechen, wenn er von seinen Ferien zurück ist.

Wieder einmal ohne ein Buch in Aussicht, aber dafür mehr Artikel. Zu dem monatlichen für die UZ und dem wöchentlichen für die ‚Junge Welt' kommen jetzt auf Wunsch von Gerd Prokot häufige Artikel für das ‚Neue Deutschland'. Frank Schumann erzählte mir, daß die ‚Junge Welt' seit August wieder in den ‚schwarzen Zahlen' ist, während mir Gerd sagen mußte, daß das ND monatlich über eine halbe Million Mark im Defizit ist, das die Partei bezahlt.

War bei Gotthard Erler, der mir sagte, daß die Situation des Aufbau-Verlages äußerst prekär ist. Die NDL wird im November einen Vorabdruck aus meinen Memoiren bringen."

21. 9. 1991: „Soeben war Marc Kunstlé vom Figaro-Magazine hier – ein Interview von etwa 1 Stunde über die Lage hier, über den ‚Untergang des Sozialismus' und andere Zeitfragen. Ein freundlicher und interessierter Mann.

Beim ND liegen seit mehr als 10 Tagen 2 Sachen von mir. Werde mich am Montag erkundigen, was los ist.

Den Geburtstag habe ich der armen Marguerite überlassen. War bis 10.00 zu Hause – um 9. 15 kamen Frank und Hajo von der ‚Jungen Welt' zusammen mit Heubner von Elefanten Press. Viel Post – etwa 50 Sachen, aber zum Glück viel weniger als in den vorangegangenen Jahren und nicht vieles, was besondere Freude machte.

Schrieb seit Jahrzehnten wieder eine Besprechung eines Krimis bzw. Spionageromans – aber eines besonders guten: Carrés ‚Secret Pilgrim', schon etwas ganz Hervorragendes.

Viele Briefe erwähnen die Talk-Shaw mit Lea Rosh und daß ich den Menschen Mut gemacht hätte. Das ist heute so wichtig – habe von einer Oberschülerin einen politisch verzweifelten Brief.

Das Elefanten-Press-Buch soll nächste Woche in die

Druckerei gehen. Täglich erwarte ich das Signalexemplar des PapyRossa-Buches.

Doris Gercke sandte mir ihren neuesten Detek. Wird sicher wieder gut sein.

22. 9. 1991: „Gestern nachmittag waren Jörg Wollenberg und zwei Freunde von der Leitung von IG Metall in Nürnberg da, um ihre Tagung am 3.10. hier in Berlin über die deutsche Arbeiterbewegung zu besprechen. Politisch wie persönlich war es besonders nett. Aber auch sie hatten noch nicht begriffen, wie radikal der Kahlschlag auf dem Gebiet der Kultur, einschließlich der Wissenschaft, ist.

Schrieb einen Artikel für die ‚Junge Welt‘ über die amtliche Statistik der Lebenshaltungskosten, die ganz offen zeigt, je höher das Einkommen der Arbeiter, desto niedriger die Steigerung der Lebenshaltungskosten. Am stärksten sind sie für die Rentnerhaushalte gestiegen.

‚Die Welt‘, ausgerechnet sie!, brachte den ersten Artikel, den ich gegen die Staatsrentensenkung auf 2 010,– Mark gelesen habe."

29. 9. 1991: „Im Zug von Stuttgart nach Berlin – über Nürnberg, wo ich 1 Stunde Aufenthalt hatte. Eine Fahrt von 11 Stunden. War auf einem von der Universität Hohenheim vorbereiteten Treffen von etwa 40 Wissenschaftlern zum Problem des Exils von Politökonomen, wo ich auch sprach. Mäßig interessant. Unterhielt mich interessant nur mit Backhaus, einem begeisterten Sombart-Spezialisten. Ich war wohl der einzige, der die meisten Emigranten noch gekannt hat. Spezielle Vorträge über Schumpeter, Alfred Weber (‚innere Emigration‘) und Salin.

Am Montag bei Joachim Herrmann, der ein Nachwort zum ersten Teil meines neuen Buches schreiben wird. Georg Fülberth kommt am Sonntag zu uns; er wird ein Nachwort zum ganzen Buch schreiben.

Am Dienstag wurde der René-Kuczynski-Preis verliehen. Bedenkt man die Zeit, war der Besuch nicht schlecht. Hans-Heinrich Müller hielt einen schönen Vortrag über ‚Goethe und die Landwirtschaft‘.

Am Mittwoch – wegen meiner Reise – meinen Wochenartikel bei der ‚Jungen Welt‘ abgegeben.

‚Der Tagesspiegel‘ hat meinen größeren Artikel gebracht. Recht froh darüber, da er, meine ich, wirklich gut war.

Ergänzte auch noch das neue Buch, nachdem mir Jürgen Harrer das Buch von Frank Deppe über Machiavelli zugesandt hatte, das ja viel über das Problem des Kapitalismus in Norditalien enthält.

Weiter ohne jede Idee für ein neues Buch, aber ich habe reichlich genug Bücher auf dem Wege zur Veröffentlichung.

Gespannt, ob meine Mahnung am Dienstag bei Gerd Prokot, betreffend meine ND-Artikel, etwas geholfen hat. Es ist einfach schändlich, wie man meine beiden Artikel liegengelassen hat, nachdem er mich aufgefordert hatte, öfter für sie zu schreiben.

Wir hatten, wie so oft, einen reizenden Brief von Renatchen. Sie hält sich in einer schweren Situation ganz großartig.“

6. 10. 1991: „Schrieb ich noch vor einer Woche, daß kein neues Buch in Sicht, so ist plötzlich eine interessante Broschüre (Gespräche mit Beckenbach von der Gesamthochschule Kassel) in Sicht. Habe eine Einleitung von 2 Kapiteln und vielleicht 30 Seiten schon begonnen. Natürlich mal wieder voller Begeisterung.

Sprach gestern in Spandau auf einer von Jörg Wollenberg arrangierten Veranstaltung der IG Metall (100-jähriges Jubiläum) über Probleme der Arbeiterbewegung. Etwa 60 Teilnehmer, die ganz großartig diskutierten.

War bei Joachim Herrmann, der völlig einverstanden

war mit dem Kapitel über das weströmische Reich in
„Scheiterhaufen der Geschichte‘, aber leider deswegen
keinen Kommentar schrieb. Nun wird hoffentlich Georg Fülberth, der uns heute besucht – er spricht, wie
auch Thomas, auf einer PDS-Veranstaltung – ein ausführliches Nachwort schreiben.

Peter Theek besuchte mich. Recht vernünftig in der
Beurteilung der Situation – aber leider zu krank und
schwach, wie er sagt, um zu schreiben. Ein Jammer!

Das ND hat endlich meine Sachen gebracht.

An UZ und „Junge Welt‘ meine regelmäßigen Beiträge gegeben.

Sah Baadke vom Aufbau-Verlag. Der Verlag scheint
nun endgültig gerettet. Auch soll ich in Bälde meinen
Vertrag wegen der Memoiren erhalten.“

13. 10. 1991: „Hatte ein ganz vorzügliches Buch über
die Sowjetunion von einer mehrjährigen Korrespondentin dort, Frau Krone-Schmalz, gelesen, und da ich
ihre Adresse nicht wußte, ihr per Adresse des Verlages
geschrieben. Daraufhin erhielt ich einen Brief von ihrem Verleger mit der Bitte, ein Buch über ‚das Ende des
Sozialismus‘ zu schreiben. Kann natürlich, da in den
nächsten Monaten so viele Bücher von mir erscheinen,
die sich zu dem Thema äußern, kein neues Buch mehr
dazu schreiben, habe aber den Interviews zugesagt.
Gespannt, ob etwas daraus wird.

Georg Fülberth war hier und hat mir schon geschrieben, daß er ein Nachwort schreiben will – es
klang fast so wie ein zweiter Teil des Buches, aber das
will ich vermeiden, um mich nicht mit ihm auseinandersetzen zu müssen. Er will es bis Ende November
schaffen.

War mit Thomas bei unserem Anwalt Matthäus wegen des René-Kuczynski-Preises. Verabredet, daß wir
unter allen Umständen vermeiden wollen, das Geld der
Akademie zurückzugeben, da wir nicht die geringste

Garantie haben, daß das Geld im Sinne von R. K. und uns verwendet wird.

Am Donnerstag waren die Rosenbergs aus Neuseeland bei uns. Er ist ein absoluter Stalinist geblieben und wollte mir einreden, daß die Lage in Neuseeland genau so schlimm ist wie in der Ex-DDR. Habe ihn natürlich einfach ausgelacht.

Jürgen Kocka rief an, und wir verabredeten, daß ich am 23. zu ihnen zum Kaffee komme."

20. 10. 1991: „Eine friedliche Woche. Nur ein Interview: für die ‚Tageszeitung' (taz) über den Abriß des Lenin-Denkmals. Sagte, daß Lenin in keiner Weise mit mir übereinstimmen würde, da ich gegen den Abriß und er, der bescheidenste Staatsmann, den ich kenne, für den Abriß sein würde. Erinnerte auch an die negative Haltung der Krupskaja zum Lenin-Mausoleum.

War bei Ursula, besonders nett, da auch Micha und Nina (ihre Kinder – J. K.) kamen. Michas Stellung beim Deutschen Theater noch gesichert. Victor Hamburger (ein Vetter – J. K.) lebt noch, wie er erzählte. Ohne Nobelpreis, aber zwei seiner Schüler haben ihn erhalten.

Natürlich meinen Aufsatz für die ‚Junge Welt' geschrieben und eine kleine, bittere Notiz für das ND – gespannt, ob sie sie bringen werden.

Die Presse, d.h. ND und ‚Berliner Zeitung', empört über die geplante Kürzung der Ehrenrenten für Antifaschisten. SPD und PDS dagegen – aber, viel wirksamer in der alten BRD, auch Galinski von der jüdischen Gemeinde. Natürlich ein harter Schlag für uns, aber noch viel härter für andere, die nicht unsere Ersparnisse haben. Aber gut passend in die Bonner Politik gegen die ‚alte DDR'.

Der Streit um unsere Akademie der Wissenschaften geht weiter. Man will sie nicht als Fortsetzung der Leibnizschen Akademie anerkennen. Klinkmann kämpft natürlich heftig für die Anerkennung. Mir wäre es eher lieber, nicht in die neue Akademie als Mitglied aufgenommen zu werden, weil es so viel besser in mein Leben passen würde. Wenn ich aufgenommen werden würde – sollte ich ablehnen? Insbesondere, da ich nicht daran denken würde, ihr den René-Kuczynski-Preis zu überlassen.

Der Nobelpreis für Wirtschaftswissenschaften wieder an einen ganz Unbedeutenden – mein Gott, wenn man an die so hohen Qualitäten der ersten vier Preisträger denkt. Dagegen der Friedensnobelpreis großartig in der Wahl. Welch ein Unterschied zwischen Norwegen und Schweden!"

27. 10. 1991: „Am Montag bei Jürgen Kocka und seiner Frau zum Kaffee. Sehr nett, besonders sie. Er stellte unendlich viele Fragen, aber das störte mich in keiner Weise, da ich wahrlich daran gewöhnt bin, zu Problemen der Zeit ausgefragt zu werden.

Die taz hat das Interview mit mir sehr nett und groß aufgemacht. Schade, daß sie so bedroht ist in ihrer Existenz.

Am Mittwoch bei Mühlberg. Die übliche gründliche Halbjahresuntersuchung. Abgesehen von meinem jämmerlichen Laufen und einem kleinen Leistenbruch, um den man sich nicht zu kümmern braucht, da er keine Schmerzen verursacht, alles in bester Ordnung. Was für ein trauriger Gegensatz zu Marguerite!

Fuhr Donnerstag mittag nach Hannover zu einer Universitätsversammlung der jungen Architekten. Der kleine Saal war voll mit 40 bis 50 nur jungen Menschen. Sprach 25 Minuten und dann fast 1-Stunden-Diskussion mit klugen Fragen zu Problemen der Zeit. War am Freitag mittag wieder zurück. Da ich statt um 18.00 erst um 22.15 Uhr schlafen ging, fand M. die Sache anstrengend. Aber selbst wenn sie recht hat, ist das gleichgültig gegenüber dem gesellschaftlichen Nutzen, den es bringt.

Erhielt gleich 2 Bücher mit Beiträgen von mir. Eines, das in dem linken Marburger Verlag erschien, und die Festschrift für Sidney Pollard zu seinem Geburtstag (65 Jahre).

Ein Brief von meinem alten Freund Pach mit der Anfrage, ob ich im nächsten Jahr an der Budapester Akademie sprechen würde. Sehr erstaunt, da er im allgemeinen recht vorsichtig ist. Sagte natürlich zu.

Thomas mit dem ersten Tag des Berliner Parteitages denkbar unzufrieden. Rita sagt, er denke an einen Austritt aus der Partei. Hoffe, daß er sich das noch sehr überlegt, obgleich der Zustand der Partei wahrlich kümmerlich ist.

Dazu, durch die Treuhandgesellschaft, die ernsteste Bedrohung der Existenz des ‚Neuen Deutschland‘ .“

Vielleicht interessiert der Vortrag in Hannover:

Fragen der Zeit

1. Der Realexistierende Sozialismus

Er existiert noch heute für ein Fünftel der Menschheit in China, Vietnam, Nordkorea und Kuba. In Osteuropa ist er zusammengebrochen.

Die Deutsche Demokratische Republik war eine Mischgesellschaft.

Das sozialistische Element war vor allem in der Sozialpolitik zu beobachten. Obgleich die Renten niedrig waren, brauchte kein Mensch – im Gegensatz zur BRD – auch nur einen Tag zu hungern. Ebenfalls im Gegensatz zur BRD gab es keine Arbeitslosen oder Obdachlosen. Vieles wurde durch das beste System von Kinderhorten und Kindergärten in der Welt sowie Zahlung des vollen Lohnes bei Arbeitsabwesenheit durch Krankheit der Kinder getan, um den Frauen zu ermöglichen, einen Beruf zu ergreifen. Kein Jugendlicher wurde durch die finanzielle Lage der Eltern daran gehindert, zu studieren.

Sehr viel kleiner war das kapitalistische Element. Es war beschränkt auf die Errichtung einer Marktwirtschaft zwischen Konsumenten und Einzelhändlern. Innerhalb der Wirtschaft selbst herrschte eine sozialistische Monopolwirtschaft. Es gab keine Konkurrenz zwischen den Einzelbetrieben – außer natürlich zwischen den Einzelhändlern.

Ganz entscheidend für die gesellschaftlichen Verhältnisse war dagegen ein drittes Element: das absolutistisch-feudale, das eine riesige Bürokratie hervorbrachte sowie ein Kommandosystem, das Meinungsstreit und Kritik (außer von Oben) unterdrückte. Um ganz krass, aber realistisch zu formulieren: Die Pressefreiheit war unter Friedrich dem Großen größer als in der DDR.

Es war dieser dritte Faktor, der die Gesellschaft der DDR zugrunde richtete.

Es war der erste Faktor, der die DDR auszeichnete vor allen kapitalistischen Ländern, ohne sie deswegen – eben wegen der Existenz des dritten Faktors – retten zu können.

Es war der dritte Faktor, der verhinderte, die Deutsche Demokratische Republik ein sozialistisches Land zu nennen. Ja, man muß sagen, daß die Basisdemokratie in der kapitalistischen BRD und die gesellschaftliche Motivation Unten größer waren als in der DDR.

2. Die Gegenwart der Ex-DDR

Die Ex-DDR ist eine Armenkolonie der alten BRD – genauso wie Sizilien in Italien, Wales in Großbritannien oder South-Carolina in den Vereinigten Staaten von Amerika. Nur dauerte es mehr als 100 Jahre, um diese Armenkolonien dort zu schaffen, während der Prozeß in der Ex-DDR nur ein Jahr in Anspruch nahm.

In der Ex-DDR ist die Rate der Arbeitslosigkeit heute etwa achtmal so hoch wie in der alten BRD.

In der Ex-DDR ist die Rate der Inflation heute etwa viermal so hoch wie in der alten BRD.

140

In der Ex-DDR ist die Zahl der Obdachlosen bei nur einem Viertel der Bevölkerungszahl fast ebenso hoch wie in der alten BRD.

In der Ex-DDR werden zahlreiche Teile des übriggebliebenen einst so dichten sozialen Netzes abgebaut – wie etwa Kinderhorte und Kindergärten.

Das heißt, die krassesten sozialen Mißstände der alten BRD werden in der Ex-DDR vervielfacht übernommen.

In der Ex-DDR verschwindet mit wenigen Ausnahmen die Industrie – mit Recht vom kapitalistischen Standpunkt. Denn sie lag und liegt unter dem technischen Niveau der alten BRD-Industrie, und diese ist in der Lage, fast alle in der Ex-DDR benötigten Güter zu liefern – und wenn in einigen Fällen nicht, ist es rentabler, die Kapazitäten in der alten BRD zu erweitern, als neue in der Ex-DDR aufzubauen.

In der Ex-DDR ist die Landwirtschaft – im Gegensatz zum lokalen Gartenbau – überflüssig, da sie technisch zurücksteht und in der alten BRD im Rahmen der EG sogar Subventionen gezahlt werden, um die Anbaufläche zu verringern.

In der Ex-DDR findet ein Kahlschlag der Kultur, einschließlich der Wissenschaft, statt – teils aus ideologischen, teils aus Konkurrenz-Gründen. So sind zum Beispiel sämtliche Institute der Akademie der Wissenschaften aufgelöst worden.

Es besteht durchaus die Möglichkeit, daß aus der Ex-DDR eine sogenannte gepflegte Armenkolonie wird. So wächst schon heute das in der Ex-DDR so vernachlässigte Dienstleistungsgewerbe ebenso wie das Handwerk. Der Einzelhandel erweitert sich, dem Tourismus (Hotels, Gaststättengewerbe) wird mehr Aufmerksamkeit gewidmet, ebenso dem Telephonwesen und dem Transportgewerbe, ebenso dem Gartenbau. Diese erweiterten Aktivitäten fördern zeitweise auch die Bauwirtschaft. Grenzen sind solchen Aktivitäten vor allem durch die enorm wachsende Verschuldung der öffentlichen Hand sowie die beginnende Wirtschaftskrise in der alten BRD gesetzt.

3. Die Zukunft

Die Geschichte lehrt uns: Neue Gesellschaftsformationen scheitern oft bei ihrem ersten Durchbruch – und zwar aus sehr verschiedenen Gründen.

Im antiken weströmischen Reich begegnen uns im 3. und 4. Jahrhundert unserer Zeitrechnung die Kolonen als an den Boden gebundene Pächter auf den Latifundien, während in den Städten und dem sie umgebenden Land noch die Sklavenwirtschaft herrschte. Die Kolonen in dieser Zeit waren die Hörigen einer sich herausbildenden feudalen Gesellschaft. Unter dem Druck der wilden Inflation, einer stärkeren Zentralisierung der Kaiserherrschaft mit zunehmendem Steuerdruck sowie den stärker werdenden Angriffen der Germanen, also dem zunehmenden Niedergang von Wirtschaft und Staat, wurden zu Ende des 4. Jahrhunderts und in der Folgezeit der Ausbeutungsdruck und mit ihm auch die Verschuldung der Kolonen immer größer, die Kolonen wurden zu Quasi-Servi, zu Quasi-Sklaven und daher auch Servi terrae, Sklaven der Erde, genannt. Das römische Recht begann offen von der Schwierigkeit, zwischen Kolonen und Sklaven zu unterscheiden, zu sprechen. Der erste Vorstoß einer neuen Gesellschaftsordnung war gescheitert. Es dauerte fast 500 Jahre, bis sich die neue, die feudale Gesellschaftsordnung allgemein und für lange gefestigt auszubreiten begann.

Um 1400 haben wir in Norditalien, vor allem in Florenz, aber auch in Venedig, Genua und anderswo, einen blühenden Frühkapitalismus. Keine hundert Jahre alt wurde er, bevor er kriegerisch von dem feudalen Frankreich und Deutschland unterdrückt wurde. Auch in England wurde der seit der Mitte des 16. Jahrhunderts sich entwickelnde Kapitalismus von dem wieder an Stärke gewinnenden Feudalismus seit 1600 mehr und mehr unterdrückt. Doch dort erhob sich das Bürgertum in der Revolution von 1640 gegen die feudalen Kräfte, besiegte sie in einem jahrelangen Bürgerkrieg und rettete so den Kapitalismus. Darum nennt Marx diese Revolution auch eine „konservative Revolution": sie rettete und konservierte den Kapitalismus.

Mit meinen 87 Jahren werde ich das Wiedererstehen eines von allen feudalabsolutistischen Elementen gereinigten, echt basisdemokratischen Sozialismus auch in seiner Frühform nicht mehr erleben. Aber die Vorfreude auf ihn lasse ich mir nicht nehmen.


3. 11. 1991: „Den größten Schock meines wissenschaftlich-politischen Lebens hat mir ein Brief von Doris Gercke versetzt. Mein Antwortbrief in seinem ungelenken Deutsch, den ich ihr gleich geschrieben hatte, zeigt das ebenfalls deutlich – siehe am Ende der Tagesnotiz.

Schrieb meinen wöchentlichen Artikel für die ‚Junge Welt' und den Text meiner freien Rede in Hannover, die sie mit anderen Vorträgen ihrer Reihe veröffentlichen wollen.

Helmut Steiner war bei mir, ‚Utopie kreativ' verkauft nur 1 000 Exemplare. Die Kreissekretäre wollen sie nicht abnehmen. Einfach sagenhaft. Habe ihm gesagt, er solle einen entsprechenden Brief an das Präsidium senden, ich würde auch unterschreiben und andere dazu veranlassen.

Helmut Löwe, ein alter Schüler von mir, war hier: Waltraut Falk und ihr Mann – alte, dogmatisch-treue Genossen – sind nicht mehr in der Partei, die Parteimitgliedschaft läßt Hans Wagner – genauso dogmatisch-treu – ruhen. Sagenhaft! Helmut noch eifrig in der Partei tätig.

Thomas wurde am vergangenen Wochenende nicht

als einer der drei Vize-Vorsitzenden des Berliner Bezirks gewählt. Marguerite sehr froh, ich weniger.

Die Freiexemplare von ‚Probleme der Selbstkritik' sind gekommen. Versende 50 Stück plus 5, die ich dazukaufe.

Man sagt mir, daß der Akademie Verlag behauptet, keine Exemplare mehr von der ‚Lage der Arbeiter' zu haben. Nach der letzten Abrechnung aber waren noch teilweise bis zu 50 Exemplare vorhanden. Muß feststellen, ob sie im ‚Zuge der Zeit' die Restexemplare vernichtet haben. Würde mich wahrlich in dieser Zeit der Rechtlosigkeit nicht verwundern, denn ich bin von nichts benachrichtigt worden.

Erhielt von einer englischen Filmgesellschaft ein Exposé für einen Film mit mir – ebenso mit Ursula."

26. 10. 1991
Doris Gercke
Bürgerweide 23
2 Hamburg 26

Sehr verehrter Herr Professor Kuczynski,
[...] Ich komme gerade zurück aus Israel. Der Aufenthalt dort war aus verschiedenen Gründen interessant, aber auch außerordentlich anstrengend. Ich bin dabei, das Erlebte zu verarbeiten. In diesem Zusammenhang griff ich zu Band 5 der „Geschichte des Alltags..." und fand darin kein einziges Wort über das Verschwinden der Juden aus der deutschen Gesellschaft. Warum? [...]

30. Oktober 1991
J. K.

Liebe Doris Gercke:
Ihr Brief hat mich wie kein anderer in meinem Leben geschockt. Sie müssen wissen, daß ich viele, viele

Briefe zu Bd. 5 erhalten habe, daß der Band vielfach freundlich und unfreundlich besprochen wurde, daß ich Ihren Brief gleich, als mein jüngster Sohn mit seiner Frau zu uns zum Kaffee kam, vorgelesen habe, und er ebenfalls für sich selbst schockiert war. Niemandem war das sagenhafte Manko in all den Jahren seit 1983 aufgefallen. Dabei war ich in den 3 Jahren meiner illegalen Arbeit von 1933 bis 1936 in Deutschland natürlich doppelt gefährdet als Kommunist und als ‚von jüdischer Rasse‘. Das Ganze ist absolut unglaublich. Nie habe ich in den mehr als 100 Büchern, die ich geschrieben habe, einen solchen Fehler gemacht.

Ganz geknickt

Ihr

gez. J. K.


10. 11. 1991: „In dieser Woche geschrieben:

meinen üblichen Aufsatz für die ‚Junge Welt‘;

einen Beitrag zum liber amicorum für Hermann van der Wee anläßlich seiner Emeritierung im Jahre 1993 – gespannt, ob bei der Veröffentlichung ein Kreuz hinter meinem Namen stehen wird;

für PapyRossa eine Zusammenfassung des Inhalts meines letzten Buches, das im Frühjahr erscheinen soll.

Erika räumt ihr Zimmer im Institut auf und findet gar manche alte Sachen von mir. So essen wir auch wieder seit längerem zum ersten Mal zusammen dort Mittag. Muß sie auch bitten, da Gretel für 14 Tage nach Tunesien fährt, zumindest die ‚Junge Welt‘-Artikel für mich zu schreiben.

Habe ‚Probleme der Selbstkritik‘ an 50 Freunde und Verwandte versandt. Pro Inlandsendung DM 4,–, da Drucksachen nur bis 50 Gramm erlaubt sind. An das Ausland nur DM 2,20, da man dorthin schwerere Drucksachen senden kann. Grotesk, die Postbestimmungen! Aber was in unserem Lande ist nicht grotesk?

Marguerite geht es recht schlecht. Habe heute früh ihr Frühstück ans Bett gebracht.

Am Dienstag war eine Freundin von Martha Dodd bei mir, die auch andere alte Freunde von uns kannte bzw. kannte sie ihr Vater. Sie kommt morgen noch einmal.

Vortrag in Kassel für Februar verabredet. Thema: Intelligenz und Macht.

Ursula war vor ihrer Englandreise bei uns. Ihre erste Reise dorthin seit der Verhaftung von Klaus Fuchs. ‚Sonjas Report‘ ebenso wie ein Film erscheinen dort.

Erhielt eine Mitteilung, daß meine Miete niedriger sein wird als die vorangehende, im August, angegebene. Brauche nur noch den dreifachen Betrag der alten zu zahlen. Mir unverständlich, aber ich protestiere nicht.“

17.11.1991: „Sprach heute vormittag in Potsdam bei der Stiftung ‚Tagesspiegel‘ an der Potsdamer Universität. Die Veranstaltung fand im so reizenden Schloßtheater statt. Fast so gut besucht wie meine Vorträge dort in der DDR-Zeit. Vorsitz hatte Julius H. Schoeps, Historiker an der Universität. Seine Frau und er besonders nett. Redete mich auf Paul Hensel an, da auch er aus der Familie Mendelssohn-Bartholdy stammt. Thema wie üblich ‚Probleme der Zeit‘ Das Ganze ging ordentlich. Das Honorar wollte ich zuerst nicht annehmen. Es entsprach dem eines Filmstars – 2 000,– Mark! Absolut grotesk. Sagte den Leuten vom ‚Tagesspiegel‘, daß ich ihnen für den Rest meines Lebens umsonst zur Verfügung stünde.

Am Dienstag hatten wir eine sehr nette Nachmittagsgeburtstagsfeier mit Thomas und Rita. Rita ist uns in der letzten Zeit immer nähergekommen, und wir haben sie sehr gern.

Ingrid und Peter waren am Sonnabend nachmittag da. Als sie gegangen waren, sagte M.: ‚Sie sind doch ganz besonders nett.‘ In meiner Abwesenheit heute vormittag waren sie noch einmal da, um M., der es recht schlecht geht, noch etwas im Haus zu helfen.

Gretel ist am Mittwoch auf ihre Tunesienfahrt gegangen. Hoffentlich ist es nicht zu anstrengend für sie, und sie kann alles bequem genießen.

In USA ein starker Kurssturz wegen der Wirtschaftssituation. Froh, daß ich in der ‚Jungen Welt‘ vor der Illusion des Endes der Rezession mehrfach gewarnt habe. Natürlich sehr gespannt auf die weitere Entwicklung. Gefährlich wird es, wenn Bush, um abzulenken, gegen Libyen wegen der Lockerbie-Affaire militärisch vorgehen würde, wie er angedroht hat.

Habe eine Reihe mittelgroßer Artikel bzw. Vorträge vorzubereiten.

Erhielt zwei Signalexemplare von ‚Kurze Bilanz eines langen Lebens‘. Nächste Woche kommen die Freiexemplare. Schoeps hatte übrigens schon ein Exemplar. Woher, weiß ich nicht.

Mußte aus dem Publikum in Potsdam, was seit langem bei Veranstaltungen nicht mehr der Fall war, eine ganze Reihe alter Bücher von mir signieren."

24. 11. 1991: „Ein Mann namens Berndt Brussig war am Montag bei mir, um über einen Film mit mir für das Heimatkabinett Weißensee in der Pistoriusstraße zu sprechen. Sagte rührenderweise zu, da wir hier so lange schon wohnen, wenn ich auch Zehlendorf West/Schlachtensee immer noch als meine eigentliche Heimat betrachte. (‚Jüdische Erbhofbauern‘ nannten uns die Nazis.)

Offenbar hat der ‚Tagesspiegel‘ am 19. etwas über die Potsdamer Veranstaltung geschrieben, denn ich erhielt den Brief eines mir völlig Unbekannten, der behauptete, mit Ursula und mir Tanzstunde in Zehlendorf gehabt zu haben – besinne mich weder auf ihn noch auf eine Tanzstunde in Zehlendorf.

War mit meinem üblichen Artikel in der ‚Jungen

147

Welt', wo Frank Schumann beide Bücher besprechen wird. Gespannt auch auf das Nachwort von Georg Fülberth, das hoffentlich bald kommt.

Eine interessante Sitzung des ,Rates der Alten'. Gregor sprach ganz ausgezeichnet. Hans Modrow erzählte von seiner Reinigung im Bundestag vom Stasi-Verdacht. Es scheint so, als ob der 3. Teil des Parteitags endlich Beschlüsse bringen soll. Auch soll die Wut der Auseinandersetzungen endlich durch ein Meinungsstreitklima ersetzt werden.

Die Regelung der Ehrenpensionen für Kämpfer gegen den Faschismus ist – meiner Ansicht nach nur durch das Eingreifen jüdischer Organisationen in der ganzen Welt – einigermaßen über die Bühne in Bonn gegangen.

Lepenies sandte mir einen zum Teil ganz hervorragenden Vortrag auf der Germanistentagung – natürlich schwach in bezug auf die DDR, aber vorzüglich über die Haltung der alten BRD bzw. Bonns zur Ex-DDR.

Einen langen Brief von Iring Fetscher als Antwort auf ,Probleme der Selbstkritik' – nicht auf das Buch, sondern auf Zeitprobleme, die er hat, eingehend.

War nicht zur Akademie-Sitzung mit Mottek-Vortrag wegen schlechten Hörens."

8. 12. 1991: ,,Vorigen Sonntag vergessen, Tagebuch zu schreiben. Also ein längerer Bericht.

Am 25. November der Film für das Heimatkabinett in Weißensee. Ich glaube, es ging ordentlich.

Am 26. war Hannes Hörnig bei mir. Er fand ,Probleme der Selbstkritik' ein gutes Buch, was mich natürlich sehr freute. Eine schöne Unterhaltung. Er meinte – meiner Ansicht nach zu Unrecht –, die Hauptschuld an der Deformation des Sozialismus trüge seine Generation. Nein, es war meine Generation in der DDR und der Einfluß der Sowjetführung. Dabei rechne ich Walter Ulbricht ebenso wie Erich Honecker zu meiner Generation.

Am 28. kam Gretel von ihrer Tunesienreise zurück, und das normale Korrespondenz- und Manuskript-Leben begann wieder.

Am 2. Dezember fuhr ich nach Nürnberg – wie stets in letzter Zeit besorgt, wie es Marguerite gehen würde. Bat Thomas, jeden Abend um 19.00 Uhr anzurufen, um zu hören, wie es ihr geht.

In Nürnberg holten mich PDS-Genosse Nagel und seine Freundin Monika vom Bahnhof ab. Abends zusammen mit ihnen und Jörg Wollenberg gut gegessen und gerne, da ich seit dem Frühstück nichts zu mir genommen hatte, was mir aber an sich nichts ausmacht. Habe mir die alte Gewohnheit aus Hungerzeiten – Inflation und illegale Arbeit 1933/36 –, ohne Probleme die Mittags- oder Abendmahlzeit ausfallen zu lassen, erhalten.

Jörg wird im nächsten Jahr an die Universität Bremen zurückkehren: die SPD in Nürnberg arbeitet mit den Republikanern zusammen und denkt an eine große Koalition mit der CDU.

In Nürnberg ist die DKP von 500 auf 150 zusammengeschrumpft und besteht aus lauter Dogmatikern. Die PDS hat 12 Mitglieder, mit den Sympathisanten zusammen sind sie 50.

Am 3. fuhr ich nach Bamberg, wo ich abends, von der Buchhandlung Colibri organisiert, in der Universität vor 60 Besuchern in einem voll besetzten Raum zu Fragen der Zeit sprach.

War viel mit dem Ehepaar Dörr, alten guten Bekannten von der DKP, zusammen. In Bamberg gibt es keine PDS-Gruppe, und die übriggebliebenen 6 DKP-Genossen bilden keine Gruppe mehr.

Am 4. vormittags sprach ich im Lokalsender Bamberg. Die Fragen – siehe Anhang zu diesem Bericht.

Am Nachmittag holte man mich nach Nürnberg zurück, wo ich am Abend mit Jörg zusammen zu Fragen der Zeit sprach. Jörg gut, ich leider recht mäßig. Der Saal mit etwa 70 Leuten voll besetzt.

Am 5., Marguerites Geburtstag, nach Hause gefahren. Kam um 17.15 zum Kaffee mit Rita und Thomas zu Hause an.

Abends und gestern nur gelesen – Zeitungen, Zeitschriften – und Post beantwortet. Dazu den Rest der Korrekturen meiner Memoiren.

Heute früh einen mir wichtigen, hoffentlich gelungenen Artikel für die ‚Lehrer-Zeitung‘ über Probleme der Selbstkritik geschrieben. Siehe Anhang zu diesem Bericht.

Georg Fülberth sandte mir sein Nachwort zu ‚Asche für Phönix‘. Interessant. Werde keine Bemerkungen dazu machen.“

Lokalsender Bamberg

Anmoderation: Er kritisierte schon damals, 1983, die Schönfärberei und Phrasendrescherei des Sozialismus. Er warf der Presse der ehemaligen DDR völlig ungenügendes kritisches Verhalten vor, verlangte demokratische Wahlen und den Verzicht auf Einstimmigkeit.

Jürgen Kuczynski, 87 Jahre alt, Sie sind mit den Folgen der Wende alles andere als zufrieden bzw. einverstanden. Sollten wir Deutschen nicht lieber froh sein über diesen geschichtsträchtigen Fortschritt?

Vor und nach der Wende ‚mit nichts einverstanden‘. Sitzen Sie also zwischen zwei Stühlen. Könnten Sie sich für einen Stuhl überhaupt entscheiden?

Wissenschaft, Industrie und Wirtschaft der DDR sind auch durch die Wende in Mitleidenschaft gezogen worden. Sehen Sie für diese drei Zweige überhaupt Überlebens-Chancen bzw. ausreichende Entwicklungsmöglichkeiten?

Letzte Frage: Gestern der Vortrag in der Uni – vielbesucht ... Wollten Sie Ihre Besucher eigentlich aufklären, überzeugen oder umkrempeln von/über Ihre(n) Ansichten?

Dankeschön, dem großen alten Mann der DDR-Geschichte, Jürgen Kuczynski.

Probleme der Selbstkritik

Mein soeben erschienenes selbstkritisches Buch „Kurze Bilanz eines langen Lebens" beginnt: „Am 6. Juni 1991 besuchte mich Thomas Heubner vom Berliner Elefanten Press Verlag und schlug mir vor, für sie ein Buch mit dem Titel ‚Meine großen Fehler' zu schreiben. Lachend erwiderte ich: ‚Ein solches Thema würde nur einen größeren Artikel ergeben. Und außerdem habe ich nie einseitige Bücher geschrieben, habe mich immer bemüht, möglichst viele Seiten einer Problematik zu erkennen.'" Der Untertitel wurde, ohne mich zu befragen, von „Erstrangige Fehler und zweitrangige Nützlichkeiten" in „Große Fehler und kleine Nützlichkeiten" verfälscht.

Wendehälse sind ebenso feige, wie Dogmatiker dumm sind. Das so schwer zu lösende Problem ist, eine kluge und nützliche ausgewogene Selbstkritik zu üben. Und mehr noch: zu begreifen, daß es Probleme der Selbstkritik gibt, die man selbst nicht lösen kann, die man aber offen darlegen muß, um dann dem Leser die Lösung zu überlassen.

Dafür ein Beispiel aus dem eigenen Leben. Ich glaube, kein Mitglied der SED hat wie ich die gleiche Anzahl von Orden und Parteistrafen bzw. angedrohten Parteistrafen erhalten. Darum konnte ich mich mit Recht in meinem letzten Brief an Erich Honecker „den in unserer Partei wohl schärfsten öffentlichen Kritiker unserer Verhältnisse in den letzten Jahren" nennen. Beispiel: In einem Interview mit der westdeutschen Zeitschrift „konkret" erklärte ich im Mai 1987, Lenin hätte jedes Zentralkomitee, das einmütige operative

Beschlüsse faßt, auseinandergejagt, weil er sich gesagt hätte, „das sind offenbar alles Schafe und Dummköpfe" – woraufhin ich vom Sekretariat des ZK eine Parteistrafe erhielt.

Ganz einfach ist heute die Selbstkritik: Wenn ich in meinem „Dialog mit meinem Urenkel" meine: Ich bejahe unser Gesellschaftssystem, aber habe tausend Einzelheiten zu bemängeln. Genau das Gegenteil hätte ich sagen müssen: Ich halte unser Gesellschaftssystem für völlig deformiert und verneine es, was nicht bedeutet, daß ich nicht zahlreiche einzelne wichtige Vorzüge anerkenne, wie, daß im Gegensatz zur Welt des Kapitals keiner arbeitslos, keiner obdachlos ist, keiner zu hungern braucht. Hier handelt es sich um einen ganz schweren Fehler, der um so gravierender ist, da er von einem Gesellschaftswissenschaftler gemacht wurde, ja von einem Gesellschaftswissenschaftler, der die Sowjetunion kannte, als noch Leninscher Geist, Leninsches Bemühen um Basisdemokratie und Kritik von Unten nach Oben in ihr herrschten.

In einem anderen Buch stelle ich die Frage: Bin ich weit genug in meiner Kritik gegangen? Es stand doch immer die Frage: Frontalangriff bzw. Flucht in die alte BRD, um dort als Kommunist zu wirken, oder ständige Kritik „im Rahmen des Möglichen", um weiter in dieser Richtung wirken, mein Akademieinstitut, in dem wahrlich Meinungsstreit und Kritik herrschten, halten und Genossen in Schwierigkeiten durch „Beziehungen nach Oben" helfen zu können. Ich habe, genau wie meine gute Freundin Anna Seghers und andere, den letzteren Weg gewählt. Aber war das richtig? Ich weiß es bis heute nicht und habe darum in dem erwähnten Buch die Antwort dem Leser und der Nachwelt überlassen.

Goethe ist den gleichen Weg wie Anna Seghers und ich und einige andere gegangen. Sokrates, Christus und

Giordano Bruno haben den ersten gewählt, Luther hat zwischen beiden Wegen geschwankt.

Wenn ich an die Freunde und Genossen denke, denen ich in schwieriger Situation geholfen habe, meine ich, den richtigen Weg gegangen zu sein. Wenn ich mir heute über den deformierten Charakter des untergegangenen Gesellschaftssystems der DDR so klar bin, muß ich mir aber auch darüber klarwerden, ob wir, die so relativ (!) kritisch waren, nicht alles „aufs Spiel hätten setzen" sollen. Keiner von uns war jedenfalls in der Lage von Galilei, wider besseres Wissen seine genialen Lehren zu widerrufen, um dann im stillen Kämmerlein neue geniale Entdeckungen für die Menschheit zu machen. Denn keiner von uns war genial. Bei Galilei handelt es sich um einen historischen Sonderfall verlogener Selbstkritik, der voll berechtigt war.

Ja, die Probleme der Selbstkritik sind wahrhaftig kompliziert.

Für die Zeitschrift „Salto" schrieb ich folgenden Beitrag:

Soll Marx vergessen werden?

Und vielleicht auch Sokrates und Plato, Descartes und Leibniz, Kant und Hegel, Adam Smith und Ricardo, Engels und Lenin?

Ach, wie unsinnig solche Fragen. Genau das Gegenteil muß der Fall sein. Stärker denn je soll man sich ihrer erinnern!

Etwa, wenn Engels und Marx im „Kommunistischen Manifest" feststellen, daß die freie Entwicklung jedes einzelnen Voraussetzung und Bedingung für die freie Entwicklung der ganzen Gesellschaft ist – also eine sozialistische Gesellschaft ohne Demokratie Unten unmöglich ist. Eine Lehre, die in allen sogenannten realsozialistischen Gesellschaften vergessen wurde.

Etwa, wenn Lenin am 1. Januar 1919 in einem

Telegramm zum Neujahrstag an führende Parteifunktionäre „von ganzem Herzen wünscht", daß „wir alle im neuen Jahr weniger Dummheiten machen als im alten" – und damit ein Musterbeispiel für Selbstkritik Oben gibt, die kein führender Genosse im Realsozialismus übte.

Selbstverständlich waren alle hier genannten großen Denker von Sokrates bis Lenin Menschen, machten Fehler und näherten sich oft nur der Wahrheit oder verkündeten Wahrheiten, die nur für ihre Zeit galten. Aber sollen wir nicht auch heute noch von Sokrates lernen, kritisch zu denken, von Hegel, dialektisch zu denken, von Marx und Engels und Lenin, für die Verwirklichung des Sozialismus zu kämpfen als der dem Kapitalismus so weit überlegenen Gesellschaftsformation? Natürlich sollen wir das – genau so, wie wir von Jesus lernen sollen, unseren Nächsten zu lieben wie uns selbst und mit unseren Ellbogen nur das zu tun, wozu sie geschaffen sind.

Heute hat der Kapitalismus über den Sozialismus gesiegt – genau wie der Feudalismus über den norditalienischen Kapitalismus im 15. Jahrhundert gesiegt hat und die Sklavenwirtschaft des römischen Reiches über die feudalen Kolonen auf den Latifundien Westroms am Ende des 4. und im Laufe des 5. Jahrhunderts. Vorspiele einer neuen Gesellschaftsordnung wurden in der Geschichte immer wieder besiegt, ohne das letztlich folgende Hauptziel dadurch zu vernichten. Wie wundervoll blühte doch der Kapitalismus in Florenz und auch in Venedig und Genua und anderswo im Norden Italiens um 1400 – und spurlos war er bereits hundert Jahre später verschwunden.

Was waren die Hauptschwächen der Länder des Realen Sozialismus im Osten Europas? Sie waren selbstverständlich wie jede neue Gesellschaftsordnung in ihrem Entstehungsprozeß eine Mischgesellschaft. Betrachten wir hier die Deutsche Demokratische Republik.

Sie enthielt sozialistische Elemente ...

Kümmerlich, viel zu kümmerlich waren die kapitalistischen Elemente ...

Ganz stark entwickelt jedoch war der in keine den Sozialismus vorbereitende Gesellschaft gehörende feudale Absolutismus ...

Heute lebt noch ein Fünftel der Menschheit in Asien unter den Verhältnissen des Realen Sozialismus. Es ist zu hoffen, daß man dort aus der jüngsten Geschichte im Osten Europas Lehren ziehen wird.

15. 12. 1991: „Bei Herrn Graf ist in seiner Datsche eingebrochen worden. Mitgenommen wurden eine Wolldecke, ein Rundfunkgerät und sämtliche Lebensmittel, einschließlich des Zuckers – offensichtlich von einem Armen. Aber, typisch für die so verbesserten Handwerkerverhältnisse: er kam am Nachmittag – und bis zum Abend war das zerbrochene Fenster repariert. Eine gepflegte Armenkolonie?

Ein Engländer, der ein Buch über Klaus Fuchs geschrieben hat, war zu einem Interview bei mir.

War gestern zu Gysis Rede auf dem Parteitag. Offenbar hat er etwas von dem unpraktischen, passiven Zustand der Partei begriffen. Lothar Bisky hat einen Vorstoß in der richtigen Richtung – wir brauchen einen Org!, was ich bei Gysi seit 1 Jahr verlange – gemacht. Saß neben Harald Hauser – nett wie immer. Erika, die heute kurz da war, um zu bibliographierende Sachen mitzunehmen, erzählte, im DFF sei ein großes Bild von mir bei der Parteiberichterstattung gewesen.

Hannes Hörnig war bei mir. Zufrieden mit dem letzten Buch – aber mit Recht unzufrieden mit der allgemeinen Passivität der Partei.

Zur Sitzung der Akademie-Klasse nicht gegangen –

teils weil mich das Thema nicht interessierte, teils wegen meiner Hörschwierigkeit. Traf Bahner, der auch nicht wußte, ob das die letzte Klassensitzung war. Gespannt, ob die Akademie nach dem 1. Januar noch weiter existiert. Eigentlich hätte sie mit der Westberliner, die auch nicht aktiv ist, bis zum Jahresende irgendwie vereint sein sollen. Alles geht auf so dilettantische Weise zugrunde.

Heute nachmittag kommen Madeleine und Friedel. Nächste Woche ziehen sie in ihr Haus nach Westdeutschland um, behalten aber noch ein Zimmer in ihrer Berliner Wohnung.

Frau Pradel (Haushaltshilfe – J. K.) unter Krebsverdacht. Marguerite in ihrem Zustand nur mit einer Vormittagshilfe in dem großen Haus."

22. 12. 1991: „Habe angefügten Brief an den Parteivorstand geschrieben. Ob er etwas nützt? Der Zustand der Partei doch recht schlecht. Völlig überaltert und ohne viel Aktivität – auch das ND bringt nichts Anfeuerndes.

Erhielt einen Brief mit einem Bericht aus alten Zeiten. Typisch für damals und meine Position. Hatte natürlich keine Ahnung damals, wie man bei dieser Versammlung vorging, offenbar weil ich die Kinder aus ihrer Bravheit aufgerüttelt hatte (siehe Anhang dieser Notiz).

Gestern waren Ingrid und Peter da. Wieder besonders nett. Rita und Thomas kümmern sich ganz rührend um Marguerite und ihre Haushaltssorgen, wo Frau Pradel ausfällt. Ich gehe als Aushilfe mit Herrn Graf einkaufen.

Am 18. hatten wir die ‚Leichenfeier' des Instituts. Gretel meint, sie habe allgemein gefallen. Thomas hielt eine gute Rede, die erfreulicherweise noch im letzten Band des von uns herausgegebenen Jahrbuchs veröffentlicht werden kann.

Zur Sitzung unserer Grundorganisation am folgenden Tag bin ich nicht gegangen, da ich am Vormittag

156

viel in der Stadt zu tun hatte, etwas müde war und wegen meiner Schwerhörigkeit – der neue Apparat funktioniert immer noch nicht – wenig verstanden hätte.

„Junge Welt' und UZ drucken weiter regelmäßig meine Beiträge – eine Freude.

RIAS rief gestern an. Sie wollen sowohl eine Teilnahme an einem Rundfunk-Gespräch über die Situation in der SU wie auch ein Interview. Habe zu beidem zugesagt."

20. Dezember 1991
Jürgen Kuczynski

An den Vorstand
der Partei des Demokratischen Sozialismus
über die Genossen Gregor Gysi und Wolfgang Gehrcke
Kleine Alexanderstraße 28
0-1020 Berlin

Liebe Genossen:

Was ich Euch schreibe, sind die Überlegungen eines Genossen, der seit mehr als 65 Jahren in der Arbeiterbewegung organisiert ist, auch mit mehr als zehnjährigen Erfahrungen als hauptberuflicher oder nebenberuflicher Funktionär in der amerikanischen und englischen Arbeiterbewegung sowie mit mehr als fünfjähriger Erfahrung als politischer Leiter der deutschen Genossen in der englischen Emigration.

Zuerst natürlich freue ich mich, daß Gregor mit so vielen Stimmen wieder zum Vorsitzenden gewählt worden ist.

Sodann freue ich mich, wie die Delegierten auf die undemokratische Frechheit des Präsidiums reagiert haben, ihnen eine gewissermaßen geschlossene Liste für den neuen Vorstand zur „Wahl" – bitte die Anführungsstriche zu beachten – vorzulegen. Offenbar rechnete man mit der üblichen antileninistischen „Einstimmigkeit" des ZK, die ich schon im Mai 1987 in einem Interview mit der westdeutschen Zeitschrift „konkret" angeprangert hatte, wofür ich natürlich bestraft wurde.

Weiter: Seit einundeinhalb Jahren mahne ich Gregor, endlich dem bis in die fünfziger Jahre in unserer Partei üblichen Brauch zu folgen, einen „Org" wählen zu lassen, der als Zweiter an der Spitze der Partei stehen muß. Ohne einen guten Organisationsleiter kann ein Parteiführer nicht funktionieren, es sei denn, er sei selber auch für „Org" besonders begabt.

Weiter: Ihr müßt Euch klar darüber sein, daß es eine schlimme Kluft zwischen Parteiführung und Parteibasis gibt. Warum?

Mit Ausnahme von Gregor, der natürlich in der ganzen Partei beliebt ist, hört man unten nichts von den einzelnen Mitgliedern der Parteiführung – außer ganz gelegentlich einen schön geschriebenen Artikel im ND von André oder einen klugen, aber langweilig geschriebenen Wirtschaftsartikel von Klaus.

Bitte macht auch den Parteimitgliedern bekannt, welche Funktion die neuen Mitglieder des Vorstandes haben.

Bitte verlangt von diesen, daß sie einmal in der Woche in einer Grundorganisation sprechen: 20 Minuten über ihre Arbeit, 20 Minuten Diskussion dazu, und dann mit ihren Anregungen eine Stunde Diskussion in der Grundorganisation über deren Arbeit und was für Aktionen (!) in der nächsten Zeit geplant sind. Das ND sollte jede Woche drei kurze Notizen über solche Versammlungen bringen.

Seid mir nicht böse ob dieses Briefes.

Alles Gute zum Neuen Jahr für Euch und unsere Partei!

Euer

gez. J. K.

9. 12. 91
Horst Bartsch
Grimmstr. 33
0-5082 Erfurt

[...] Du schreibst, daß man in einem Bezirk J. K. nicht als Referent haben wollte. In der Stadt Erfurt z.B. war das im Sommer 1989 jedoch nicht zu vermeiden, da Du von „oben" als Referent für die Tage der URANIA vorgegeben wurdest. Während entsprechender Vorbereitungssitzungen mit den Kreisvorsitzenden forderte ich – von diesen einhellig unterstützt –, nach Deinem Referat hier eine separate Aussprache mit Dir, zu der die potentesten Referenten eingeladen werden. Dem wurde zwar zugestimmt, die Organisierung der offenen Debatte dann aber „vergessen", auf Weisung.

Dein Referat konntest Du zwar halten, aber ... Noch am Tag vor dem Termin wurdest Du in allen Tageszeitungen exakt angekündigt. Am Tage selbst wurde heimlich der Ort verändert. Die freiwilligen Besucher standen vor verschlossenen Türen ... und schimpften auf Dich. Die gegen Dich heiß gemachten URANIA-Funktionäre (bis hin zu senil) führten das Forum an einem anderen Ort nur mit hauptamtlichen FDJ-Funktionären durch, praktisch in Klausur. Hinterher spielten Inhaltsfragen keine Rolle, sondern Deine „Extravaganzen", bis hin zu dem, was Du gegessen und geraucht hast, wurden kolportiert.

Sicher interessieren J. K. diese Hintergrundinformationen und ergänzen Deine Materialien. [...]

25. 12. 1991: „Eine merkwürdige und sehr nette Sache. Gestern nachmittag waren Rita und Thomas bei uns. Für Rita war ein Telegramm bei uns abgegeben worden. Beim Kaffee erzählte sie, es handelte sich darum, daß sie am 2. Januar eine halbe Stunde im Rundfunk lesen

159

soll. Worauf Thomas feststellte, daß er am 1. Januar im Rundfunk spricht. Worauf ich feststellte, daß ich am 4. Januar dort spreche."

29. 12. 1991: „Thomas hatte gestern einen schönen Leitartikel im ND.

Erhielt – versehentlich bei unseren schrecklichen Postverhältnissen – den zweiten und letzten Teil der Korrekturen von ,Asche für Phönix' vor dem ersten am Freitag. Las ihn heute vormittag.

Emily Kaplun (geb. Lippmann), eine Tanzstunden-liebe von vor mehr als 70 Jahren, kommt in wenigen Minuten mit ihrer ältesten Tochter zu uns. Sah sie schon einmal, vor etwa 10 Jahren, nach ewig langer Pause wieder.

Die ,Junge Welt' hat immer noch nicht die Besprechung meiner Bücher durch Frank Schumann gebracht. Wenn ich sie nicht als mein wöchentliches Sprachorgan zur Wirtschaft brauchte, würde ich aufhören, für sie zu schreiben.

Es heißt übrigens, daß eine Art Zusammenarbeit der ,Jungen Welt' mit dem ND in der Luft schwebt. Aber alles ist noch unsicher.

Erhielt von einer Kollegin vom Bertelsmann-Verlag, von der ich seit einem Jahr nichts gehört hatte, einen ganz hervorragenden Detek zugeschickt. Ein schöner privater Jahresabschluß."

# Kapitel III
## Das Jahr 1992

Das Jahr 1992 brachte einige Veränderungen und zugleich eine Wiederherstellung der „alten Normalität". 1992 komme ich, was die Beiträge zu Zeitschriften betrifft, sicherlich nicht auf die Zahl von 1989 (44), da ich nicht mehr für die „Weltbühne" und „horizont" schreibe, aber meine Beiträge zu Zeitungen haben sich sicherlich nahezu verdoppelt und werden, wenn die Frequenz des letzten Vierteljahrs andauert, 1993 auf über 100 steigen. Bin wieder hauptberuflich, mit 88 Jahren, Journalist geworden – was nicht ausschließt, daß ich weiter Bücher schreibe.

Marguerite führt diese fortdauernde Schreibfähigkeit auf meine Fähigkeit zu schlafen zurück. Wenn ich Freitag und Sonnabend abend um 19.00 Uhr im Bett liege, muß ich den Wecker auf 7.00 Uhr stellen, damit ich, abgesehen von 2 kurzen Unterbrechungen in der Nacht, nach 12 Stunden „rechtzeitig" aufwache.

Rundfunk- und Fernsehinterviews ebenso Filme wohl unverändert häufig wie im Vorjahr.

Dazu 2 kleine Bücher, die Anfang 1993 veröffentlicht werden.

Im Privatleben nur zwei Sorgen: Marguerites Gesundheitszustand und die Arbeitslosigkeit von Thomas.

Der Tageslauf unverändert insofern, als ich jeden Vormittag schreibe, verändert aber der Nachmittag insofern, als ich außer der Lektüre von Zeitschriften (Zeitungen lese ich morgens) praktisch nur noch Detek-

161

tivromane lese und Interviews oder Besuch von Leuten habe, die meinen Rat suchen.

Die Weltlage und die Lage in Deutschland haben mich nicht anders beeinflußt als im Vorjahr: Gewiß, wie die Welt in 100 Jahren aussieht (Anfänge einer sozialistischen Gesellschaft), und völlig ungewiß, wie sie in 2 Jahren aussehen wird.

Die einzig bedeutende Veränderung ist, daß jetzt auch Westdeutschland von der Krise erfaßt worden ist und die Regierung sich als völlig hilflos der Situation gegenüber erweist. Ebenso hilflos ist sie auch gegenüber den zunehmenden Schandtaten der Extremen Rechten (Ausländerfeindlichkeit und Antisemitismus).

Typisch für meine Position in der Welt ist, daß die ehemalige Korrespondentin der Londoner „Times" in der DDR und Ex-DDR in ihrem Berichtsbuch mir ein kleines Kapitel gewidmet hat.

Typisch für meine Stellung in Deutschland ist, daß wenige Wochen, nachdem ich für das „Neue Deutschland" einen vierzehntäglichen Börsenkommentar übernommen habe, die „Zeit" eine keineswegs unfreundliche Notiz darüber brachte, in der sie mich „einen der letzten Kommunisten Deutschlands" nennt und bemerkt, daß ich „nie zum bloßen Apologeten des Systems (in der DDR – J. K.) herabsank".

Wahrlich ein erträgliches Jahr in einer unerträglichen Welt!

In einer unerträglichen Welt! Antisemitische Telefonanrufe stören mich nicht, und natürlich erzähle ich sie nicht Marguerite. Antisemitismus und Rassismus im Lande bin ich von der alten BRD her gewohnt, wenn auch nicht im heutigen Ausmaß. Aber auf dem ganzen Kontinent im Steigen! In der alten Sowjetunion, besonders aber in Rußland, ein Zusammengehen von nationalistischen Rassisten und denen, die „Kommunisten" geblieben sein wollen! Deutlicher kann sich die Marxsche Alternative Sozialismus oder Barbarei nicht zeigen.

Wenn es 1932 einen Wettlauf zwischen Nationalsozialisten und Kommunisten um die Macht gab, in einer Situation der völligen Verwirrung und Hilflosigkeit der bürgerlichen Mitte und der Sozialdemokraten gegenüber der wirtschaftlichen Krise, so sind heute allein die Extremrechten auf dem Vormarsch, da die Linken durch den Zusammenbruch des sogenannten Realen Sozialismus im Osten Europas so geschwächt sind. Natürlich haben den Rechtsextremisten die Katastrophe in der Ex-DDR, die Hilflosigkeit von CDU und SPD gegenüber der beginnenden Krise in der alten BRD und die entsprechende, so verständliche Parteimüdigkeit (die auch in England, Frankreich, Italien und anderswo zu beobachten ist) geholfen. Und 1993 wird sicherlich noch schlimmer werden.

Doch nun zum Tagebuch.

5. 1. 1992: „Die RIAS-Diskussion ging ordentlich. Kaum war ich zu Hause, als eine rührend begeisterte Frau anrief.

Erhielt von einem völlig Unbekannten ein paar reizende Zeilen aus Bangladesh mit einem Artikel über mich. Sandte ihm ‚Probleme der Selbstkritik‘.

War in der Staatsbibliothek, Unter den Linden, wo ich bei der Buchausgabe noch eine alte Bekannte sah. Sie sind nur noch Forschungs-Bibliothek – keine Anschaffungen von Neuerscheinungen mehr.

War dort, um nach dem ‚Economist‘ zu suchen. Die Bibliothek des Instituts für Geschichte an der Akademie, wo ich ihn laufend erhielt, ist geschlossen. Die Mitarbeiter erfuhren am 2. Januar, daß sie arbeitslos nach Hause gehen können. Traf sie noch alle an, ganz bedrückt an einem Tisch mit einer Flasche Sekt sitzend.

Ganz schrecklich die Brutalität, mit der man mit ihnen umgegangen ist.

Den ‚Economist' fand ich dann in der Bibliothek des Instituts für Wirtschaftswissenschaften der Humboldt-Universität. Sie haben eine treffliche Zeitschriftensammlung, und die Bibliothekarin, die mich ebenfalls aus alter Zeit kannte, sagte mir, sie würden in diesem Jahr noch mehr Zeitschriften als im letzten erhalten. Ein kleiner Lichtblick.

Hatte vor 6 Wochen an die ‚Welt' geschrieben, wie ich sie abonnieren könne, und Antwort erhalten. Da ich aber immer noch hoffte, daß die Bibliothek des Instituts nicht schließen würde, hatte ich sie nicht bestellt. Erhalte sie aber zu meinem Erstaunen seit dem 1. Januar jeden Morgen mit der ‚Berliner Zeitung'. Wie geschäftstüchtig!

Frank Schumann hatte gestern in der „Jungen Welt" eine Besprechung meiner beiden letzten Bücher."

12. 1. 1992: „Eine persönlich ganz ereignislose Woche – es sei denn, man denkt an den Besuch einer reizenden Photographin, die einen Band ‚Prominente in Europa' macht. Sie war gerade in Moskau gewesen, wo sie u.a. die Frau von Bucharin und Schewardnadse photographiert hatte. Sie zeigte mir auch einen Band ‚Prominente Deutsche', in dem ich meine Freunde Theo und Amalie Pinkus wie auch gute Bekannte, so die Gräfin Dönhoff, Carl Fr. von Weizsäcker und andere fand.

Esse jetzt häufig mit Thomas im Institut. Vorgestern fragte M., worüber wir geplaudert hätten, und ich sagte ihr: wir haben riesig gemütlich zusammen geschwiegen. Vielleicht ein Trost für sie angesichts unseres Frühstücks und Abendbrotes, bei denen meine Hauptbeschäftigung der Genuß ihres Anblicks ist.

Habe der „Jungen Welt" geraten, einen größeren Artikel über ihre Wirtschaftsberichterstattung im letzten Halbjahr zu bringen, natürlich ohne meinen Namen zu

164

nennen. Jetzt, wo die allgemeine Presse laufend Artikel über ‚Konjunkturabschwächung und drohende Krise' bringt, soll man wirklich betonen, daß die Krise längst da ist und die „Junge Welt' als einzige Zeitung laufend über sie berichtet hat. (Natürlich auch die UZ in meinem monatlichen Artikel, aber die erscheint nur alle 14 Tage.)

War bei der Elefanten Press. Sie haben 3 000 von der Auflage von 4 000 verkauft, sind also raus, was die Kosten betrifft. Natürlich kümmerlich im Vergleich zu den Verkäufen vor 1989, wo die Auflagen meist vor Erscheinen verkauft waren, aber doch erträglich. Auch PapyRossa scheint aus den Kosten raus zu sein. Natürlich sehr gespannt auf den Verkauf von ‚Asche für Phönix', das im Februar erscheinen wird. Ob es mein bestes Buch ist, weiß ich nicht, aber ich halte es für mein interessantestes, während ich den ‚Alten Gelehrten' für mein schönstes und weisestes halte."

19. 1. 1992: „Sprach zum ersten Mal in der Westberliner Urania, zusammen mit meinem guten Bekannten Elmar Altvater, mit Hermann von Berg und einem Dr. Klaus Schroeder von der FU, der einen mäßigen Eindruck machte. Thema: ‚Die deutsche Vereinigung – richtig oder falsch gelaufen?' Ging im ganzen ordentlich. Erfreulich, daß ich viel signieren mußte, zumeist die ‚Kurze Bilanz', aber auch ‚Schwierige Jahre'.

Großartig in der ‚Sowjetunion' der friedliche Druck des Militärs auf eine echte Einheit und die kritische Haltung des russischen Parlaments gegenüber Jelzin.

Interessant die freche Haltung Serbiens, das alle eroberten Gebiete Kroatiens behalten will, ohne daß schon eine ‚Empörung' von deutscher Seite oder von seiten der EG und der UNO erfolgt ist. In Kroatien – zur Hitlerzeit recht faschismusfreundlich – natürlich große Begeisterung für Deutschland.

Interessant auch das erste Nachgeben Shamirs gegenüber den Palästinensern – natürlich unter amerikanischem Druck.

Die UZ hat jetzt den zweiten Brief an die Redaktion veröffentlicht, in dem man sich zufrieden mit meinen Artikeln zeigt.

Die gute Ingrid von Kruse sandte mir 4 ordentliche Photographien von mir für, wie sie schrieb, ihr Buch ‚Europa beim Wort genommen‘ mit einer ‚Galerie der großen Europäer‘.“

20. 1. 1992: „Sprach am Sonnabend und Mittwoch (Potsdam, Volkshochschule und Köllnischer Park, Elefanten Press) über die ‚Kurze Bilanz‘. Sie ist ausverkauft, und es kommt eine neue Auflage. 4 000 Exemplare in 2 Monaten für einen in der Ex-DDR Verfemten nicht so schlecht.

Habe zu den Februar-Einladungen nach Kassel und Marburg jetzt eine nach Hannover im März.

Mein alter Freund Drabkin aus der SU besuchte uns. Natürlich eine große Freude, zumal nur noch zwei andere alte Freunde am Leben sind. Ich nahm eine Einladung zu Ende dieses oder Anfang nächsten Jahres nach Moskau an. Zum ersten Mal nach 20 Jahren würde ich wieder gern fahren – die Ereignisse sind zu aufregend, um sie nicht persönlich, direkt, an den Menschen dort erleben zu wollen.

Die Mensa in der Akademie hat geschlossen und damit mein tägliches Essen dort, aber ich verrate Marguerite nichts, da ich ihr nicht auch noch mit dem wochentäglichen Mittag zur Last fallen will. Werde 5 Minuten von hier Mittag essen gehen.

Denke, noch in dieser Woche wegen Akteneinsicht zur Gauck-Behörde zu gehen. Vielleicht wird dann ein Buch daraus. Die ganze Problematik, und was daraus in Deutschland heute geworden ist, verdient wirklich, ernsthaft, ausführlich und beispielhaft behandelt zu werden.

Einige Politbüromitglieder handeln und schreiben und sagen aus wie die primitivsten Schweine. Schabowski sieht die einzige Leistung der DDR in dem grünen Verkehrspfeil, Krenz, der Wahlleiter-Chef, will von den Fälschungen der Wahl erst nachträglich erfahren haben. Mit Recht will man dem letzteren jetzt einen Prozeß machen."

2. 2. 1992: „War tatsächlich in der Gauck-Behörde, um mich für die Akteneinsicht einzuschreiben. Man behandelte mich überaus zuvorkommend. Soll in 5 Wochen Bescheid bekommen, wann ich einsehen kann.

Mytze aus London war hier. Hatte ihm geschrieben, daß ich unter Umständen meinen ‚Punch' von Nr. 1 bis zur 1. Hälfte von 1939 verkaufen will. Gespannt, was für ein Angebot er machen wird. Er bat mich auch, für seine Zeitschrift einen kurzen Artikel über Utopien zu schreiben, was ich heute tun will.

War seit langem wieder einmal auf einer Plenarsitzung der Akademie. Vorher bei Ruth Hoppe und der Stasiakten-Verwertung. Es gibt auch in der Akademiezentrale kein Mittagessen mehr, aber dort, wo vorher nur Brötchen und Kuchen und Kaffee serviert wurden, neben dem Plenarsaal, gibt es jetzt auch Kartoffelsalat und Würstchen. Saß etwa 1 1/2 Stunden mit guten alten Bekannten zusammen. Eine wirkliche Freude.

Am Mittwoch Parteigruppe – noch im alten Zimmer in der Prenzlauer Promenade. Auch im Februar werden wir uns dort treffen. Sollten wir aber nach Berlin-Mitte umziehen müssen, lasse ich mich hier in die Wohngruppe umschreiben, die uns schräg gegenüber zusammenkommt.

War nach meinem Besuch in der ‚Jungen Welt' bei der Elefanten Press. Hatte verlangt, daß bei der 2. Auflage, die schon im Gang ist, der Untertitel ‚Große Fehler, kleine Nützlichkeiten', der ohne mein Wissen aus ‚Erstrangige Fehler, zweitrangige Nützlichkeiten' von der Verlagsleitung gemacht worden war, gestrichen wird. Kompromiß: er bleibt auf dem Deckel, da ein neuer zu teuer würde, wird aber auf dem Titelblatt gestrichen.

Ich laufe immer wackliger, aber da ich kaum laufe, tue ich nichts dagegen. Lohnt sich nicht mehr in meinem Alter.

Die üblichen Winterknospen an den Magnolien. Voller Vorfreude auf ihr Blühen im Frühjahr."

8. 2. 1992: „Zurück von einer Reise an die Gesamthochschule Kassel. Kam am Dienstag um 14.30 Uhr an. Um 10.30 der erste Vortrag in der Uni-Buchhandlung über meine ‚Kurze Bilanz‘. Sprach 20 Minuten und dann 1 1/2 Stunden Diskussion. Besuch über Erwarten stark – 20 Personen saßen auf der Erde, 15 mußten stehen.

Am Mittwoch um 10.00 ein mehr als einstündiges Interview mit der Lokalzeitung, das am nächsten Tag erschien. Thema: Fragen der Zeit.

Um 15.00 ein etwa einstündiges Video-Interview für die Universität zum gleichen Thema.

Um 19.00 1 1/2 Stunden Vortrag und Diskussion in der Universität zu Fragen der Zeit.

Am Donnerstag Heimfahrt. Kam um 14.15 in Berlin an, den Rest des Tages meinen Wochenaufsatz für die ‚Junge Welt‘ geschrieben und angehäufte Post erledigt.

Man sieht, vom Kinn an aufwärts noch in Ordnung, auch wenn ich immer schlechter höre und laufe.

Heute in der ‚Berliner Zeitung‘ zwei Meldungen von Interesse. Die erste unter der Überschrift: ‚Angst vor Macht als Kalkül der Stasi. Erstmals trafen Täter und Opfer direkt aufeinander.‘ Dort heißt es über den ehemaligen Mann meiner Enkeltochter, den ich auf Grund seines Wirkens in den letzten Jahren, soweit ich es in der Presse verfolgte, eigentlich recht hoch geschätzt hatte: ‚Templin, selbst von 1971 bis 1975 als IM (informeller Mitarbeiter der Stasi – J. K.) geführt, hatte sich aus eigener Kraft und gegen einen hohen Preis gelöst. »Es hat mich meine erste Familie gekostet.«' Faktisch ließ sich meine Enkelin Renate wegen seiner häufigen und andauernden Frauenangelegenheiten von ihm scheiden.

Über die zweite Meldung der ‚Berliner Zeitung' im folgenden. Sie lautet (meine Unterstreichung):

,CIA plant den Sturz Saddams.

CIA-Direktor Robert Gates ist gegenwärtig im Auftrag von US-Präsident George Bush auf einer Reise durch den Nahen Osten, um Möglichkeiten zum Sturz des irakischen Diktators Saddam Hussein zu erörtern.

Nach Berichten der »New York Times« vom Freitag berät der Chef des amerikanischen Geheimdienstes als Sondergesandter Bushs mit den Führern Ägyptens und Saudi-Arabiens sowohl diplomatische und militärische Schritte als auch Geheimaktionen gegen Hussein.

Gates traf bereits am Dienstag in Ägypten ein. Bei einem Gespräch mit Staatspräsident Hosni Mubarak seien auch amerikanische Pläne für Saktionen gegen Libyen zur Sprache gekommen, mit denen die eventuelle Verstrickung Libyens in die Lockerbie-Affäre geahndet werden sollen.

Regierungsvertreter in Washington äußerten die Ansicht, ein Verbleiben Saddam Husseins an der Macht könne den bevorstehenden Wahlkampf von US-Präsident Bush beeinträchtigen.'

Eine solche Aktivität eines Geheimdienstes ist in der heutigen Welt absolut normal. Aber daß sie, während sie läuft, ohne jeden Kommentar dargelegt wird, und daß ganz offen geschrieben wird, daß sie im Auftrag des Staatsoberhaupts und dazu noch zu Wahlzwecken, mit dem Ziel eines eventuelles Krieges, geschieht – Weltgendarm USA nicht als Anklage, sondern als einfache Mitteilung! –, zeigt, wie weit die Menschheit herabgekommen ist. Sagenhaft!, dieser Zynismus, oder besser: dieser ungewollte Zynismus!

PS: Das ‚Neue Deutschland' brachte am 4. 2. ein Auftreten von Stephan Hermlin unter der Überschrift einer Aussage von ihm: ‚Ich war ein machtloser Mann – mit Einfluß.' Wie genau paßt diese Aussage auf mich!"

16. 2. 1992: „War in Marburg, wo ich an der Universität über ‚Asche für Phönix' und am Abend in einer öffentlichen Versammlung der DPK, wie bei meinem letzten Besuch 1989, sprach. Georg Fülberth, der sich ganz rührend um mich bemühte, sagte, zwischen 1989 und 1992 hätte keine weitere öffentliche Versammlung stattgefunden. Also habe ich auf zwei öffentlichen Versammlungen der DKP hintereinander gesprochen. Hatte auch einen netten Vormittag bei Ingeborg Weber-Kellermann, die fleißig Bücher schreibt – eine reine Freude!

Erika erzählte mir eine reizende Geschichte aus dem Krankenhaus Weißensee, wo sie eine Blinddarmoperation hatte. Ich hatte ihr einen Brief zustellen lassen, den sie so auf ihrem Nachttisch hatte liegenlassen, daß man den Absender lesen konnte. Die Ärzte sind natürlich denkbar unzufrieden mit den neuen Verhältnissen, und nachdem einer von ihnen den Absender gelesen hatte, waren alle zu ihr ganz besonders nett. In der Ex-DDR untendurch, aber in Weißensee offenbar nicht.

Die Stasi-Affären nehmen ein schlimmes Ausmaß an. Nicht nur ‚der Fall Stolpe', heute meldet die Presse den Selbstmord von Gerhard Riege. Ich weiß schon eine ganze Reihe von guten Bekannten, denen ich ihre Bespitzelung von mir verzeihen werde.

Jürgen Harrer war auch in Marburg zu meinen Vorträgen und erzählte mir, daß ‚Probleme der Selbstkritik' praktisch ausverkauft ist. Natürlich freue ich mich für ihn. Habe ihm aber von einer zweiten Auflage als zu riskant abgeraten.

Gespannt auf meine Stasi-Akte, und ob ein Buch daraus wird."

24. 2. 1992: „Vorgestern war Püschel, Vertreter des Aufbau-Verlages, bei mir, um die Lesung der Memoiren zu besprechen. Von der Auflage liegen bisher rund 1 000 Vorbestellungen vor. Früher, in der DDR, war so oft die ganze Auflage ausverkauft, bevor sie erschien. Am Freitag soll ich das Signalexemplar erhalten, am Montag meine Freiexemplare.

Die zweite Auflage der ‚Kurzen Bilanz' soll nächste Woche erscheinen.

Am Donnerstag sprach ich abends in der Galerie ‚Olga Benario'. Ein kleiner Saal überfüllt. Die Menschen prächtig links.

Während der Woche zweimal Besuch von jungen Menschen, die mich wegen der verschiedensten Dinge konsultieren wollten. Heute nachmittag kommt Lene Berg – was sie wohl will? Als sie anrief, um die Verabredung zu machen, fragte ich sie, ob man nicht bei Hans Modrow die Einberufung des ‚Ältestenrats' anmahnen sollte. Sie meinte nein, da er zu viele Sorgen hätte. Werde aber nicht länger als bis nächste Woche warten.

Schrieb gestern 4 Seiten für die UZ – meinen regelmäßigen Artikel. Am Sonntag 10 Seiten für die ‚Marxistischen Blätter'. Am Sonnabend erschien auch mein Artikel im ND – sehr ungeschickt gekürzt.

Gestern waren Madeleine und Friedel da – vor allem immer eine Freude für Marguerite, die so wenige Menschen sehen kann.

Frank Schumann scheint Schwierigkeiten in der ‚Jungen Welt' zu haben. Er ist ihnen zu links. Dadurch ist auch meine Position als wöchentlicher Schreiber für sie gefährdet. Würde doch sehr bedauern, wenn die Verbindung abbrechen würde.

Thomas meinte, die Decke im Zeitschriftenzimmer könnte in ein paar Monaten oder ein paar Jahren einbrechen. Als ich ihm sagte: ‚Hoffen wir auf ein paar Jahre, dann brauche ich mich nicht mehr darum zu kümmern, und es ist die Sorge meiner Erben‘, war er ebenso erschrocken wie empört. Rührend, diese Naivität der Kinder einem 87jährigen gegenüber."

1. 3. 1992: ,,Doch wieder eine recht volle Woche. Natürlich den neuen Artikel an die UZ abgesandt und meinen wöchentlichen Artikel bei der ‚Jungen Welt‘ abgegeben.

Rührend Lene Berg, die gehört hatte, daß M. Schwierigkeiten gehabt hatte, eine Haushaltshilfe für den Vormittag zu finden, und die helfen wollte, zu suchen. Wir sprachen lange über die Partei und ihre Schwächen.

Vorher war unangemeldet Frank Schumann gekommen. Er ist als zu links rausgeworfen worden. Aber es besteht schon sehr konkret ein Plan, die ‚Junge Welt‘ und das ND zu einer ‚Ostdeutschen Zeitung‘ zusammenzulegen – mit je einem Drittel der Belegschaft beider Zeitungen und einem Drittel neuer Mitarbeiter. Spickermann wird nicht mehr Chefredakteur sein. Glaube, das kann eine gute Sache werden.

In der ‚Jungen Welt‘ gebe ich jetzt meine Artikel beim Verlagsleiter ab, der zur ‚Schumann-Fraktion‘ gehört.

Am 27. ein 1-stündiges Interview für den RIAS, das aber zunächst für eine 25-Minuten-Sendung gekürzt wird, während Teile des Restes später verwendet werden sollen.

Gestern für zwei Stunden bei einer Veranstaltung von Schriftstellern, wo ich über die Zeit von 1976 bis 1979 (Biermann und die Folgen) allgemein sprach – vor allem aus meinen Memoiren vorlesend, deren Signalexemplar mir Erler am Mittwoch gebracht hatte. Am Nachmittag sollte Kant kommen, heute Stephan Hermlin. Außer mir hatte noch ein Mann Wilke von der FU ein Referat, der früher ein wilder Anti-Kommunist war, jetzt aber recht vernünftig sprach. Die Diskussion ordentlich.

Werde jetzt, wenn ich in der Stadt bin, da das Kasino der Akademie geschlossen, seit vielen Jahren endlich wieder in der Professoren-Mensa essen, wo Sabine (die Kaffee und Kuchen ausgibt) ganz rührend für mich sorgt.

‚Constructiv‘ wird immer besser – wenn ich auch auf vieles verzichten könnte. Freue mich für Uli (Chefredakteur – J. K.).“

8. 3. 1992: „Fast jeden Nachmittag kamen Leute. Montag wurde ich um 18.15 abgeholt zu einer Vorstellung meines Buches in der Kollwitz-Buchhandlung in der (noch) Dimitroffstr., mit Gotthard Erler als Vorsitzendem. Es ging wohl ordendlich. Zu meiner Freude war Hilde Hoffmann (eine Schülerin aus den Anfangsjahren) da. Der Preis des Buches, 39,80 DM, schien mir viel zu hoch, aber der Buchhändler sagte, das sei heute normal. Von der Auflage (3 000 Stück) ist die Hälfte verkauft. Bin dabei, ein Personenregister zu machen – das aber nicht so gut wird, wie wenn es Erika gemacht hätte.

Am Dienstag zwei junge Leute, die eine Arbeit über Deutschlands Rolle in der Welt bei U. Albrecht von der FU schreiben. Hatte ihnen nur wegen Albrecht, den ich sehr schätze, zugesagt – aber sie waren wirklich erfreulich begabt.

Mittwoch war jemand da, der eine Ausstellung über Otto Katz macht. Erinnerte mich natürlich gerne an ihn.

Donnerstag war ein Mann namens Halbhuber mit einer Kollegin da – Interview zur Person und zu Fragen der Zeit. Soll vielleicht ein Buch über ‚bedeutende Persönlichkeiten‘ werden.

Freitag bei ‚Junge Welt‘, vorher bei Ursula, nachher in Fakultät, neueste Wirtschaftszeitschriften gelesen, dann Billett für morgen (Hannover) gekauft.

Marguerite geht es in den letzten Wochen eher besser – natürlich riesig froh.

Erika geht es gesundheitlich saumäßig – dazu die Belastung durch die seit einem Jahr sterbende Mutter, die sie fast täglich besucht.

Habe mein Stasi-Buch angefangen, obgleich ich noch gar nicht weiß, ob ich es schreiben werde. Aber die Vorbemerkung lohnt sich schon als solche, und ich kann sie, wenn ich das Buch nicht schreibe, auch als solche vielleicht veröffentlichen."

15. 3. 1992: ,,Was für ein gnadenvolles Halbjahr vom 1. Oktober bis zum 31. März: 4 neue Bücher und 2 Neuauflagen (,Kurze Bilanz' und Bd. 2 ,Alltag'). Jetzt ist eine Pause, die vielleicht endet, falls ich ein Buch über meine Stasi-Akten schreibe.

War am Montag in Hannover, wo ich vor Gewerkschaftlern sprach und ein einstündiges Interview mit der ,Allgemeinen Hannoverschen Zeitung' hatte. Es ging wohl ordentlich. Mein Vorsitzender war Manfred Lauermann aus Bielefeld, der mir erzählte, er habe (ohne mich persönlich zu kennen) jahrelang westdeutsche Literatur für Kollegen und Freunde in die DDR gebracht und am Zoll gesagt, sie sei für mich (Akademiemitglied!) bestimmt, und sie daraufhin so durchgebracht.

Mittwoch früh besuchte mich mein alter Freund Günter Reimann aus den USA, und wir stimmten erstaunlich gut in der Beurteilung der Zeit überein. Am Nachmittag hatte ich ein einstündiges Interview mit der Bürgerbewegungs-Zeitschrift ,quer'.

Am Donnerstag bei Ruth Hoppe und zur Geschäftssitzung der Akademie, wo ich vorher zu meiner Freude mit Rita Schober zusammensaß und einen Lunch aß. Peter Feist am Tisch und ebenso Hans Mottek, der später in der Sitzung einen Vortrag hielt, den ich aber nicht mitnahm wegen meiner Hörschwierigkeiten. Fuhr vielmehr nach Hause, um am Personenregister der eventuellen 2. Auflage der Memoiren zu arbeiten.

Am Freitag bei der ‚Jungen Welt'. Betreffend die Zusammenlegung mit ND noch nichts entschieden."

22. 3. 1992: „Dienstag, 17., ein amüsantes Erlebnis. In der vorangehenden Woche hatte ich ein Interview für ein Buch ‚bedeutender Europäer'. Der Photograph war nur gekommen, um die Räume zu sehen und verabredete sich mit mir für diese Woche. Ich sagte ihm: aber höchstens eine Viertelstunde. Als er kam, sagte er: ‚Vor zwei Tagen war ich in Moskau und photographierte Gorbatschow, der mir eine halbe Stunde schenkte. Ein gebildeter Mann. Als ich ihm sagte, daß ich in 2 Tagen Sie photographieren würde, wußte er gleich, wer Sie sind.'

Am Mittwoch kam eine junge Wissenschaftlerin, die sich mit mir über die Rolle von Max Weber in der DDR unterhalten wollte. Da ich ihn bei uns 1972 ‚salonfähig' gemacht hatte, sprach ich gern mit ihr.

Am Donnerstag kam mein guter Freund Hannes Hörnig, und wir waren uns einig, daß es völlig unmöglich sei, die Weltentwicklung im nächsten Jahr zu übersehen, wohl aber während der nächsten zehn Jahre. Wir waren uns auch einig über das Rätsel SU – China. In der SU seit 1985 eine hochbedeutsame fortschrittliche Entwicklung des Überbaus und ein völliges Versagen in der Wirtschaft – in China eine hochbedeutsame Entwicklung in der Wirtschaft und ein völliges Versagen im Überbau.

Habe seit längerem mindestens drei, bisweilen fünf Besprechungen in der Woche am Nachmittag. Junge Menschen, die wissenschaftlichen oder politischen Rat haben wollen, oder Interviews.

Sitze immer noch am Personenregister für eine eventuelle 2. Auflage der Memoiren. Erler sagte mir, daß die 1. Auflage ordentlich geht. War am Freitag dort, nachdem ich wie üblich vorher bei der ‚Jungen Welt' meinen Wochenartikel abgegeben hatte.

Das Wochenende, im Gegensatz zum nächsten, wo ich in Bochum sprechen werde, friedlich, natürlich am Nachmittag mit einem Detek, zu Hause. Marguerite geht es nicht schlechter, und sie sieht nach dem Besuch einer Friseuse schöner als je aus."

30. 3. 1992: „War über das Wochenende in Bochum, wo ich zu den Jugend-Naturfreunden sprach, die recht links sind und mir viel Beifall gaben. Ein wirklich erfreuliches Erlebnis. Und gar nicht anstrengend, da die Bahnfahrt wie immer behaglich mit Lesen verlief.

Am Dienstag meine halbjährliche Labor- und EKG-Untersuchung. Da ich nichts von Mühlberg gehört habe, nehme ich an, es ist nichts zu berichten.

Am Mittwoch ging ich nicht zur Partei, da ich wegen meiner Schwerhörigkeit so wenig verstehe.

Wichtig dagegen am Freitag ‚Rat der Alten', wo ich sehr scharf dagegen sprach, wie bedeutungslos wir sind, und verlangte, daß auf jeder Sitzung ein Mitglied des Vorstandes über seine Arbeit berichtet.

‚Asche für Phönix' ist gekommen. Natürlich eine Freude. Werde wohl an 50 Exemplare von mir aus versenden.

Überall wackeln die Regierungen – in den USA, in Deutschland, in Frankreich und natürlich auch in Osteuropa ..., und ob nicht bald die Sowjetunion als Staatengebilde wieder hergestellt wird? So wie jetzt kann es jedenfalls nicht lange weitergehen ... auch nicht in China.

Der Namensindex für eine eventuelle 2. Auflage der Memoiren nimmt mir viel Zeit, aber die habe ich auch.

Es ist mit dem Frühlingsanfang wieder kalt geworden, aber ich hoffe, die Knospen der Magnolien leiden nicht allzusehr darunter."

5. 4. 1992: „Erstaunliche Meldungen aus dem Buchhandel, wie gut meine Bücher gehen – von Gretel ebenso

wie eine Meldung in der Prenzlauer-Berg-Zeitung, daß die Memoiren zu den ‚meistgekauften Büchern‘ gehören. Dazu Anforderungen aus Kleinmachnow wie Rostock (allein in der letzten Woche), dort zu sprechen. Die Zeit der ‚Unperson‘ in der Ex-DDR scheint vorbei. Aber warum? Vielleicht wegen der zunehmenden Misere und dem Reinfall also der extremen Wendehälse. Vor einigen Jahren noch ‚auf und ab‘, Gnade und Ungnade von Oben, seit 1989 dasselbe beim Volk. Was für ein groteskes Leben, aber natürlich soll man sich durch nichts beeinflussen lassen und ruhig seinen Weg gehen.

War bei der Gauck-Behörde. Noch keine Aussicht auf meine Akten. Wenn die Bummelei so weitergeht, werde ich mich an die Presse wenden.

War bei Ruth. Obwohl ich etwa 80 Agatha-Christie-Romane habe, entdeckte sie für mich noch 3 mit zwei jungen Menschen als Detektiven, die ich noch gar nicht kannte. Rührenderweise schenkte sie mir zwei, die sie noch hatte, und besorgt mir den dritten.

Hatte am Donnerstag unter Moderation von Hubert Laitko eine Diskussion zweier meiner Bücher, die, glaube ich, gutging. Hermann Klenner war dort und brachte mir einen reizenden Brief von Annelies zu den Memoiren.

Gestern zum Kaffee Thomas und Rita, Peter und Ingrid. Natürlich nett wie immer, insbesondere für Marguerite, die so wenig Leute sieht.

Verschicke 50 Exemplare von ‚Asche für Phönix‘ für Verwandte, Freunde und Bekannte. Gespannt auf die Reaktion.

Gretel hat begonnen, die Bibliographie von Erika zu übernehmen.

PS: Schrieb soeben einen Artikel für den ‚Morning Star‘, um den mich Sabine bat.“

12. 4. 1992: ,,Die politische Situation wird immer unsinniger. Bei den Wahlen in Württemberg und

Schleswig-Holstein haben sowohl CDU wie die SPD schlecht abgeschnitten, und man ist mit beidem zufrieden, da die SPD wahrlich eine rein opportunistische Politik betreibt. Ja, obgleich die Gewerkschaften heute die einzige effektive Opposition mit ihrem Lohnkampf darstellen, hat der DGB als Mai-Losung ‚Teilen verbindet‘, also Lohnverzicht zugunsten der Finanzierung der ‚neuen Länder‘ ausgegeben. In Italien freut man sich, daß nicht nur die Christdemokraten, sondern auch die Sozialisten an Position verloren, daß die letzteren nicht die jetzt wirklich reformistischen (ehemaligen) Kommunisten überholt haben und daß die von den letzteren abgesplitterten, wohl doch recht dogmatischen Kommunisten einen nicht unbeachtlichen Erfolg errungen haben. In Großbritannien ist man bestürzt, aber nicht betrübt, daß die opportunistische, gegen Links auch innerhalb der Partei gerichtete Labour Party verloren hat und ihr Führer zurücktreten mußte.

Meine Position in der Ex-DDR hat sich völlig verändert. Die Memoiren sind in der ersten Auflage fast ausverkauft – innerhalb von 5 Wochen!, und man denkt an eine zweite Auflage, obgleich der Preis mit rund 40 Mark doch horrend ist. Zugleich weitere Anfragen wegen Vorträgen in der Ex-DDR.

Habe auf Anforderung einen interessanten Aufsatz für ‚konkret‘ geschrieben. Gespannt, ob sie ihn bringen.

Erhielt einen Anruf der Gauck-Behörde, daß ich damit rechnen könnte, in 3 Wochen meine Akten durchzusehen. Natürlich riesig gespannt, ob ein Buch daraus werden kann.

Die Magnolienknospen sind schon ganz groß. Bald werden sie zu Blüten werden.

Erhielt einen Brief von Elmar Faber, daß der Aufbau-Verlag mich zur Buchmesse in Leipzig als seinen Gast einlädt. Bin aber noch nicht sicher, ob ich fahren werde.

Hanka Kling ist gestorben. So viele Jahre nach ihm.“

19. 4. 1992: ,,Ganz herrlich, diese 5 freien Tage. Ich hatte Herrn Graf den Donnerstag freigegeben, da er mich zu einem Mai-Vortrag am 1. nach Kleinmachnow fahren muß – und so bin ich von Donnerstag bis Ostermontag zu Hause.

Habe das Vorwort für mein eventuelles Stasi-Buch noch ergänzt und meinen monatlichen UZ-Artikel geschrieben. Ansonsten gehe ich meine Korrespondenz seit 1945 durch. Wertvolle wissenschaftliche Korrespondenz – d.h. mit den ganz wenigen bedeutenden Wissenschaftlern in der Welt, die es gibt und mit denen ich Briefe gewechselt habe, erhält Thomas statt wie bisher die Akademie, der ich ja nach der ,Neugründung' nicht mehr angehören werde, ebenso wie interessante politische Sachen, während Peter alle Briefe von und an Schriftsteller und Künstler erhält. Vieles werfe ich weg. Familienkorrespondenz und solche, die meine gedruckten Sachen betrifft, auch wenn sie von mir Unbekannten oder von unbedeutenden Wissenschaftlern stammt, ebenso wie Gutachten von mir hebe ich auf.

Ursula war hier, aber vor allem, um Marguerite zu sehen, da ich sie seit einiger Zeit etwa alle vier Wochen besuche, wenn ich zur ,Jungen Welt' fahre.

Eine Französin kam, um mit mir über Probleme der Arbeitslosigkeit 1870 – 1927 zu sprechen.

Steve, der Sohn von Renate (Neffe – J. K.), kam mit Frau und Kleinkind. Aber nach 1 1/4 Stunden schickte ich Marguerite, sich hinzulegen, und verabschiedete sie mit der wahrlich richtigen Begründung, daß wir beide zu alt für lange Besuche sind – ich vor allem wegen meiner Schwerhörigkeit.

Frank Schumann war hier. Er ist jetzt in der PDS-Zentrale beschäftigt.

Wegen der Kälte haben sich die Magnolien praktisch nicht verändert und werden so wohl eine längere Freude sein als im Vorjahr.

179

Erika hat sich entschlossen, doch meine Bibliographie weiterzuführen. Bin natürlich sehr froh darüber."

26. 4. 1992: „Eine friedliche Woche, die damit eingeleitet wurde, daß ich wieder in der Prenzlauer Promenade Mittag esse – das Kneipenessen ist zu meiner Freude vorbei. Allerdings ist das Essen sehr bescheiden, aber das macht nichts.

Die Magnolien sind bei der plötzlichen Wärme ganz weit aufgeblüht. Eine unbeschreibliche, einfach erschütternde Schönheit und Pracht.

Thomas Grimm war da wegen seines neuen Films, den er u.a. mit mir am 8. Mai drehen will. Habe nach seinem Schnitzler-Film ein höheres Honorar als beim vorigen Mal verlangt. Dabei muß ich ganz offen gestehen: So unsympathisch Schnitzler vorher war, eine gewisse Sympathie für seine stalinistische Starre in einer Zeit so übler Wendehälse hatte ich nach all den Presseberichten für ihn doch.

Möchte einen Artikel zu dem Thema, wann das neue Jahrtausend beginnt, für die ‚Zeit' schreiben. Wer erinnert sich heute noch an das alberne kaiserliche Dekret von 1899, an den Briefwechsel von Goethe und Schiller zu der Thematik, und meines Wissens hat niemand das Thema im Zusammenhang mit den Olympischen Spielen aufgeworfen.

Werfe viel alte Korrespondenz weg – die wertvollste verteile ich an Thomas und Peter.

Die neue Auflage von ‚Kurze Bilanz' scheint ordentlich zu gehen.

Elmar Faber ist mir nicht böse, daß ich seiner Einladung zur Leipziger Buchmesse nicht folge. Ich habe schon genug Reisen im Mai vor.

Marguerite erzählte mir, daß sie vor einiger Zeit fast ihren ganzen Schmuck an Madeleine verschenkte – sie hatte mir vorher nichts davon erzählt. Auch sie wird alt.

Lese den wohl achten Roman von Ellis Peters mit

ihrem mittelalterlichen Detektiv Brother Cadfael. Hatte schon 2 gelesen, als mir Emily Kaplun die ganze Serie sandte. Welch schönes Geschenk von meiner alten Jugendliebe!"

3. 5. 1992: „Hatte am Freitag ein reizendes Reiseerlebnis. Der Kulturbund in Kleinmachnow hatte mich gebeten, zum 1. Mai zu sprechen. Er ist von über 300 auf 38 Mitglieder zusammengeschrumpft. Der Raum, in dem ich sprach, der größte, über den sie verfügen, faßt 30 Personen – so viele waren auch da, unter ihnen meine gute Freundin Marianne Schmidt. Herr Graf kam mit zur Versammlung. Er sagte mit Recht: Die Leute waren wie eine große Familie. Alle kannten sich und unterhielten sich vor Beginn freundlich, und viele blieben, als ich ging.

Habe für unser Organ ‚Berliner Linke' einen sehr scharfen Artikel über die Mängel unserer Partei geschrieben – völlige Vernachlässigung der Gewerkschaftsarbeit und nicht das mindeste Interesse für den Alltag der Menschen – genauso natürlich im ND.

Habe eine neue Idee für ein Buch nach dem Stasi-Buch (wenn die Akten sich für eines lohnen – die 3 Wochen, nach denen ich sie einsehen sollte, sind wieder ohne Benachrichtigung verstrichen). Es soll heißen: ‚Kulturgeschichte des beschäftigten Menschen.' Nicht des arbeitenden Menschen. Denn weder im Paradies arbeiteten die Menschen, noch werden sie im vollendeten Kommunismus mehr als 2 Jahre arbeiten müssen.

Hatte am Montag ein Rundfunkinterview über meine Memoiren und am Dienstag eine Vorbesprechung mit einer Kollegin des gleichen Senders über eine spätere ‚Sendung mit Altkommunisten'.

Die Magnolien sind am Verblühen. Aber das Erlebnis mit ihnen war berauschend wie immer.

Unbeschreiblich die reife Schönheit auf ihrem Höhepunkt – genau wie Marguerite an ihrem Lebensabend

... zu merkwürdig diese Ähnlichkeit zu so verschiedenen Existenzzeiten.

In ‚Schwierige Jahre‘ habe ich das Protokoll einer Versammlung im Robotron-Werk im Juni 1989 abgedruckt. Erhielt nun fast drei Jahre später nachfolgenden Brief."

24.4.92

Lieber Genosse Prof. Jürgen Kuczynski!

Vor ein paar Wochen erwarb ich einige Deiner Bücher; darunter auch die „Kurze Bilanz". Auf Seite 106 erwähntest Du das Jugendforum am 15.6.89 bei Robotron-Elektronik-Dresden (Fax der robotron 7/89), an dem ich dabei war. Hinter folgenden nur acht Worten verbirgt sich ein Episödchen: „auf Grund einer Bandaufnahme, die im Betrieb gemacht wurde", das mich heute schmunzeln läßt, doch damals ein wenig aufregend war. Die Niederschrift dieser Bandaufnahme, die Dir mein damaliger Arbeitskollege, Genosse und Jugendfreund Andreas Roßberg zuschickte, war illegal gemacht worden. Aufgrund meines Einblickes in die „Parteiarbeit" etlicher „Genossen" war denen sehr unwohl bei der Durchführung des Forums. Ich bin Jahrgang '32, seit '56 bis an mein Lebensende Genosse, war fast 13 Jahre Offizier bei der Volksmarine, im Betrieb APO-Sekretär, Leitungsmitglied u.v.a. mehr. Deshalb weiß ich, wovon ich rede. Durch Bemerkungen schwante mir, daß eine von der FDJ beabsichtigte Bandaufnahme irgendwie verhindert werden soll. Ich gab Andreas einen „heißen Tip", doch die Jungen vermuteten das bereits. Sie zapften unauffällig die Mikrofonleitung an. Für Techniker so findig nicht, doch daß sie im Verstärkerstudio auch noch einen Recorder anschlossen, war echt schlitzohrig. Im Studio postierte

sich auch prompt ein „Linientreuer", der trotz vorge-
täuschten Protests der Jugendfreunde das Ding nicht
anlaufen ließ. Aber der andere Recorder lief, und so
konnte das Forum wortgetreu (bis auf die Fragen) pro-
tokolliert werden. Das wußte ich allerdings nicht, ahnte
es jedoch, als mir ein junger Genosse ins Ohr flüsterte:
„Horschte, du brauchst nüscht mitschreim." Da ich als
jahrzehntelanger JK-Fan galt, bekam ich zwei Tage
später die Originalkassette (!) zum Überspielen. Einige
Tage später die Diskette mit dem schriftlichen Text, den
ich heute noch besitze. Du kannst Dir sicher vorstellen,
wie mich als „echter Kommunist" das Vertrauen der
Jungen erfreut hat. Natürlich war ich auch auf mich
nicht nur ein wenig stolz, daß ich als heute noch immer
leidenschaftlicher Agitator so falsch nicht liege. Ja, und
wer ist denn nicht auch ein wenig eitel. Allerdings habe
ich Andreas geraten, Dich erst zu fragen, ehe er wieder
die Wandzeitung bemüht. Er und einige andere Jugendfreunde waren durch diese bereits mehrmals ("Sputnik", „Kommunalwahlen") sehr arg gerügt worden.
Sicher hatte ich damals recht, wie Dein Brief an Andreas vom 19.7.89 das auch aussagte. Aus heutiger
Sicht bin ich mir jedoch dessen gar nicht mehr so sicher,
oder? Diese „Scheißdisziplin" liegt mir noch heute als
meine persönliche Schuld auf der „Seele".

Wenn ich nun als Untätiger mal wieder meine Kollegen besuche und frage: „Na, wieviel seid ihr denn noch
in der Betriebszelle?" (das gibt es dort noch!), dann
kommt als Antwort: „Mit dir wären wir fünf." Und das
von ehemals mehr als 70 Genossen. Und diese vier sind
die jungen Genossen, die am meisten „angezählt" worden sind. Andreas gehört leider nicht mehr dazu. Einige
tüchtige „Anzähler" haben sich schon schön gewendet;
einigen lieben Genossen kann ich den Austritt nicht mal
übelnehmen. Das macht traurig!

Du sagtest damals auch, daß Du trotz hohen Alters

sicher bist, eine Änderung noch zu erleben. Aber so haben wir (und nicht nur wir) uns das sicher nicht vorgestellt!

Jedoch mal ein Lichtblick. Als vor einigen Tagen Hermann Kant hier zu einer Lesung war, hatten wir mit ca. 100 Teilnehmern gerechnet. Einen größeren Raum haben wir auch nicht. Was ich bei meiner Ankunft dann gesehen habe, war kaum zu fassen. Das ganze Haus war voll, und auf der Straße standen noch mal so viele. Vor allem junge Leute. Das alles ohne Ankündigung in der „Presse"! Wir mußten das ganze Haus und die Haustür mit zusätzlichen Lautsprechern bestücken und beschallen. Der letzte Satz seiner Lesung „unser Irrtum (war) nicht unser Leben, und die DDR-Literatur ist kein Schreibfehler gewesen" erzeugte guten, von Herzen kommenden Applaus. Das macht wieder Mut!

Und deshalb, lieber Jürgen, teile ich mit Dir voll die „Vorfreude", auch wenn wir beide wohl die Freude nicht mehr erleben werden. Aber vielleicht unsere Ur-Enkel. Wir können nur noch mehr oder weniger dazu beitragen, daß unsere Vision mal Wirklichkeit wird. Deshalb ist es schön, daß es Dich gibt – und noch möglichst lange. Sag Deiner „letzten Zigarre", sie soll noch warten.

Mit allen guten Wünschen, vor allen um Gesundheit, Dein Dich verehrender

gez. Unterschrift

P.S. Bitte, sei mir nicht gram. Du bist in meinem recht langen Leben der einzige Prominente, dem ich je einen doch recht persönlichen Brief geschrieben habe. Und ausgerechnet Dir klaue ich Deine kostbare Zeit. Jedoch weiß ich, daß Du selbst Deine wissenschaftlichen Arbeiten nicht selten mit Episoden würzt. Auch solltest Du mir nicht anworten müssen. Nützen wir lieber unsere noch verbleibende Zeit, daß unsere Idee nicht in Vergessnheit gerät. Prosit!

184

10. 5. 1992: „Die Woche fing nett an. Am Montag gab ich der ‚Berliner Linken' einen kleinen Artikel, um den mich Frank Schumann gebeten hatte. Die Chefredakteurin sagte mir, daß Günter Gaus, mit dem sie befreundet sei, sie um meine Adresse gebeten habe, da er ein Interview mit mir machen wolle. Da er der beste deutsche Interviewer ist und schon vor zwei Jahren ein Interview mit ihm geplatzt war, da ihm etwas dazwischengekommen war, würde ich mich natürlich freuen, wenn etwas daraus werden würde.

Am Freitag war Thomas Grimm wegen einer Verfilmung da. Vor allem wurde auch die Bibliothek gefilmt, was mich wesentlich mehr freute, als der Film mit mir, bei dem es um meine Memoiren ging.

Am Sonnabend waren Peter und Ingrid da. Es war wieder besonders nett mit ihnen, auch wenn sie ziemlich sicher sind, daß sie beide als ‚rote Socken' zum September entlassen werden.

Habe endlich von der Stasi gehört, daß ich ab 21. meine Akten ansehen kann. Bin natürlich riesig gespannt.

Die Magnolien sind verblüht – aber noch nicht die Kirschbäume.

Eben rief Günter Reimann an. Er ist wieder aus den USA für 3 Tage gekommen. Wie lange ist es her, daß ich sein Nachfolger in der ‚Roten Fahne' wurde!

Noch viel länger ist es her – am 31. Mai 1912 zum 70. Geburtstag meines Großvaters Kuczynski –, daß ich meine Uhr geschenkt bekommen habe. Wer hat schon 80 Jahre lang seine Uhr bei sich!

Morgen ein Vortrag bei der PDS in Bestensee. Hoffentlich geht es ordentlich."

17. 5. 1992: „Zwei erstaunliche Erlebnisse. Am Montag sprach ich bei der PDS in Bestensee. Der Ort hat 5 000 Einwohner. Die Partei hat 120 Mitglieder. Im Abgeordnetenhaus stellt sie 10 von 30 Abgeordneten.

Der Saal war mit über 50 Anwesenden gefüllt. Vorher hatte ich mit Herrn Graf nett Abendbrot gegessen. Er war auch zur Versammlung gekommen.

Am Donnerstag sprach ich in Erfurt. Statt wie sonst 4 fuhren wir 5 Stunden und 20 Minuten wegen Staus. Ich kam 50 Minuten zu spät, aber die 180 Anwesenden hatten ausgeharrt. Zu Anfang teilte der Vorsitzende mit, daß von Nazis eine schriftliche Drohung gegen mich eingegangen wäre und sie die Polizei benachrichtigt hätten. Aber es passierte nichts. Ein Ende auf solche Weise wäre natürlich politisch für die Partei und allgemein die Linke nützlich.

Am Freitag war ich kurz bei Ursula, die 85 wurde. Natürlich waren viele Gäste da, darunter Reni aus England, die am Nachmittag zu uns kam und mir etwa 20 Detektivromane brachte. Selbstverständlich war es besonders nett mit ihr – wie immer.

Am Dienstag nachmittag war Günter Reimann da – klug wie immer. Er war aus New York gekommen, um hier ein Buch bei einem Verleger unterzubringen.

Am Donnerstag Besuch bei Ruth Hoppe. Es geht ihren Knochen einigermaßen, und sie war bei einem Konzert mit ihrem Chor aufgetreten. Sonst ist sie nur noch bei den Proben dabei.

Bald kommt Erika Behm, um neue Sachen für die Bibliographie abzuholen. Seit über einem Jahr fährt sie nun fast täglich zu ihrer seit langem sterbenden Mutter und bringt ihr auch Mittagessen. Jetzt ist sie dahintergekommen, daß man der Mutter Beruhigungsmittel gibt, damit sie schläft, wenn die Tochter kommt, und nicht essen kann. Seitdem ist die Mutter wieder viel lebendiger und kann sich mit ihr unterhalten. In einem Haus, das 7 000 Mark (einschließlich natürlich staatlichem Zuschuß) pro Patienten einnimmt. Westberliner Kapitalismus!"

24. 5. 1992: „Habe die wohl schlimmste Nachricht

meines Lebens gelesen: In Berlin kommen mehr Kinder durch Selbstmord als durch Verkehrsunfälle um. Ich glaube, die 50 Millionen Toten des 2. Weltkrieges sind nicht so kennzeichnend für die Gesellschaft des Kapitals wie diese Nachricht. Natürlich sind Weltkriege unsagbar furchtbare Ereignisse. Aber eben Ereignisse. Diese gehäuften Selbstmorde der Kinder aber sind nicht ,Ereignisse‘, sondern permanent gewordene ,Eigenschaften‘ der Gesellschaft, die uns bis an das Ende dieser kapitalistischen Gesellschaft begleiten werden. Anfang auf dem Wege in die Barbarei.

Am Montag wieder ein Interview mit dem Pro-Ost(?)-Film – bei der ersten Aufnahme vor einigen Wochen waren die ersten beiden Fragen technisch versaut oder gar nicht aufgenommen worden.

Am Dienstag war Frank Schuman bei mir. Er ist aktiver als je und hauptberuflich in der Partei. Er bat mich, wann immer man mich auffordert, für die ,Berliner Linke‘ zu schreiben.

Am Mittwoch war jemand vom Hessischen Rundfunk bei mir; eine Aufnahme über die ersten Jahre nach dem Kriegsende in der sowjetischen Besatzungszone für eine Sendung am 3. Oktober. Am Freitag wie üblich bei der ,Jungen Welt‘ meinen Artikel abgegeben.

Ja, und dann der Donnerstag! Nachmittags nach Halle gefahren, um in einem Studentenklub zu sprechen (Honorar ein Blumenstrauß und eine Flasche Wein). Vorher aßen Herr Graf und ich Abendbrot bei Peter und Ingrid, die auch zum Vortrag mit Diskussion kamen und mit mir zufrieden waren. Wir nahmen sie auch nach Berlin mit, da sie hier wählen. Peter ist zum 30. September entlassen worden und darf bis dahin nicht mehr lehren. Ebenso wohl 15 andere aus dem Fachbereich. Auf dem Platz, von dem ich sprach, lag ein Aufruf der Studenten des Fachbereichs, am Montag zu streiken. Sie sehen nicht, wie sie unter diesen Umständen ihr

Semester ordnungsgemäß, einschließlich der Prüfungen, beenden können.

Ja, und am Vormittag bei der Stasi. Die Kollegin, die mich betreute, ganz reizend zu mir. Sie war vorher im Archiv der Akademie angestellt. Es gab nur eine Akte von rund 200 Seiten bis an den Anfang der fünfziger Jahre. Sie war genau wie ich überzeugt, daß es mehr geben müßte, aber bisher hat man nicht mehr gefunden. Sie will noch suchen lassen.

Es handelt sich um eine Untersuchung, ob ich ,ein Agent des Feindes' bin. Der Abschluß ergab, daß ich es nicht bin. Die Akten und Nachrichten sind zum Teil einfach grotesk in ihrer Uninformiertheit. Eine beschäftigt sich mit meinem ,Liebesleben'. Seit vielen Jahren habe ich Marguerite nicht so lachen hören wie, als ich ihr davon erzählte. Vor allem sind es vier Frauen. Darunter zwei, die bedeutendsten, die hohe Funktionen bei uns hatten: unsere guten Freundinnen Grete Wittkowski und Greta Kuckhoff. Dazu meine damalige Assistentin an der Universität, Gertrud Theodor, die einen guten Freund hatte, zu dem sie auch stand, als er, wie damals üblich, wegen irgendeiner unsinnigen politischen Anklage von seiner Zeitung entlassen wurde und ein Parteiverfahren bekam. Sowie eine meiner klügsten Schülerinnen, Elisabeth Todt, die mir einige Jahre später, als zur Frage stand, ob sie ein Vorwort zu einem meiner Bücher schreiben sollte, sagte: ,Jürgen, wenn ich schon nicht im Bett mir Dir zusammen sein kann, wäre es doch eine Freude für mich, in einem Buch mit Dir zusammen zu sein.'

Natürlich gibt es auch politische Denunziationen, insbesondere von jemandem mit dem Decknamen Nobel. Keine Ahnung, wer das sein kann.

Als erste Akte aber ein Bericht von Wilhelm Koenen über eine Vorstandssitzung der Partei in London, die mich wegen zweier Artikel in ,Left News' aller Funktionen berauben sollte. Hatte davon keine Ahnung, da ich damals, gegen Ende September 1939, bereits vom United States Strategic Bombing Survey angemietet und unter Sowjetkontrolle war.

Ich glaube nicht, daß noch ein Buch daraus wird.

PS: Interessant auch folgendes: Alle Begegnungen mit Leuten aus dem Westen mußten natürlich Hermann Matern als Leiter der Parteikontrollkommission gemeldet werden. Hermann hat dann alle meine Meldungen an die Stasi weitergeleitet. Natürlich befand sich unter den Akten auch der Beschluß, mein Telefon zu überwachen. Ebenso fand ich Kopien zahlreicher meiner Briefe an meine Schwestern in England."

31. 5. 1992: „Ingrid telefonierte heute, um mir zum 80jährigen Besitz meiner Uhr und zum 150. Geburtstag meines Großvaters Kuczynski zu gratulieren.

Am Montag besuchte mich Hannes Hörnig kurz. Erfreulich wie immer. Bin froh, daß Hans Modrow ihn zur Mitarbeit in einer zentralen Arbeitsgruppe eingeladen hat.

Am Dienstag sprach ich in Rostock zu einer Gruppe der Mecklenburgischen Evangelischen Akademie und der Stiftung Begegnungsstätte für jüdische Geschichte und Kultur. Es war wohl diese Zusammensetzung, die Erika veranlaßte, mich zu fragen, ob sie mitkommen kann. Sie, Graf und ich hatten ein besonders nettes Abendbrot in einem Schiffsrestaurant mit Blick auf die Ostsee. Die Veranstaltung ging ordentlich.

Mittwoch ging Gretel für mich zur Partei. Thema: Die Wahlen.

Habe eine Idee für ein Buch. Es soll ähnlich wie ‚Probleme der Selbstkritik‘ werden. Eine Sammlung größerer Artikel. Da will ich zuerst über meine Stasi-Akten berichten. Dann meinen Vortrag Intelligenz und Macht unterbringen. Und einige weitere größere Sachen schreiben. Schreibe morgen an Jürgen Harrer, ob er die Sache will, und wenn nicht, gehe ich zur Elefanten Press.

Die ‚Berliner Linke' hat mir wegen eines Artikels geschrieben. Werde wohl, wenn auch nicht so regelmäßig wie für die ‚Junge Welt', öfter für sie schreiben – natürlich ohne Honorar oder, wie die Chefredakteurin formulierte, für ein ‚zinsloses Darlehen'.

Wilma Iggers hat angerufen. Wir werden am Donnerstag früh zusammen frühstücken, wenn ich in Göttingen bin."

19. 6. 1992: „Habe seit fast drei Wochen kein Tagebuch geschrieben, was mir selten passiert ist. Aber ich habe auch selten so intensiv an einem Buch gearbeitet, insbesondere am Wochenende, wie in der letzten Zeit. Es wird vier völlig verschiedene große Artikel enthalten, jeder hoffentlich von Interesse, einer behandelt meine Stasi-Akten. Habe bereits Jürgen Harrer von dem Unternehmen geschrieben, da PapyRossa das erste Recht auf meine Bücher hat.

In der ersten noch nicht berichteten Woche (1. – 7. Juni) war ich in Göttingen, wo ich am Nachmittag in der Asta – etwa 80 Anwesende – sprach. Abends bei der DKP, die seit langem wieder eine öffentliche Versammlung hatte und mit dem Besuch sehr zufrieden war. Am Nachmittag war auch Friedel dabei; Madeleine hatte eine Venenentzündung und konnte nicht kommen.

Am Montag war ich bei der ‚Berliner Linken' gewesen, die einen Artikel gewollt hatte und ihn auch gleich in der nächsten Nummer brachte.

Eine lustige Geschichte: Während ich zu Hause immer ‚Die Welt' lese, da sie so primitiv reaktionär ist und man nicht zwischen den Zeilen wie bei der ‚Frankfurter Allgemeinen Zeitung' lesen muß, kaufe ich mir auf Reisen stets die FAZ, so auch für den Rückweg von Göttingen. Und genau in dieser Nummer fand ich eine lange Besprechung des 2. Bandes der Memoiren.

190

Davon erzählte ich natürlich auch Erler, den ich im Aufbau aufsuchte. Er entschuldigte sich für die schnelle 2. Auflage, gewissermaßen hinter meinem Rücken, so daß ich keine Druckfehler-Korrekturen anbringen und kein Personenverzeichnis einbringen konnte.

Natürlich war ich wie üblich am Freitag in der „Jungen Welt‘, um meinen wöchentlichen Artikel unterzubringen.

In der folgenden Woche gab es den ‚Rat der Alten‘. Das Wichtigste war ein Antrag von mir, auf der nächsten Sitzung einen Tagesordnungspunkt zu haben Die Arbeit des ‚Rats der Alten‘, auf der ich vor allem einen Stellvertreter von Hans Modrow vorschlagen werde – vielleicht Walter Janka –, um die Arbeit des Rates und sein ständiges Zusammenkommen zu sichern, wenn Hans zu beschäftigt ist. Außerdem möchte ich, daß wir nicht einfach über bestimmte Überlegungen und Arbeiten des Vorstandes unterrichtet werden, sondern, wie zu Anfang von Gregor, um Rat gefragt werden.

War bei Inge Pardon, um durch sie feststellen zu lassen, ob nicht bei den Parteiakten manches über mich zu finden ist. Hatte eine nette Unterhaltung mit ihr.

War bei der Stasi, um Kopien einiger meiner Akten abzuholen. Man hat noch keine weiteren Akten gefunden.

Hatte an Ruth Seigel geschrieben, sie möchte doch feststellen, ob meine Jugendfreundin Vera noch lebt, da ich so lange nichts von ihr gehört hatte. Heute (20. 6.) einen Brief von Ruth, es ginge ihr gut. Umgekehrt hatte Ruth mich gebeten, nach ihrer Freundin Marianne Lindemann zu sehen, von der sie so lange nichts gehört hatte. War bei Marianne, und es war wie immer eine Freude, sie in all ihrer Lebendigkeit zu sehen; wir plauderten wie stets angeregt miteinander.

Habe das Gefühl, daß die „Junge Welt‘ nicht mehr

solchen Wert auf meine Artikel legt. Denke daran, unter Umständen, falls mein junger Freund Frank Schumann dort stellvertretender Chefredakteur wird, zum ,Neuen Deutschland' überzugehen.

Die allernächste Zeit wird etwas schwierig werden, da Gretel für 10 Tage auf Urlaub geht und Herr Graf 4 Wochen Urlaub hat – Gott sei dank unterbricht er ihn, um mich am 3. Juli zu einem Vortrag nach Dresden zu bringen. Aber zum Mittagessen ist es für mich zu schwierig, mit dem Bus in die Akademie in die Prenzlauer Promenade zu fahren, und ich muß wieder hier ganz in der Nähe in Kneipen Mittag essen, was Marguerite aber nicht erfahren darf. Es geht ihr zwar nicht schlechter, aber doch wahrlich mäßig genug. Ein Jammer bei ihrer noch immer relativ guten geistigen Frische.

Die vergangene Woche brachte sowohl eine Filmaufnahme wie ein langes Interview mit einer japanischen Zeitung wie einen Vortrag im Kulturbund in Chemnitz.

Der letztere war besonders erstaunlich. Denn ihm ging eine Signierstunde voraus, in der ich etwa 100 Bücher von mir aus den letzten Jahren, darunter einige auch ältere wie den ,Urenkel' und noch ältere, signieren mußte. Besonders zahlreich vielleicht an fünfzig – war die Zahl meines zweiten Bandes der Memoiren, der doch so teuer ist.

Das Film- und das Zeitungsinterview bezogen sich natürlich auf Fragen der Zeit.

Die meiste Zeit aber verbrachte ich mit dem neuen Buch, das doch sehr aufregend ist und viele neue Gedanken bringt. Erstaunlich, daß ich die immer noch habe. Wahrlich ein Glück! Dabei verbringe ich mehr und mehr Zeit mit der Lektüre der Presse und immer weniger mit dem Lesen von Zeitschriften und Büchern, außer natürlich Detektivromanen.

Erika war die ganze Woche nicht da, obgleich sich viel Material für ihre Bibliographie angesammelt hat, aber sie hat versprochen, nächste Woche zu kommen.

Rita kommt wie immer mehrmals in der Woche, aber vor allem zu Marguerite, was mich natürlich sehr freut. Auch Thomas sehe ich weniger lange als Marguerite – mir ebenfalls sehr recht. Sieht sie doch kaum noch Menschen, da sie zu krank ist, Nicht-Familienbesuch zum Kaffee zu haben.

Die Nachrichten im Rundfunk – fernsehen tun wir nicht mehr – sind von einer Dürftigkeit, die kaum noch zu ertragen ist. Nachrichten aus Ländern, in denen kein Krieg herrscht, gibt es kaum noch, Nachrichten aus Deutschland, die nicht ,offiziell' sind, sind ebenso selten. Nur Sport- und Wetternachrichten haben noch Niveau."

28. 6. 1992: „Am Freitag war das letzte Plenum der Akademie als Gelehrtengesellschaft – 292. Gründungstag – mit dem Vortrag eines westdeutschen Gelehrten ... eine freundliche Geste von ihm, eine falsche Sache, von uns aus betrachtet – hatten wir keinen, der reden konnte? Es ist meiner Ansicht nach falsch, wie beabsichtigt, nach Gründung der Brandenburgischen Akademie am 1. Juli die Gelehrtengesellschaft am Leben zu erhalten. Horst Klinkmann, wie immer, nett zu mir.

Am 24. ist Gretel auf Urlaub gegangen, am 26. Herr Graf – natürlich ganz hilflos. Habe soeben einige Briefe handgeschrieben, die Erika, die ich jeden Augenblick erwarte, einstecken wird.

Habe jetzt das neue Buch endgültig fertiggemacht. Glaube, es lohnt sich doch. Keine Idee für ein neues Buch.

,konkret' hat den Aufsatz, um den man mich gebeten hatte, immer noch nicht gebracht, obwohl man mir zugesagt hatte, daß er kommen würde.

Am 23. wurde wieder einmal ein Film mit mir gedreht. Er soll alte Mitarbeiter der Humboldt-Universität mit ihren Aussagen über die Zeit nach 1945 bis 1950 bringen. Als ich nach der Aufnahme noch etwas über die Bibliothek erzählte, fingen sie von neuem an zu drehen.

Ein Brief von Inge Pardon. Sie haben keine Partei-Akte Kuczynski gefunden, wohl aber 40 Akten, in denen ich vorkomme. Werde sie vielleicht ansehen."

5. 7. 1992: „Anne McCloy, die Korrespondentin der ‚London Times' in Berlin, sandte mir ihr neues Buch, ‚The Saddled Cow, East Germany's Life und Legacy', mit 2, etwa je 10 Seiten umfassenden Portraits von Ursula und mir. Nicht unsympathisch. Gespannt, ob es in ‚Times Literary Supplement' und ‚New York Book Review' besprochen wird. Die Widmung in meinem Exemplar lautet ‚Für Professor Kuczynski mit meinem Dank und Respekt'.

Eine friedliche Woche ohne Gretel und ohne Graf, außer am Freitag, als er mich zur „Jungen Welt" und anschließend zum Medusa-Klub nach Dresden brachte. Dort trotz der Hitze über 100 Leute, Saal überfüllt, obgleich man einen Eintrittspreis von 8 Mark genommen hatte. Traf einige alte Genossen, darunter Zora Zimmering, die ich seit Jahrzehnten nicht gesehen hatte, ebenso die Tochter von Eberhard Wächtler, der nicht kommen konnte.

Habe das Manuskript des neuen Buches endgültig für den Druck fertiggemacht (Paginierung etc.). Es geht übernächste Woche an Georg Fülberth, der auf Urlaub ist.

Schreibe wenig. Arbeite wieder etwas an dem Namensregister für eine eventuelle 3. Auflage der Memoiren und lese viele Detektivromane.

Die Presse ist langweilig. Die Weltgeschichte nicht, aber die Presse bringt meistens die gleichen Nachrichten: völlige Hilflosigkeit in Bonn mit der SPD schwächer als je, immer größere Verwirrung in der ehemaligen SU und stete Kämpfe in Jugoslawien – Tag für Tag.

Gespannt, ob aus der ‚Ostpartei‘ bzw. ‚Ostbewegung‘ etwas wird. Ich hoffe, daß die letztere etwas wird. Die Lage hier wird immer katastrophaler.“

12. 7. 1992: „Hans Jendretzky ist gestorben. Wenige Tage, bevor er 95 Jahre alt wurde. Das ND brachte eine Todesanzeige seiner Parteigruppe am 10. Juli von seinem Tode am 2. Juli. Nicht ein eigenes Wort des Nachrufs. Habe eine kurze Sache für das ND geschrieben. Hoffentlich bringen sie sie. Wenn nicht, werde ich mich an die Parteiführung wenden. Das Ganze eine Schande!

Das ‚Komitee für Gerechtigkeit‘, die ‚Ostbewegung‘ ist gegründet worden. Gysi hatte mich gebeten, zu den Erstunterzeichnern zu gehören. Zur Gründungsversammlung konnte ich nicht gehen. Habe ihm beiliegenden Brief geschrieben.

Am Montag war Karl Lärmer bei mir. Seit langem wieder eine gemütliche Unterhaltung mit ihm. Seine ganze Familie hat Arbeit. Nur er ist im Vorruhestand. Es war nett, erfreulich.

Schrieb einen langen – meinen monatlichen – Artikel für die UZ. Verfalle in einen neuen Stil, der sich schon in manchen meiner ‚Junge Welt‘-Artikel bemerkbar macht, vertrauter mit dem Leser plaudernd.

Heute kommt Erika, um zu plaudern und Material für die laufende Bibliographie zu holen.

Thomas sitzt an einer größeren Arbeit. Er scheint die Arbeitslosigkeit nicht so schlimm zu empfinden.

Die Weltsituation wird immer schlimmer, und die internationalen Treffen der Regierungsspitzen werden immer bedeutungsloser – außer was die Kosten der Treffen betrifft.“

13. Juli 1992
Genossen Gregor Gysi
Vorsitzender der Partei des
Demokratischen Sozialismus
Kleine Alexanderstr. 28
0-1020 Berlin

Lieber Gregor:

Vorerst natürlich meinen Glückwunsch zum An-
fangserfolg der <u>Bewegung</u> „Komitee für Gerechtigkeit". Bei dem Versagen aller Parteien in allen führenden kapitalistischen Ländern ist die Idee einer „Bewegung" von fundamentaler Bedeutung. Eine Bewegung
gehört nicht in versagende Parlamente, sondern besteht
aus Massenversammlungen und aus Demonstrationen
vor Rathäusern, Ministerien usw. Sie verläuft parallel
und zusammen mit Gewerkschafts- und Betriebsbewe-
gung. So etwas kannten wir in der Welt des Kapitals vor
dem zweiten Weltkrieg, in Deutschland bis Anfang
1933, bei den Arbeitslosenbewegungen mit Massende-
monstrationen, Hungermärschen usw. in Europa und
den USA.

Entschuldige, wenn ich Deiner Einladung zur Gründungsversammlung nicht folgte. Aber während die Genossin Kuczynski nur noch im Hause und ich nur noch
ein paar Minuten auf der Straße laufen kann und ich
darum meinen alten Fahrer behalten muß, der jedoch
auf Urlaub ist, ich mir aber bei zwei arbeitslosen Söhnen
und der gekürzten Rente kein Taxi leisten kann, ging es
nicht. Sei mir nicht böse.

Mit vielen guten Wünschen

gez. Jürgen Kuczynski

PS: Wenn ich auf den Umschlag „persönlich"
schrieb, so nur, damit Du den Brief zum Lesen vorgelegt
bekommst. Natürlich kannst Du ihn, wenn er Dir lohnend erscheint, verwenden, wie Du willst.

196

19. 7. 1992: „War am Freitag und Sonnabend in Nürnberg auf Einladung von Jörg Wollenberg und der dortigen IG Metall. Wieder besonders nett mit Jörg. Mein Vortrag war offenbar sehr ordentlich. Sprach vom Manuskript, ausnahmsweise, das aber schon Gretel beim Abschreiben recht zufriedenstellend fand. Am Sonnabend eine Abschiedsveranstaltung für Jörg von der IG Metall. Sah die Frau von Walter Fabian, Dieter Fricke und Glaser, Besonders gut sprach am Freitag Michael Schneider, den ich zuvor nie gesprochen und gehört hatte.

Habe meinen Schwerbeschädigten-Ausweis ein Jahr nach meinem Antrag erhalten.

Manuskript des neuen Buches an Georg Fülberth abgesandt.

Hatte mit einem Mann, der über die ‚Weltbühne‘ schreibt, als ältester lebender Autor (erster Beitrag 1930) ein Interview.

Ansonsten nur meinen üblichen monatlichen Artikel für die UZ und den üblichen wöchentlichen Artikel für die ‚Junge Welt‘ geschrieben.

Das ND hatte endlich am Sonnabend eine Notiz über Hans Jendretzky und brachte auch meine kleine Erinnerungs-Notiz.

Die ‚Weltbühne‘, die immer mehr heruntergekommen ist, war diese Woche ganz ausgezeichnet.

Ansonsten geht das Leben friedlich weiter, während die Welt immer scheußlicher wird, insbesondere in Deutschland. Natürlich gespannt, ob etwas aus dem ‚Komitee für Gerechtigkeit‘ wird. Konrad Weiß hatte einen Anti-Artikel mit besonders üblen Bemerkungen über Heinrich Alberts, Stephan Hermlin und mich. Diestel will im Gegensatz zu Gysi eine Partei daraus machen. Ein Wahnsinn. Wir brauchen keine neue Partei, sondern endlich neben den Gewerkschaften eine Bewegung – so wie wir in der Krise von 1929/32 und auch noch danach eine Bewegung der Arbeitslosen in vielen Staaten hatten."

26. 7. 1992: „Eine merkwürdige Woche. Drei Interviews. Am Montag der ND-Rundfunk über Fragen der Zeit. Am Donnerstag zum gleichen Thema ein Interview mit einem Redakteur der Zeitung der Thüringer PDS. Und am Freitag ein Interview mit Frank Schumann über das Scheunenviertel in Berlin 1931/32, als ich täglich auf dem Weg von der RGO zum Karl-Liebknecht-Haus durch dieses ging. Er schreibt ein Buch über das Viertel.

Es ist immer noch nicht entschieden, ob Frank stellvertretender Chefredakteur beim ND oder Redenschreiber für Gysi und Brie wird. Hoffe natürlich das erstere. Dann würde ich regelmäßig für das ND schreiben.

Hatte vorige Woche ein paar Zeilen an Uwe Heuer geschrieben, da er ein treffliches Interview in der ‚Jungen Welt‘ hatte. Gleich darauf ein Anruf von seiner Frau, ob wir uns nicht wieder einmal sehen könnten. Sie kommen am Dienstag zum Kaffee.

Herr Graf kam für einen Tag nach Berlin und gab auch mir ein paar Stunden. War in der Fakultät, wo ich den ‚Economist‘ usw. las, und in der ‚Jungen Welt‘ mit meinem neuen Artikel.

Einen besonders netten und klugen Brief von einer mir unbekannten arbeitslosen Stasi-Mitarbeiterin, die bei meinem Vortrag in Chemnitz gewesen war.

In den letzten 14 Tagen zwei Briefe aus Heidelberg – der eine von einer Buchhandlung, der andere von einem Pfarrer an der Universität (wissenschaftlich-theologisches Seminar) –, ich möchte (im November bzw. Dezember) bei ihnen sprechen. Will versuchen, beide auf 2 aufeinanderfolgende Tage zusammenzulegen.

Habe eine Idee für einen längeren Artikel, der Teil eines kleinen Buches werden könnte.

Zwei Frauen waren bei mir wegen Gründung eines ,Komitees für Gerechtigkeit' in Weißensee. Werde am Montag zur ersten Zusammenkunft als Gast gehen."

2. 8. 1992: ,,Erich ist zurück, und die Medien wie die Politiker außerhalb der PDS sind einfach ekelhaft. Hatte zwei verschiedene Anrufe mit der Anfrage, ob ich nicht in einem ,Honecker-Film' mitwirken wollte. Man sollte diesen makabren, verkalkten Greis in ein Altersheim stecken und dort unbeachtet sterben lassen ... Soeben, Sonntag, im RIAS, 9.00, ein katholisches ,Wort zum Tage': eine reine Schuldanklage gegen Margot Honecker! Es fehlte nur noch der Aufruf zu einem Hexenprozeß.

Am Montag abend zu einer kleinen Gruppe hier zur Vorbereitung eines ,Komitees für Gerechtigkeit', vier Männer und drei Frauen, ohne mich 3 PDS und drei Ungebundene, von denen 2 Ungebundene dreiviertel der Zeit sprachen. Ich war zusätzlich nur als Gast (als ,Erstunterzeichner'). Morgen wird offiziell das Weißenseer Komitee gebildet – ohne mich natürlich.

Am Dienstag waren Heuers da. Ganz besonders nett und wahrlich interessant.

Dietmar Keller, PDS-Abgeordneter, hat öffentlich gesagt, daß er ,leider nicht die Gnade westlicher Geburt' gehabt hätte, was natürlich ironisch gemeint war.

Habe das Personenregister für eine eventuelle 3. Auflage der Memoiren endgültig durchgesehen.

Schrieb meinen ,Junge Welt'-Artikel.

Hatte heute nacht plötzlich noch einige Ideen zu ein paar Sätzen für den Intelligenzartikel in meinem Buch. Will sie heute schreiben und die korrigierten Seiten an Georg Fülberth senden.

Hatte einen Anruf von der PDS in Stralsund, die möchte, daß ich dort am 1. Oktober um 15.00 und um 17.00 spreche. Habe zugesagt.

Ebenso eine Einladung zu einem Schweizer Film

über mich vom Filmmuseum in Potsdam. Habe den Film natürlich nie gesehen. Aber da die Aufführung – mit Fragen an mich – ausgerechnet am 3. Oktober sein soll, habe ich zugesagt.

Am Nachmittag war Daisy Mottek bei mir. Sie arbeitet in der Zentrale des Komitees für Gerechtigkeit und möchte einen Aufsatz für die erste Nummer ihres Organs."

9. 8. 1992: „Die ‚Lehrerzeitung' bat mich um einen Artikel über Margot Honecker. Marguerite meint, ich sollte die Hände davon lassen. Sie ist unzufrieden mit dem, was ich geschrieben habe. Wir haben beschlossen, Gretel Kreipe zu fragen, und ich werde mich ihrem Urteil beugen. Marguerite und Gretel gegen mich, wäre zuviel.

Karl Lärmer war eine Stunde bei mir. Erfreulich. Er erzählte von Wolfgang Jonas, daß er nicht mehr so streng und verächtlich auf seine und unsere Vergangenheit zurückblickt, aber mir immer noch nicht verzeihen kann, daß ich in der PDS bin. Wolfgang erzählte auch Karl, daß er einmal von der Stasi über mich ausgefragt worden sei, sagte aber nichts Näheres.

War am Freitag bei ‚Utopie kreativ'. Die letzte Nummer brachte eine Besprechung von mir. Es erscheinen jetzt immer Doppelhefte – auch das nächste ist schon im Druck, aber man hat noch kein Geld, es zu bezahlen.

Ein Brief von Georg Fülberth. Er ist sehr zufrieden mit dem neuen Buch, hat es schon an den Verlag geschickt, will aber nichts dazuschreiben. Schade – ein mitgedruckter kritischer Kommentar von ihm wäre sicherlich nützlich gewesen.

Schrieb gestern meinen monatlichen Artikel für die UZ. Vielleicht ein klein wenig nützlich, wie auch meine Artikel für die ‚Junge Welt' – ein sehr klein wenig ...

Marguerite war gestern ganz zornig, als ich ihr sagte, daß ich mit mir Schluß machen würde, wenn ich nicht mehr schreiben könnte. Aber sie hat unrecht. Während sie noch nützlich und erfreulich ist, obwohl sie nichts mehr schreiben kann, würde das auf mich nicht zutreffen. Auch würde ich mich zu Tode langweilen. Nur noch lesen und eine Rente beziehen, wäre sinnlos.

Ein junger Doktorand aus Leipzig war bei mir, um über die ersten Jahre der Historiker in der Sowjetzone und DDR mit mir zu sprechen. Sie waren jedenfalls in mancher Beziehung besser als viele spätere."

16. 8. 1992: „Bin mitten in meinem neuen Buch befangen. Das Schlußkapitel über das Bruttosozialprodukt beendet. Hoffentlich schreibt Gunther Kohlmey, dem ich es am Dienstag bringe, einen ausführlichen Kommentar dazu. Heute schrieb ich die Einleitung. Der Hauptabschnitt des Buches werden meine beiden historisch-philosophischen Artikel von Ende 1956 und Anfang 1957 sowie mein Buch über die Sozialdemokratie und den Ausbruch des ersten Weltkrieges sowie die kritische niveaulose Reaktion auf sie sein. Es kann ein wirklicher Beitrag zur ‚Aufarbeitung' der Geschichtswissenschaft der DDR werden.

Ansonsten war die Woche recht friedlich.

Am Montag machte ich meinen monatlichen Artikel für die UZ fertig.

Am Dienstag war ein junger Wissenschaftler bei mir, dem ich vor einem Jahr ein langes Interview gegeben hatte. Er war jetzt ein Jahr in den USA und bat mich um die schriftliche Erlaubnis, das Interview der Hoover-Library in Kalifornien für ihr Archiv zu überlassen.

Am Donnerstag war ich bei meinen Steuerberatern in Westberlin.

Am Freitag mit meinem Artikel bei der ‚Jungen Welt'. Vorher bei Ursula und Len. Wie üblich eine halbe Stunde und wie stets einig in unserem Urteil über die Welt und Ostdeutschland. Das englische Filmszenario über Ursula wird mangels Sponsoren nicht zu einem

Film verarbeitet, auch sind die Besprechungen der englischen Ausgabe von ‚Sonjas Report‘ nicht freundlich.
Schade!

War auch bei der Bank, um die Neuanlage des ‚Kuczynski-Preises‘ zu beraten.

Marguerite geht es an sich wohl ein wenig besser, bin
aber beunruhigt über ihre Magenschmerzen. Sie wird
morgen zum Arzt gehen.

Erika hat jetzt wirklich ihre Arbeit für mich aufgegeben. Lebt nur noch für ihre seit mehr als einem Jahr
sterbende Mutter und befindet sich in schlechtem körperlichen und schlimmem geistigen Zustand.“

23. 8. 1992: „Besuchte am Dienstag Gerda und Gunther Kohlmey. Eine reine Freude. Er wird mein Manuskript lesen und eventuell etwas dazu schreiben. Hat
zum Glück wieder angefangen zu schreiben. Gerda
treibt ihn dazu, und wahrlich mit Recht. Er hat das
hinterlassene Buch von Fritz Behrens für ‚Utopie kreativ‘ besprochen.

Donnerstag im Institut für die Geschichte der Arbeiterbewegung. Inge Pardon erzählte mir, daß die
Polizei und Staatsanwälte usw. immer noch im Hause
arbeiten und den Betrieb in jeder Weise stören. Hatte
mir die Akten des Büros Hager für 1957/58 bestellt.
Fand eine ganze Mappe von über 200 Seiten nur
meinem ideologischen Krach gewidmet. Einiges interessante Material, das ich für das neue Buch verwenden will. Die ganze ideologische Niveaulosigkeit
der Zeit wird so offenbar.

Natürlich den ganzen Freitag nachmittag (kein Detek!) und die Vormittage am Sonnabend und Sonntag
am Buch gearbeitet. Es wird die erste ganz konkrete
Aufarbeitung unserer Historiker-Geschichte.

War am Freitag vormittag bei der ‚Jungen Welt‘, um
meinen Wochenartikel abzugeben. Die Krise in der
alten BRD verschärft sich immer mehr – und die ‚Junge

Welt' ist das einzige Organ, das sie systematisch von Anfang an analysiert hat.

Großartig die Losung eines Delegierten auf der Konferenz der Republikaner in den USA: ‚Wählt Barbara's Mann!'

Thomas war heute ebenso wie Peter und Ingrid zum Mittagessen da. Nett wie immer, besonders natürlich für Marguerite, die so wenige uns nahe Menschen sieht. Aber sie telephoniert wenigstens viel."

30. 8. 1992: „Am Montag besuchte mich Helmut Steiner. Er leitet weiter ‚Utopie kreativ', ansonsten eifrig hie und da, aber nichts von besonderem Interesse oder ein ordentliches Einkommen sichernd.

Anders Frank Schumann, der mich am Freitag besuchte. Einerseits weiter für die ‚Berliner Linke' tätig, für die er mich um einen Beitrag bat, den ich am Sonnabend schrieb, andererseits mit einem guten Vertrag noch anderweitig beschäftigt.

Schrieb am Sonnabend auch einen Beiträg für ‚Z', um den mich Fritz Krause gebeten hatte.

Sonst die ganze Woche mit Freude und Eifer an dem neuen Buch gearbeitet.

Am Mittwoch ein Interview für den Mitteldeutschen Rundfunk. Thema: meine Memoiren und Fragen der Zeit.

Meinen wöchentlichen Artikel für die ‚Junge Welt' geschrieben.

Die Welt ist unverändert scheußlich."

6. 9. 1992: „Eine etwas anstrengende Woche. Am Montag um 9.00 bei Heinz Scheel, das Protokoll einer alten Parteisitzung im Institut für Geschichte abgeholt, um zu sehen, ob es noch zu gebrauchen ist. Um 14.00 war Frank Schumann bei mir. Er wird leider nicht beim ND arbeiten – holte nur meinen Beitrag für die ‚Berliner Linke' ab, der auch noch in dieser Woche erschien.

Am Dienstag abend sprach ich in Schöneberg mit

Meckel und drei anderen über Parteienmüdigkeit und die Komitees für Gerechtigkeit. Ich als einziger für die Komitees. ND und ‚Berliner Zeitung' berichteten ordentlich.

Am Mittwoch wurde ich um 7.00 abgeholt, um im Morgenmagazin des ZDF zu sprechen. Ging ordentlich. Jedenfalls sagte mir das ungefragt die Interviewerin.

Am Donnerstag sprach ich in Neubrandenburg bei der PDS. Saal überbesetzt.

Am Freitag meinen Artikel bei „Junge Welt' abgegeben. Sie wollen jetzt meine Artikel stets am Dienstag in einer speziellen Spalte mit einer Karikatur von mir bringen.

Am Wochenende das Manuskript des neuen Buches in erster Fassung fertiggemacht. Am nächsten Freitag wird Gretel mit dem Manuskript fertig sein, und ich werde es überarbeiten.

Die Situation in der Regierung wird immer peinlicher, aber solange die SPD ihre gegenwärtige faule Politik weitermacht, wird nichts geschehen. Im Gegenteil, die Situation wird der der Weimarer Republik immer ähnlicher – ohne daß das Ende so wie damals aussehen muß ..., aber wie wird es aussehen?"

13. 9. 1992: „War bei Ruth Hoppe. Sie ist ja auf einem Auge blind, und sie will sich jetzt auf dem anderen operieren lassen. Habe ihr vergeblich abgeraten. Jedenfalls werde ich, nachdem man mich mit einem neuen Apparat auf dem rechten Ohr noch schwerhöriger gemacht hat, nichts mehr auf dem linken riskieren. Lieber immer weniger auf Versammlungen verstehen, als auf beiden Ohren auch im Nahverkehr nichts mehr zu hören.

Backhaus aus Holland hatte meinen ZDF-Beitrag gehört und sandte mir daraufhin sechs neue Studien. Mein Beitrag hat sich also gelohnt denn er schreibt klug und interessant.

War am Dienstag bei Mühlberg – Labor und EKG. Werde nächste Woche zur Auswertung zu ihm gehen. Sicherlich alles wie immer in Ordnung.

War beim ND. Hatte ausnahmsweise meine Ansprache am Donnerstag, 17., schriftlich festgelegt und gab Gerd Prokot einen Durchschlag für den Fall, daß sie einen kleinen Bericht bringen wollen.

Vergaß am Sonnabend zur Pugwash-Konferenz zu gehen. Schade, da ich seit Jahrzehnten die 5-Jahres-Konferenzen stets besucht hatte.

Natürlich mein wöchentlicher Artikel für ‚Junge Welt‘.

Schon einige Geburtstagswünsche von Leuten, von denen ich sonst nichts höre. Auch schon von den Schwestern. Bine sandte mir 6 Deteks. Reni brachte mir schon vor einigen Monaten, als sie uns besuchte, eine ganze Menge.

Habe für Mytze eine Kleinigkeit über die Ausländerfeindlichkeit geschrieben.

Will heute noch für Radio Bremen, da viele darum gebeten haben, 3 Seiten über das ‚Neue Deutschland‘ schreiben.

Ansonsten lese ich fröhlich jeden Tag einen halben Detek. ‚Gesegnetes Alter!‘"

20. 9. 1992: „Eine erfreuliche Woche. Vor allem: Zu meinem wöchentlichen Artikel für die ‚Junge Welt‘ und meinem monatlichen Artikel für die UZ kommt jetzt noch ein 14tägiger Artikel für das ‚Neue Deutschland‘. Bin wirklich wieder zum Wirtschaftsjournalisten geworden – zumal ich mein neues Buch fertig habe und keine Idee für ein neues habe.

Am Montag war eine Filmgesellschaft mit Michael Grüning bei mir, um meine Erlebnisse mit Einstein zu drehen. Anschließend ‚Rat der Alten‘. Gysi leitete und sprach einleitend ganz ausgezeichnet.

Mittwoch war ich auf einer Sitzung der Pugwash-

Tagung und sprach kurz, gegenseitig erfreut, sich zu sehen, mit Rotblat und Feld. Aber das ganze Unternehmen hat mit dem Ende des Kalten Krieges und der Sowjetunion seine Bedeutung endgültig verloren. Am Nachmittag war Friedel Krause zu einem Interview da.

Donnerstag früh einen Artikel geschrieben. Dann zu Mühlberg wegen meiner halbjährlichen ärztlichen Untersuchung. Alles in Ordnung. 5 Minuten vor meinem Besuch war Helga Wittbrodt gegangen. Wie gerne hätte ich sie gesehen! Nachmittags ein zweiter Artikel. Abends ein Vortrag im Köllnischen Park mit Mocek als Vorsitzendem. Ja, so soll man seinen Geburtstag begehen. M. empfing Charles Girnus und Niese zu einer netten Unterhaltung in meiner Abwesenheit. Gerade als ich ging (am Vormittag), kam Karl Lärmer vorbei, und zur gleichen Gelegenheit am späten Nachmittag Heinz Scheel. Dazu in diesen Tagen Dutzende von Glückwunschschreiben, die ich aber alle schon beantwortet habe.

Am Freitag wieder ‚Junge Welt'. Wird aber von jetzt ab auf Montag verschoben, da ich eine feste Spalte am Dienstag habe.

Am Freitag auch Geschenke für Gretel, die am Sonnabend 70 Jahre alt wird, aber immer noch bei mir aushält. Welch ein Glück für mich!"

27. 9. 1992: „Eine friedliche Woche. War am Donnerstag bei Thomas Heubner, um ihm das Manuskript meines neuen Buches für die Elefanten Press zu geben. Zweifle aber, ob es für sie geeignet ist.

War bei der Landesbank Berlin, wo der Kuczynski-Preis liegt. Sie will für das nächste Jahr einen Zins von 7.625 % zahlen. War darauf bei der Deutschen Bank, die für Festanlagen für ein Jahr 8 % zahlen will. Rief die LBB mit der Mitteilung der Deutschen Bank an und gab ihr bis Mittwoch Zeit, ob sie 8 % zahlen will.

Schrieb meinen vierzehntäglichen Weltbörsenbericht für das ND und meinen achttäglichen Artikel für die ‚Junge Welt‘ sowie meinen monatlichen Artikel für die UZ.

Fing auch einen größeren Artikel über den Niedergang des Kapitalismus, vielleicht für ‚Utopie kreativ‘, an.

Sagenhaft der Plan, mit Regierungsbeteiligung die 50jährige Beschießung Londons durch V-Geschosse als Erfolg der ‚Eroberung des Weltraums‘ zu feiern. Wie genau erinnere ich mich der Wirkungen damals. Und die Feier auch noch auf den 3. Oktober zu legen! Deutlicher kann man den Zusammenhang der ‚Einigung Deutschlands‘ und der Erringung einer Vormachtstellung nicht zeigen.

Marguerites Magengeschwür ist nicht bösartig. Natürlich restlos glücklich. Weniger über Madeleines Gesundheitszustand.“

4. 10. 1992: „Eine interessante Woche. Am Montag vormittag meinen ‚Junge Welt‘-Artikel und zum ersten Mal meinen 14täglichen Weltbörsenbericht beim ND abgegeben. Am Nachmittag ein Interview mit dem Mitteldeutschen Rundfunk, das am 3.10. gesendet werden sollte.

Dienstag nachmittag war Frank Schumann bei mir – auch wieder mit der Bitte um einen Artikel für die ‚Berliner Linke‘, den ich am Mittwoch vormittag schrieb.

Donnerstag über 12 Stunden unterwegs. Sprach für die PDS in Grimmen und Stralsund. In Grimmen war auch ein örtlicher CDU-Abgeordneter anwesend, der nicht feindlich in der Diskussion sprach. In Stralsund, wo man auf meinen Rat für die öffentliche Versammlung Eintrittsgeld genommen hatte (5,– Mark, aber der Saal war voll), erzählte mir ein ehemaliger Mitarbeiter des dortigen Kulturbundes, daß, wann immer ich dort für sie sprach, die Bezirksleitung der SED anordnete: ‚Keinen großen Saal für eine Veranstaltung mit K.‘

Am Mittwoch, der frei war, schrieb ich, da Gretel am 9. 10. für 14 Tage auf Urlaub fährt, auf Vorrat 3 Artikel für die „Junge Welt‘.

Am Freitag in der Fakultät und auf der Bank, um die Anlage des René-Kuczynski-Preises für das nächste Jahr endgültig zu regeln.

Am Sonnabend im Film-Museum in Potsdam: Podiums-Gespräch mit Helmut Hanke und anschließender Diskussion. Den anschließenden Film sah ich mir, wie alle Filme über mich, nicht an. Es reicht, mich beim Rasieren im Spiegel zu sehen.

Merkwürdig: Ich kann nicht mehr als 7 Minuten laufen, meine Hände zittern, wenn ich Geschirr trage, aber eine solche Woche überanstrengt mich nicht. Welch ein Glück in meinem Alter!"

11. 10. 1992: „Vergaß immer wieder, folgendes ‚Zitat des Tages‘ aus der „Jungen Welt‘ vom 30. September zu notieren: ‚Jeder Verhungerte in der Sahelzone und jeder bei Krawallen, Bürgerkriegen, Militärputschen und Stammeskämpfen in der Dritten Welt Umgekommene ist ein Glück für die Welt und ein zukünftiger Gegner weniger für uns.‘ Aus Neonazi-Blatt ‚Wikinger‘ 2/92. Sagenhaft, daß so etwas bei uns gedruckt und verbreitet werden darf! Und wie paßt es in die gegenwärtige Szene!

Willy Brandt ist gestorben. Ich traf ihn öfter in den achtziger Jahren. Das vorletzte Mal auf dem Colloquium zu Ehren von Marion Dönhoff Anfang Dezember 1989. Wie stets sprach er ruhig, überlegt, klug, bisweilen human. Wenige Wochen später, im Januar 1990, hielten Genscher, Brandt und ich kurze Vorträge zur Deutschen Frage an der Evangelischen Akademie in Tutzing. Nachher, beim gemütlichen Zusammensein, passierte eine rührende Geschichte. An dem Tisch, an dem ich saß, mir gegenüber Brandt, neben mir Augstein vom ‚Spiegel‘, erzählten wir uns nach einer Weile lustige Geschichten und Witze. Auch ich begann einen Witz. Da unterbrach mich Brandt mit den Worten: ‚Ach, Herr Kuczynski, die Geschichte ist so schön, erlauben Sie mir doch, daß ich sie erzähle.‘ Natürlich überließ ich ihm das Wort. Worum es ging, ist folgender Witz: Petrus hat für alle Handwerker, die in den Himmel kommen, nach kurzer Begrüßung gleich eine nützliche Aufgabe. Eines Tages kommt nun ein Psychiater in den Himmel. Petrus ist ganz begeistert, umarmt ihn und sagt: ‚Sie müssen sofort zum lieben Gott. Der bildet sich ein, Ceauzescu zu sein.‘

Ich besprach auch das Buch seiner Frau über Bebel und sandte ihm einige Exemplare der Rezension. Da er nicht dankte, nehme ich an, er war nicht zufrieden mit dem Text.

Die Woche war recht friedlich. Am 5. wie üblich meinen Artikel bei der ‚Jungen Welt‘ abgegeben. Meinen Artikel für das ND am Freitag fertiggemacht, damit Gretel ihn noch vor ihren Ferien (14 Tage in Marokko) schreiben kann.

Am Dienstag war Hannes Hörnig bei mir. Nett wie immer.

Am Donnerstag in der Fakultät, um wie üblich ‚Economist‘, die ‚Wirtschaftswoche‘, ‚Financial Times‘ und das ‚Handelsblatt‘ zu lesen.

Vorher Ruth in der Augenklinik besucht. Der Arzt hatte vergeblich versucht, etwas mit dem blinden Auge zu tun – aber die Operation des anderen scheint gelungen. Natürlich froh.

Habe einen etwas größeren Artikel (5 Seiten) über die Niedergangsperiode des Kapitalismus geschrieben und ihn Steiner für ‚Utopie kreativ‘ angeboten. Wenn er ihn nicht haben will, sende ich ihn an die ‚Marxistischen Blätter' oder an ‚Streitbarer Materialismus'.

Hatte heute nacht die Idee, mein für 1994 geplantes Buch ‚5 Jahre danach' schon heute anzufangen. Aber natürlich soll es erst im Oktober 1994 beendet werden."

18. 10. 1992: „Gab am Montag meine Artikel bei ‚Junge Welt' und ND ab, die beide am Dienstag erschienen. Anschließend war ich bei Matthäus in einer Sache des Kuczynski-Preises. Er erzählte von Heinz Keßler, dessen Anwalt er ist. Es kann noch Jahre dauern, bis der Prozeß beginnt, aber man entläßt ihn nicht, wegen ‚Fluchtgefahr'. M. meinte, er würde nie fliehen, da er viel zu sehr an der Familie hängt. Überlegte einen Augenblick, ob ich ihn grüßen lassen sollte. Tat es aber nicht. Es ist Jahrzehnte her, daß ich ihn das letzte Mal sah und auf irgendeinem Diplomatenempfang mit seiner damals so reizend aussehenden Frau tanzte.

Dienstag ging ich nicht zur Parteigruppe, da ich wegen meiner Schwerhörigkeit doch nur wenig verstanden hätte.

Donnerstag, wie zumeist, in der Fakultätsbibliothek und Zeitschriften gelesen.

Freitag nachmittag war Helmut Steiner bei mir. Er ist noch bis Ende des Jahres von der Akademie bzw. dem Senat angestellt. Brachte die neueste Nummer von ‚Utopie kreativ'. Ich gab ihm meinen Aufsatz über den Niedergang des Kapitalismus, den er sobald wie möglich bringen will.

Zwei wundervolle Pakete mit Detektivromanen von Dick Reichard und Leonore Veltfort, darunter ein Ngaio Marsh, in den ich Durchschlag meines Briefes an sie mit meinem Dank für die Zusendung eines früheren Romans mit einer Zeile von ihr steckte.

Presse und Rundfunk voll von Nachrichten über die Beerdigung von Brandt – so viel hat er nicht verdient, wenn man an die von ihm später bereute Berufsverbots-gesetzgebung denkt. Ebenso ein übertriebener Rummel mit Günter Grass, weil er 65 Jahre alt wurde. Natürlich ist er ideologisch-politisch irgendwie in Ordnung, aber ein großer Prosaist ist er nicht; Stephan Hermlin ist er weit, weit unterlegen.

Habe berechnet, daß ich pro Jahr 88 fest verabredete Artikel habe und dazu noch etwa 12 so schreibe, also auf 100 komme. Doch weit weniger als manche Chefredakteure in der Weimarer Zeit. Theodor Wolf etwa hatte im ‚Berliner Tageblatt‘ fast jeden Tag einen Leitartikel."

15. 10. 1992: „Hatte ein erstaunliches Erlebnis in der Westberliner Staatsbibliothek. Ich brauchte das neueste Statistische Jahrbuch der UNO, das in der Handbibliothek fehlte. Die Kollegin, die mich an die entsprechende Stelle des Lesesaals geführt hatte, sagte mir, sie würde sich erkundigen, wo das Buch sei. Nach wenigen Minuten kam sie mit der Mitteilung zurück, es sei noch nicht katalogisiert, aber wenn ich 20 Minuten warten würde, könnte das geschehen, und ich könnte es haben. Natürlich dankte ich ihr sehr und fügte hinzu, ich würde es dann an der richtigen Stelle, wo die Bände der vorangehenden Jahre standen, einordnen. Nach etwa 12 Minuten hatte ich das Buch. Nun habe ich wirklich in den größten Bibliotheken der Welt – in New York und Washington, in Tokio und Paris, in Moskau und im British Museum gearbeitet, aber eine so glänzende Hilfe nirgendwo erlebt.

War an der Arbeitsstelle der IPW-Berichte, um mir die neuesten Nummern zu holen. Aber es gibt sie nicht mehr. Die seit langem arbeitslose Redaktion mußte aufgeben. Wieder ein echter wissenschaftlicher Verlust für uns.

Sprach Wolfram Körner, der zu uns kommt, um Marguerites Hände zu akkupunktieren. M. sagt, er arbeite wie immer auf den verschiedensten Gebieten intensiv und fleißig.

Schrieb meine Artikel für ‚Junge Welt' und ND und erhielt die UZ mit meinem letzten Artikel.

Bin froh, daß einige Genossen auf dem Berliner Landesparteitag so energisch gegen Brie aufgetreten sind, daß er zurücktreten mußte. Ich fand ihn klug und bescheiden, aber offenbar ist er völlig verrückt geworden, daß er nicht von selbst zurückgetreten ist. Gysis Verhalten, daß er Bries Geständnis 1990 ihm gegenüber, betreffend seine Stasi-Vergangenheit, geheimgehalten hat, ist nur dadurch zu erklären, daß er vergessen hat, daß er Parteiführer ist, und die Rolle des Rechtsanwalts, der die Geheimnisse seiner Klienten bewahrt, in diesem Fall wieder aufgenommen hat. Unverzeihlich, aber er ist weit herausragend der Beste in seiner Funktion, so daß man seinen Rücktritt nicht verlangen kann."

1. 11. 1992: „Las den Vorschlag, daß Genscher Nachfolger von Weizsäcker werden soll. Natürlich hat er nicht dessen menschliches Format. Aber er ist wenigstens ein Diplomat. Erlebte das selbst. Als wir in der Evangelischen Akademie in Tutzing gemeinsam mit Brandt Vortrag hielten, fand ich es richtig, mich ihm vorher vorzustellen. Worauf Genscher sagte: ‚Aber Herr Kuczynski, Sie brauchen sich doch nicht vorzustellen!' Wahrscheinlich dachte er, ich würde mich geschmeichelt fühlen, daß er mich auch so erkannte. Was ich wirklich dachte, war: was für ein prächtig gerissener Diplomat!

· Thomas Heubner rief an, daß Elefanten Press mein Buch über den Historikerstreit annehmen werde. Bin natürlich sehr froh. Habe damit 2 Bücher schon für 1993 bei Verlagen fest angenommen. Und ein weiteres für 1994 geplant – den dritten Memoirenband, den der Aufbau-Verlag wohl sicherlich annehmen wird.

Karl Lärmer war da. Zeigte ihm meinen Brief an das ND betreffs Gysi und Brie. Er war einverstanden. War wieder besonders nett mit ihm.

War bei Ruth Hoppe. Bis Weihnachten kann sie mit dem operierten Auge wieder lesen. Sie schenkte mir nachträglich zum Geburtstag einen Agatha Christie.

Annelies Klenner besuchte rührenderweise Marguerite. Sprach vorher ein wenig mit ihr. Hermann weiter intensiv wissenschaftlich tätig. Eine reine Freude.

Schrieb einen ,Extra-Artikel' für das ND, das ihn auch gleich am nächsten Tag brachte. Eine Freude, wie Liebsch mit meinen Sachen umgeht.

Gretel ist wieder da, zurück vom Urlaub. Natürlich großartig.

Thomas arbeitet 10 Tage im Karl-Marx-Haus in Trier. Hoffentlich klappt es mit der Veröffentlichung seines Buches über das Kommunistische Manifest."

8. 11. 1992: ,,Eine gute Nachricht von Hänsel (UZ). Ich hatte ihn um ein gelegentliches Wort der Kritik zu meinen Beiträgen gebeten. Er antwortete, es sei nichts zu kritisieren, und berichtete: ,Neulich hat einer die Zeitung abbestellt mit der Bemerkung, daß die Beiträge von Kuczynski gut seien, das allein aber nicht ausreiche, die UZ zu abonnieren.'

Günter Reiman (USA) war wieder bei mir. Wir sprechen zusammen am Dienstag in Leipzig. Es wird nicht leicht sein, da wir in allem so einer Meinung sind. Aber ich sagte ihm, er sei natürlich die Hauptperson und müsse als erster sprechen, so daß es leichter für mich wird und ich ihm voller Begeisterung zustimmen kann.

Arno Donda war seit langem wieder einmal da. Freute mich, ihn zu sehen. Er war nicht schlechter Stimmung: keines der Kinder ist arbeitslos, und Giselas Krankheit – seit Jahren sieht sie praktisch niemanden mehr und geht nicht aus – scheint wenigstens teilweise besser zu werden. Er will auch beginnen, kleinere Aufsätze zu veröffentlichen. Sieht auch so manche Wissenschaftler von uns. Beziehungen zu solchen aus der alten BRD hat er nur zu dem im Juni zurückgetretenen Chef des Statistischen Bundesamtes, seinem Chef vom 3. 10. 90 bis 31. 12. 91. Natürlich nahm er sich zum Abschied einige meiner Detek-Doubletten mit.

Hatte eine Aufforderung, einen Beitrag zu einem Buch des Fischer-Verlages über Ausländerfeindlichkeit und Antisemitismus zu schreiben, was ich heute tat.

Die Gauck-Behörde hat neue Akten über mich gefunden. Werde morgen hinfahren, sie mir anzusehen. Vielleicht finde ich einige Stasi-Akten zum Historikerstreit, die ich natürlich dem Elefanten-Press-Buch noch anfügen würde.

Herr Graf hatte einen Unfall. Zwei Mauersteine sind ihm auf den Kopf gefallen. Er muß fest liegen. Morgen darf er aufstehen und zum Arzt gehen. Natürlich auch eine scheußliche Situation für Marguerite und mich.

Thomas Heubner will in 8 Tagen vorbeikommen, um mir kritische Bemerkungen zu meinem Manuskript für die Elefanten Press zu bringen. Hoffentlich sind es nicht allzu viele."

15. 11. 1992: „Die Welt wird immer verrückter. Am Freitag brachte das ND ein Bild, unter dem zu lesen stand (meine Unterstreichungen): ‚Mitglieder der rechtsextremen »Polnischen Nationalen Gemeinschaft« und Skins demonstrierten im Zentrum Krakows mit Hitlergruß und brennenden Europa-Fahnen gegen Juden und Deutsche in Polen ... gegen die »Germanisierung der Westgebiete« und einen »deutschen Autobahnbau nach Königsberg« ...'

Benutzte vorige Woche in fiktiver Weise in dem Beitrag für den Fischer-Verlag Marguerites Ausspruch, daß sie nicht mehr in diesem Land leben wolle.

Die Veranstaltung in Leipzig mit Günter Reimann war nett für mich. Er sprach immer lange, so daß ich mich kurz fassen konnte. Beide berichteten wir über Unterhaltungen mit Karl Radek. Auch die schöne Geschichte, als ich Radek das erste Mal 1930 als junger naiver Kommunist besuchte, und er so viele anti-sowjetische Witze machte, und ich die nach einer halben Stunde nicht mehr aushalten konnte und halb verlegen, halb empört fragte: ‚Genosse Radek, warum machen Sie so viele anti-sowjetische Witze?‘, und er antwortete: ‚Die sind sehr wichtig, Genosse Kuczynski, die verkaufen wir gegen Devisen an den Feind.‘

War am Montag bei der Gauck-Behörde, um mir die aufgefundenen Sachen, mich betreffend, anzusehen. Ganz enttäuscht. Nur gedruckte Ausschnitte über Versammlungen, Interviews, Buchbesprechungen usw., mit Ausnahme eines Stasi-Berichts von einer Versammlung, die ich an der Freiberger Bergakademie 1986 hatte. Diesen, da typisch, werde ich als Vorspann in den dritten Band der Memoiren aufnehmen.

Ansonsten eine sehr friedliche Woche. War lediglich am Montag in der Stadt bei ND und ‚Junge Welt‘, um meine Artikel abzugeben, da Herr Graf immer noch krank.“

22. 11. 1992: „Eine friedliche Woche, obgleich Herr Graf zum Glück wieder gesund und ich das Auto wieder habe.

Am Montag war eine Photographin da, um für irgendeine Zeitung Aufnahmen zu machen.

Am Dienstag bei Matthäus. Er hat einen sehr deutlichen Brief an den Senat geschrieben. Ich würde das Vermögen des René-Kuczynski-Preises sofort an ihn zurückgeben, wenn die neue Akademie ein Institut für Wirtschaftsgeschichte errichtet, das, entsprechend dem Statut, die Preise für Aufsätze verteilt, die der sozialistischen Gesellschaft dienen. Da die neue Akademie keine Institute hat, gespannt auf die Antwort.

Partei am Dienstag, Gretel berichtete mir. Ich will

aber trotz meiner Schwerhörigkeit zur Dezember-Sitzung gehen.

Am Donnerstag war Thomas Heubner bei mir. Mit Vertrag der Elefanten Press und einer Liste von Vorschlägen zur Verbesserung des Manuskripts. Nehme die meisten seiner Vorschläge an. Ein guter Lektor ist ein reiner Segen.

Am Freitag bei Ruth, die besser sieht und mir einen mir unbekannten Agatha Christie für Weihnachten versprochen hat.

Am Sonnabend war Erika da. Wie immer sehr nett. Vor einer Woche kam sie auch. Wie schön, daß dieser Kontakt weiterbesteht!

Vorige Nacht, als ich einmal aufwachte, wurde mir klar, daß ich der fruchtbarste Wissenschaftler der Weltgeschichte bin. Bisher rund 4 000 Veröffentlichungen – aber leider hat die Quantität (siehe Hegel und Marx) nicht in Qualität umgeschlagen. Bin eben, wie mein Vater von sich sagte, nur first rate second class. Aber kann ertragen werden ..."

29. 11. 1992: ,,Am Dienstag ein Podiumsgespräch mit Bahro in der ,Möwe'. Ganz besonders nett. Beide hatten wir einen Gegner gemeinsam: den Kapitalismus, der die Natur und die Gesellschaft zerstört. Aber was das Positive betrifft, gingen wir völlig auseinander. Er gegen Technik, für kleine Betriebe und Kommunen, ich auf der Linie der ,Grundrisse zur Politischen Ökonomie' mit der automatischen Fabrik und einer zweijährigen Arbeit in ihr – der Rest des Lebens Freizeit und mehrere Berufe, die man liebt. Aber die Diskussion war überaus freundlich, und wir hatten uns beide gern.

Am Sonnabend kam Thomas Heubner zur Endbesprechung des Manuskripts. Er meint, ich könnte die Korrekturen in 3 Wochen haben, fast zur gleichen Zeit wie die Korrekturen vom PapyRossa-Verlag kommen.

Habe den dritten Teil des 3. Memoirenbandes, das

Jahr 1992, begonnen und Erler kurz von dem Plan für 1994 erzählt. Da ich ihn zwischen Tür und Angel sprach, werde ich eine Verabredung für übernächste Woche machen.

Nächste Woche bin ich ja von Montag bis Mittwoch auf meiner Heidelberg-Reise.

Peter und Ingrid wollen als letztes Abenteuer vor ihrer Arbeitslosigkeit zu Weihnachten auf 10 Tage nach New York reisen, das Ingrid noch nicht kennt – zu Freunden, die sie für ihren Aufenthalt eingeladen haben. Völlig verrückt, aber sehr vernünftig zugleich.

Jörg Wollenberg sandte mir sein neuestes Buch.

Am Montag wie üblich bei ND und „Junge Welt' meine Artikel abgegeben.

Dick Reichard, Chicago, sandte mir rührenderweise wieder ein Paket mit Deteks, darunter einen Blake – wie lange ist es her, daß der Poet laureate und ich aneinander Freude hatten! Auch ihn, wie so viele, mußte ich überleben!"

6. 12. 1992: „Gestern Marguerites Geburtstag – mit einem traurigen Abend, da sie starke Schmerzen hatte, aber tagsüber ging es ihr einigermaßen. Die alten, übriggebliebenen Freunde hatten ihr geschrieben, die Kinder – bis auf Rita, die gekommen war – von auswärts telefoniert.

Die ersten drei Tage der Woche eine überaus erfreuliche Reise nach Heidelberg. Schon die Ankunft war schön. Wegen des Zugunglücks in Hannover fuhren wir verspätet ab und kamen mit 90 Minuten Verspätung in Heidelberg an, wo trotzdem der Buchhändler Stefan Schöbel und der Professor an der theologischen Universität, Kristian Hungar, und seine Sekretärin, Frau Brecht, auf mich warteten. Nach einem netten Abendbrot gemeinsam zur Buchhandlung, wo ich, wie fast immer, über Fragen der Zeit sprach. Der Raum – Eintritt DM 4,– – mit 100 Menschen überfüllt, einige mußten stehen, andere auf dem Fußboden sitzen. Zwei alte Frauen kamen – getrennt – auf mich zu, sagten, sie hätten vor 60 Jahren mit meiner Schwester Brigitte in Heidelberg studiert, und gaben mir ihre Adressen für sie. Ich glaube, ich war ordentlich. Stefan, Kommunist, war rührend besorgt um mich, brachte mich auch am Mittwoch früh zur Bahn. Den nächsten Tag Mittag- und Abendessen mit Professor Hungar und seiner Sekretärin Brecht. Er, ein ungewöhnlich kluger und guter Mensch, sie sicherlich überaus tüchtig, in ihrer Anschauung der Welt wie so viele Linke kompliziert und eigenwillig, rührend für mich sorgend, holte mich am Mittwoch vor 7.00 zum Frühstück in ihr Büro ab, da in dem Studentenheim, wo ich wohnte, das Frühstück erst um 7.30 begann und ich um diese Zeit abfahren mußte. Am Dienstag abend statt der erwarteten 100 nur etwa 80 Anwesende, aber eine ungewöhnlich kluge Diskussion. Mein Thema: Nachdenken über Wandlungen der Lage der Arbeiterklasse im Laufe der Zeit – stützte mich stark auf meinen neuen bei PapyRossa erscheinenden Band.

Am Donnerstag ein unglaubliches Erlebnis. Man hatte meine Miete zum 1. Januar um 135 Prozent erhöht. Hatte in Anbetracht der erheblichen Schäden des Hauses eine Herabsetzung verlangt, jedoch geschrieben, daß ich zugunsten von Mietern, deren Wohnung noch schlimmer beschädigt ist als unsere, auf die Beseitigung der Schäden in der nächsten Zeit verzichte. Der Anwalt des Mieterverbandes, dem ich den Brief zeigte, machte mir klar, daß ich kein Recht auf eine Mietsenkung hätte, wenn ich nicht auf sofortiger Beseitigung der Schäden bestünde. Also mußte ich einen neuen Brief schreiben.

Erhielt die Biographie von Felix Boenheim zur Besprechung zugesandt. Wahrlich gut. Will heute darüber, wahrscheinlich für das ND, schreiben. Da er genau zwischen dem Geburtsjahr meines Vaters und dem meinigen zur Welt kam, waren er und seine damalige Frau in der Weimarer Zeit gute Bekannte meines Vaters und in der DDR er und seine dritte Frau Grete gute Freunde von Marguerite und mir. Grete veranlaßte auch, daß ich die Biographie zur Besprechung erhielt."

13. 12. 1992: „Eine friedliche Woche. Am Montag bei ND und ‚Junge Welt'. Besonders erfreulich mit Liebsch, dem Chef der Wirtschaftsabteilung – traf dort auch seine Frau und sein Kind im Kinderwagen. War auch in der Kulturabteilung, wo ich verabredete, daß ich ihnen meine Besprechung des Buches über Boenheim bringen würde.

Am Donnerstag beim Mieterverein, wo der Anwalt meinen neuen Brief an die Wohnungsverwaltung billigte.

Am Freitag wieder beim ND, dem ich einen Aufsatz über das Bruttosozialprodukt schenkte und meine Besprechung von Boenheim abgab.

Vorher bei Mühlberg, aber nur, um Rezepte abzuholen. Als er meinen Puls messen wollte, weigerte ich mich mit Erfolg. Eine ärztliche Untersuchung jedes halbe Jahr sollte genügen. Er war reizend wie immer.

War auch in der Fakultät, um ‚Financial Times' und ‚Wirtschaftswoche' zu lesen.

Marguerite geht es ein wenig besser.

Am Sonnabend waren Peter und Ingrid und Thomas zum Kaffee da. Sehr nett wie immer.

Vergaß, daß ich am Freitag auch Ruth besuchte. Sie kann wieder lesen und schenkte mir zwei Agatha Christies, die ich an diesem Wochenende und morgen lese.

Die Welt unverändert scheußlich und unübersehbar – sei es Jugoslawien oder die EG oder die ehemalige Sowjetunion oder Moslems und Hindus in Indien oder Somalia oder Afghanistan oder die USA oder Deutschland oder oder ..."

20. 12. 1992: „Hans Eichhorn, Deba Wieland gestorben. Beide jünger als ich. Die einzige Rechtfertigung für meine Existenz – im Gegensatz zu Marguerite, die ein so großartiger Mensch ist – ist die Tatsache meiner immer noch als nützlich angesehenen Arbeit. Hatte vorige Woche die Korrekturen meines PapyRossa-Bandes, diese Woche die des Bandes bei der Elefanten Press. War außerdem bei Erler im Aufbau, wo ich den dritten Band meiner Memoiren ganz konkret unter Beisein des Verantwortlichen für Sachbücher, den ich noch nicht kannte, der aber sehr nett war (siehe auch beiliegenden Brief), besprach.

Außerdem natürlich meine Artikel für ‚Junge Welt‘ und ND geschrieben – sowie eine Reihe Antworten auf Neujahrsglückwünsche.

Am Montag hatten wir Partei: ein Referat über die Verhältnisse in Rußland auf Grund einer Archivreise dorthin von Jutta Petersdorf. Völlig richtig das Chaos dargestellt. Grotesk auch: In den USA-Bibliotheken ist das Ablichten oft umsonst. Bei uns kostet eine Seite zumeist 10 Pfennig – im Parteiarchiv 50 Pfennig!, in einem der Sowjetarchive 1 Dollar!

Am Dienstag hatten wir das erste Treffen unseres Instituts nach seiner Auflösung. Es war ganz wundervoll, wie viele gekommen waren – auch von weit her, von Hamburg und Köln. Wir trafen uns um 18.00, ich ging um 19.00, aber es hat bis 1.00 morgens gedauert. Eine große Freude, so viele zum Teil seit Jahrzehnten vertraute Gesichter wiederzusehen und Hände zu drükken. Das Institut war eben doch etwas Besonderes – menschlich und wissenschaftlich.

Dachte heute nacht über den dritten Memoiren-Band nach, weiß nicht, wie lange. Resultat: Nachdem ich um 18.00 im Bett lag, wachte ich um 9.00 morgens auf, ohne den Wecker um 7.00 gehört zu haben.“

Aufbau-Verlag Berlin und Weimar
Bereich Sachbuch
Berlin, den 16.12.1992

Lieber Professor Kuczynski,

nach unserem gestrigen Gespräch möchte ich gern folgendes festhalten: Sie schreiben für den Aufbau-Verlag einen weiteren Teil Ihrer Memoiren in der Form von überarbeiteten Tagebuchnotizen. Der Zeitraum reicht von 1989 bis 1994, von der „Wende" bis zu Ihrem 90. Geburtstag, den Sie am 17.9.1994 begehen werden. Der Verlag erhält das Manuskript, dessen Umfang nicht mehr als 350 Manuskript-Seiten beträgt, so, daß eine rechtzeitige fortlaufende Vorbereitung auf die Drucklegung erfolgen kann, die allerletzten Seiten werden bis zum 30. 6. 94 im Verlag sein, damit dieses Buch zwar ohne Hektik entstehen kann, aber auch wirklich aktuell ist. Natürlich wollen wir, Autor und Verlag, mit den jeweils entsprechenden Mitteln werbend auf das Erscheinen dieses Buches aufmerksam machen, wir bitten aber darum, eventuelle Vorabdrucke mit uns abzusprechen.

Lieber Professor Kuczynski, darf ich Ihnen sagen, wie sehr wir Ihre vorbildliche Arbeitsdisziplin bewundern, es wird das Geheimnis Ihres langen und sicher auch zufriedenen Lebens sein. Wie es bei Goethe heißt: „Wer immer strebend sich bemüht, den können wir erlösen."

Zum Neuen Jahr die allerbesten Wünsche
gez. Günther Drommer
Leitender Lektor des Bereichs Sachbuch


23. 12. 1992: „Durch die Presse geht heute die Meldung: ‚1992 weltweit 52 Kriege.'

Ich, seit reichlich 75 Jahren politisch intensiv interessiert, kann noch nicht 10 davon nennen.

Überhaupt: Jeden Tag höre ich die Nachrichten im Rundfunk: um 8.00 zum Frühstück und um 17.30 zum Abendbrot zusammen mit Marguerite, mittags mindestens zweimal um 11.30, 12.30 oder 13.30 und nachmittags um 15.30. Wenn wir die Nachrichten zusammen gehört haben, zucken wir meistens die Achseln: nichts besonders Neues. Wenn ich sie allein gehört habe, gehe ich danach zu Marguerite und erzähle ihr dann vom Wetter und füge hinzu: ‚Sonst nichts von Interesse.‘ Nachrichten aus den Sowjetunion-Nachfolgeländern oder Südafrika überfliege ich nur beim Lesen der Presse, aus Indien, China, Mongolei oder Südkorea genügen zumeist die Überschriften. Alles ist so unklar, so wirr, nur von Bedeutung für den Tag, in der nächsten Woche alles so ganz anders als zuvor. Chaos regt so wenig zum Nachdenken an. Die Leitartikel bestätigen das.

In meiner Jugend las ich die politischen Seiten der Presse ganz intensiv und weit weniger genau den Wirtschaftsteil. Später gab ich beiden Teilen die gleiche Aufmerksamkeit, heute lese ich nur noch den Wirtschaftsteil mit intensivem Interesse. Die Kulturseiten habe ich immer gern gelesen, aber das läßt heute auch nach.

Marguerite kann wegen ihrer Augen kaum noch lesen, aber hört viel Rundfunk. Fernsehen haben wir ganz aufgegeben.

Wie recht hatte Lepenies, wenn er meinte, es sei heute so schwer, zwischen Zeitwenden und Episoden zu unterscheiden. Oder sollte man nicht noch besser sagen: Ja, wir haben eine entscheidende Zeitwende, zum Chaos zu, und in diesem Chaos gibt es nur noch Episoden – blutige oder alberne. Wir sind auf dem Wege in die Barbarei, und nur eine neue, energische Wende, die vom Volke ausgehen muß, kann uns von diesem Wege in die Barbarei abbringen.“

26. 12. 1992: „Die Woche begann mit einem Interview für den Westdeutschen Rundfunk, ARD Morgen-

magazin (gefilmt), das von 6.00 bis 9.00 morgens sendet, und, da natürlich um diese Zeit niemand drei Stunden zusieht, innerhalb der Sendung die gleiche Sache mehrmals sendet, also werde ich mit meinem 5-Minuten-Interview zu Fragen der Zeit wohl dreimal erscheinen. Marguerite will es sich anhören – einfach grotesk, als ob sie mich nicht genug am Tage sieht und hört.

Habe wegen André Brie beiliegenden Brief an den Parteivorstand geschrieben. Eine sagenhafte Schande von Vetternwirtschaft.

Erhielt die neueste Nummer der ‚Arbeiterstimme‘ zugesandt, in der wenigstens für den Sozialismus nachgewiesen wird, daß es immer wieder mißlungene Anfänge gegeben hat. Habe den Chefredakteur auf ‚Asche für Phönix‘ hingewiesen, wo ja auch von mißlungenen Anfängen für den Feudalismus und Kapitalismus die Rede ist.

Als ich am Montag beim ND meinen Artikel abgab, traf ich dort Helmut Koziolek in sehr ärmlicher Kleidung. Er schreibt für das ND unter verschiedenen Pseudonymen. Freute mich natürlich, ihn so aktiv zu sehen.

Die Weihnachtstage sehr friedlich – mit Telefonanrufen von Madeleine und Friedel, von Renatchen und den Urenkeln, einem Besuch von Thomas, der offenbar kein Mittag gegessen hatte und enorme Portionen von der Torte aß, die Frau Graf für uns gebacken hatte. Peter und Ingrid sind bei Freunden in Lake Placid – haben natürlich nicht angerufen.

Ordne von Gretel katalogisierte Bücher ein und fange schon am Vormittag an, einen Detek zu lesen. Wahrlich friedliche und faule Weihnachtstage.

PS: Bin doch ein wenig ‚gebildeter‘ geworden und lese zwischen den Detek-Kapiteln auch die Briefe der Marx-Töchter untereinander. Ganz reizend und überaus interessant!

PPS: Wenn es noch etwas Irrsinnigeres in dieser Welt gibt als das Zusammengehen von Kommunisten und rassistischen Nationalisten in Rußland, dann ist es die Empörung der chinesischen Führung über die geplante Einführung von etwas mehr Demokratie in die Verwaltung von Hongkong."

Jürgen Kuczynski
Berlin, 28. Dezember 1992
An den Parteivorstand
der Partei des Demokratischen
Sozialismus
Kleine Alexanderstr. 28
D-0 1020 Berlin

Liebe Genossen:

Ich erhielt einen Brief des Genossen Gysi mit der Bitte, Geld für den Wahlkampffonds der Partei zu spenden. Für einen Wahlkampf unter der Leitung von André Brie! Ich denke nicht daran, auch nur einen Pfennig für einen Wahlkampf unter seiner Leitung zu geben.

Unsere Feinde werden sagen: Nachdem Brie die Partei jahrelang betrogen hat, soll er jetzt unser Volk im Wahlkampf betrügen. Nicht wenige unserer Freunde sagen schon heute: Seid Ihr von allen guten Geistern verlassen, Brie zum Wahlkampfleiter zu bestimmen?

Seit 200 Jahren ist meine Familie links gewesen, hat aber nie einer Partei angehört. Erst seit meiner Generation waren und sind wir Kommunisten in den Parteien Deutschlands, Englands, Frankreichs und der USA, weil wir wissen: In unserem Jahrhundert kann man nur im Rahmen einer Partei siegreich für eine bessere Welt kämpfen.

Vor mehr als 65 Jahren erhielt ich meine erste, eine mittelwichtige, Funktion in der Arbeiterbewegung, und heute, mit 88 Jahren, habe ich noch die Ehrenfunktion eines Mitglieds des „Rates der Alten", dessen ältestes Mitglied ich bin. Ich werde den Vorsitzenden des Rates, meinen Genossen Hans Modrow, bitten, diese Funktion ruhen zu lassen, solange André Brie Wahlkampfleiter unserer Partei ist.

Mit sozialistischem Gruß
gez. Jürgen Kuczynski


Gen. Hans Modrow
Ehrenvorsitzender der
Partei des Demokratischen
Sozialismus
Kleine Alexanderstr. 28
D-0 1020 Berlin

Lieber Hans:

Beiliegenden Brief habe ich an den Parteivorstand gesandt und bitte Dich, mir zu erlauben, ihn zu Beginn der nächsten Sitzung des „Rates der Alten" vorlesen zu dürfen, da man uns sowohl den Brief von Gunther Kohlmey anläßlich seines Austritts aus dem Rat verschwiegen hatte und auf unserer letzten Sitzung keine Zeit gefunden hatte, auch nur eine Minute des Gedenkens dem Ausscheiden unseres Genossen Hans Jendretzky durch den Tod zu widmen.

Alles Gute zum Neuen Jahr
gez. Jürgen Kuczynski


28. 12. 1992: „Heute veröffentlicht das ND den Entwurf des Parteiprogramms, wie er von der Grundsatzkommission angenommen worden ist. Der entscheidende Satz für mich ist: ‚In der PDS haben sowohl Menschen einen Platz, die der kapitalistischen Gesellschaft

Widerstand entgegensetzen wollen und die gegebenen Verhältnisse fundamental ablehnen, als auch jene, die ihren Widerstand damit verbinden, die gegebenen Verhältnisse positiv zu verändern und schrittweise zu überwinden.'

Natürlich ist er Unsinn – weil im zweiten Satzteil das ‚nur' fehlt – und doch vernünftig. Unsinn, weil wir Kommunisten auch in den schlimmsten Zeiten des Linksextremismus immer gegen weitere Verschlechterungen bzw. für weitere Verbesserungen etwa des sozialen Systems oder der Löhne innerhalb des kapitalistischen Systems gekämpft haben. Unsinn auch, weil Marx und Engels niemals gesagt haben, daß ein Land im Sonderfall – sie dachten zum Beispiel an England – nicht auch ohne Revolution allmählich zum Sozialismus übergehen kann.

Aber er ist vernünftig, weil er endlich eine vernünftige Brücke zu den Linken in der Sozialdemokratie und anderswo schlägt. Zugleich schlägt er aber auch eine Brücke zu uns alten Kommunisten, die mit Recht ‚rein opportunistische Tendenzen' in der Partei fürchteten.

Auch die vorangehenden Ausführungen sind gut: ‚Die PDS versteht sich selbst als ein Zusammenschluß unterschiedlicher linker Kräfte. Ihr Eintreten für einen demokratischen Sozialismus ist an keine bestimmte Weltanschauung, Ideologie oder Religion gebunden. Die PDS will Mitglieder, Sympathisantinnen und Sympathisanten aus allen gesellschaftlichen Schichten gewinnen, die den Willen haben, zu grundlegenden gesellschaftlichen Veränderungen beizutragen. Dazu gehören insbesondere Arbeiterinnen und Arbeiter, Bäuerinnen und Bauern, Intellektuelle, andere Lohn- und Gehaltsabhängige und sozial Benachteiligte, Gewerbetreibende und verantwortungsbewußt denkende Unternehmer.'

Nur ist unverständlich, warum man den Ausdruck Angestellte vermieden hat, wo diese doch heute die größte Schicht der Gesellschaft bilden. Auch hätte man die ‚verantwortungsbewußt denkenden Unternehmer‘ fortlassen können. Dazu sind es zu wenige. Dagegen fehlen die nicht wenigen ‚verantwortungsbewußt denkenden‘ Kirchenleute – vor allem Pfarrer und Priester.

Sehr gut und klug ausgewogen ist auch der Abschnitt ‚Das Scheitern des sozialen Versuchs‘.

Erfreulich auch, daß Sarah Wagenknecht und Michael Benjamin ihren alternativen Programmentwurf zurückgezogen haben.“

**Kapitel IV**
Das Jahr 1993

Das Jahr 1993 ist wohl das schlimmste Friedensjahr – nein, nicht Friedensjahr, denn es werden Dutzende von Kriegen geführt, aber wohl das schlimmste Jahr dieses Jahrhunderts ohne einen Weltkrieg. Denn es leitet wohl eine neue Epoche im Weltmaßstab ein.

Wohl dauert schlimmste Not in der Dritten Welt „einfach weiter" an.

Wohl hat sich zur schlimmsten Not in der Dritten Welt jetzt die schlimmste Not in der Zweiten Welt, der Welt der einst „realsozialistischen Länder" gesellt.

Entscheidend aber ist die Wandlung in der Ersten Welt, der Welt der führenden kapitalistischen Industriestaaten.

Mitte Juli schrieb ich folgenden Brief an meinen Freund Robert Steigerwald:

„Lieber Robert: Zuerst natürlich Dank für die Besprechung. Sodann ein Einwand zu Deinem Artikel ‚Epochenfragen' (in Marxistische Blätter' Nr. 4 – J. K.). Die ganze Nummer und ich auch widersprechen Deiner Aussage, daß wir uns in einer ‚Epoche der erneuten Konsolidierung des Imperialismus' befinden. Meiner Ansicht nach ist das Gegenteil der Fall. Das heißt aber nicht, daß er bei der gegenwärtigen Situation der Anti-Kräfte in ernster Gefahr ist, abgelöst zu werden. Wir gehen aber einer zeitweiligen Epoche der Barbarei entgegen."

In der Tat: Wenn man sieht, wie in allen führenden Industriestaaten die soziale Fürsorge abgebaut wird, wie überall die Arbeitslosigkeit steigt, wie überall versucht wird, die Arbeitszeit zu verlängern und die Reallöhne zu senken, dann muß man wohl mit vollem Recht an die Alternative von Marx zum Sozialismus, an die Tendenz zur Rückkehr in die Barbarei, wenn auch ganz neuer Art, glauben. Die entscheidende Frage unserer Zeit ist: Wie lange kann und wird diese Tendenz andauern, wann und in welchem Ausmaß und mit welchem Erfolg wird sich ein ausreichend wirksamer Widerstand gegen diese Tendenz entwikkeln?

Nachfolgender Artikel, den ich im Juli für die „Junge Welt" schrieb, und eine kurze Notiz im „Freitag" sollen das soeben Bemerkte ergänzen:

„Weltweiter Sozialabbau

Seit der tiefsten Krise dieses Jahrhunderts, seit der Krise von 1929/33, hat es viele weitere Wirtschaftskrisen gegeben. Doch keine von ihnen in all den Jahren nach 1933 hat einen solchen Sturm auf das Gefüge der sozialen Sicherung gebracht, wie wir ihn gegenwärtig beobachten.

In Deutschland wimmelt es an Plänen, die Leistungen der Arbeitslosenversicherung, der Sozialhilfe, der Rentenversicherung, der Krankenversicherung abzubauen – kein Zweig der sozialen Fürsorge soll unberührt bleiben. Auch die Reallöhne sinken schon und sollen weiter sinken.

Aber Deutschland steht nicht allein. Alle führenden Industriestaaten beteiligen sich an diesem Angriff auf das Leben der ,einfachen Menschen'. Auf dem letzten EG-Gipfel am 21. Juni in Kopenhagen plädierte der englische Ministerpräsident John Major für eine ,low wage economy', für eine ,Niedriglohn-Wirtschaft', da ,sich Europa aus den Weltmärkten herauspreise', d.h. zu teuer produziere.

Und entsprechend handelt die englische Regierung im eigenen Lande. Auch die französische und italienische.

Ebenso brutal äußerte sich der Gipfel der ‚Großen Sieben' in Tokio. Wörtlich heißt es dort in einer gemeinsamen Erklärung: ‚Bestandteile der Sozialversicherungssysteme, die die Schaffung von Arbeitsplätzen (also offenbar die Profitchancen des Kapitals! – J. K.) über Gebühr behindern, sollen überprüft werden.'

Nur härtester Widerstand kann furchtbarstes soziales Unglück verhindern."

Die kurze Notiz im „Freitag" bemerkte:

„Wenn man die Geschichte der Arbeitslosigkeit im Kapitalismus seit seiner ersten zyklischen Wirtschaftskrise im Jahre 1825 betrachtet, kann man drei Etappen unterscheiden.

Die erste Etappe dauerte bis zum 1. Weltkrieg. Die Arbeitslosigkeit stieg in der Krise und fiel in der Zeit der guten Konjunktur ab, bis sie in der Zeit der Hochkonjunktur praktisch verschwand, ja durch Arbeitermangel abgelöst wurde.

Die zweite Etappe umfaßt die Zeit von 1919 bis zur Gegenwart, in der die Arbeitslosigkeit zwar in der Zeit der guten Konjunktur sank, aber immer noch hoch blieb.

Die dritte Etappe scheint vor uns zu liegen. Alle Prognosen, die (meiner Ansicht nach zu früh) einen Konjunkturanstieg für 1994 voraussagen, sagen gleichzeitig trotz Konjunkturbelebung einen weiteren Anstieg der Arbeitslosigkeit voraus.

Die dritte Etappe wird die Arbeitslosigkeit zum Hauptrisiko des Kapitalismus machen.

Wie kann man die Arbeitslosigkeit wirksam bekämpfen? Nur mit einem Mittel: mit einer ständigen Arbeitszeitverkürzung.

Und die erfordert wieder eine intensive Erziehung zu kulturvoller Freizeitnutzung.

Aber wird das unter kapitalistischen Gesellschaftsverhältnissen möglich sein?"

Ist man nicht wirklich berechtigt, von einer Tendenz in eine Zeit der Barberei zu sprechen?

Gretel Kreipe bemerkte nicht zu Unrecht zu diesem Artikel: „Kann man die Tendenz zu einer zeitweiligen Epoche der Barbarei darauf beschränken, daß man permanent hohe Arbeitslosigkeit und Abbau von Sozialleistungen in den entwickelten Industriestaaten anführt? Gehören zur Barbarei nicht auch die erschreckend steigende Kriminalität und Gewaltbereitschaft, Terrorismus, Rassismus, Fremdenhaß, Unrecht und Brutalisierung in den internationalen Beziehungen usw.? Und die Tausende von Kindern, die täglich in Afrika und anderswo in der Dritten Welt verhungern – in unserer modernen Zeit am Ende dieses Jahrhunderts!"

Ich glaube, ich habe in meinen Tagebuchnotizen häufiger als früher von Besuchen der Kinder berichtet. Wohl, weil sie wichtiger für Marguerite, die gar nicht mehr ausgeht, geworden sind und ich noch mehr Freude als früher an unserem guten Verhältnis zu ihnen habe.

Wenn ich bedenke, wie viele gute Eltern nicht gut mit ihren Kindern stehen, ist offenbar, daß unser Verhältnis vor allem eine reine Glückssache ist, nicht in erster Linie Marguerites und mein Verdienst, und soweit Verdienst, vor allem das von Marguerite. Größer schon ist unser Verdienst, daß wir auch mit den Schwiegerkindern so gut stehen. Friedel, zum Beispiel, kommt einmal im Monat nach Berlin und hilft M. ein, zwei Tage im Haushalt. Er ist die Hilfsbereitschaft und Güte in Person. Thomas und Rita leben getrennt, aber Rita kommt ein-, zweimal in der Woche vorbei, vor allem um nach Marguerite zu sehen. Ingrid kommt mit Peter zusammen einmal im Monat aus Halle nach Berlin, und es ist stets eine Freude zu sehen, wie gut sie miteinander stehen. Madeleine kann aus gesundheitlichen Gründen uns leider nur selten aus Göttingen besuchen.

Ich muß noch auf ein Problem eingehen, das in diesem Jahr mehrmals aufkam, unter anderem in einem Interview, das ich dem österreichischen Staatsfunk gab. Die Kollegin, die mich interviewte, fragte: „Man sagt gelegentlich, daß Sie eitel seien. Wie stehen Sie dazu?"

Ich meine, daß ich meinen Wert sehr genau kenne, ohne eitel zu sein. Genau wie mein Vater sich als Wissenschaftler einschätzte, tue ich es auch: first rate second class, erster Rang in der zweiten Klasse. Auch nicht ein Hauch von Genialität.

Zwar bin ich der beste deutsche Wirtschaftshistoriker, aber damit doch 2. Klasse. Zwar gehöre ich zu dem besten halben Dutzend von Wirtschaftswissenschaftlern in dieser Welt, aber keiner von uns ist 1. Klasse, wie etwa mein Lehrer Eugen Varga. Ferner: Es gibt heute keinen Wissenschaftler in der Welt, der so vielseitig gesellschafts- bzw. geisteswissenschaftlich gearbeitet hat wie ich – neben meinen beiden Hauptgebieten habe ich auf denen der Philosophie, der Soziologie, der deutschen, englischen, französischen, amerikanischen, australischen Literaturgeschichte und vor allem auch der Geschichte allgemein und speziell Deutschlands, Großbritanniens sowie seines Kolonialreichs, Frankreichs und Amerikas geschrieben, aber auf keinem dieser „Nebengebiete" gehörte ich zu den besten Wissenschaftlern meiner Zeit. Zugleich aber habe ich, wohl als einziger Wissenschaftler mit dieser Vielfalt der Arbeitsgebiete, eine seit Max Weber verlorengegangene Tradition, die im 19. Jahrhundert blühte und vom 16. bis zum 18. Jahrhundert unter den Gelehrten noch viel reicher war, da sie damals sowohl die Natur- wie die Geisteswissenschaften umfaßte, fortgesetzt.

Ferner sei noch zu erwähnen, daß ich in der Deutschen Demokratischen Republik entgegen der Linie der Partei, mit viel Mühe und oft mit harten Auseinandersetzungen verbunden, die Soziologie, die Kriminalromane, die frühe deutsche Romantik sowie Böll und Dürrenmatt „salonfähig", positiv-diskussionswürdig machte und „westliche" Wissenschaftler positiv einschätzte, auch als erster Max Weber als bedeutenden Wissenschaftler behandelte.

Ja, und schließlich – welche Schande für die Wissenschaftler der DDR – habe ich als einziger die entscheidenden Lehren von Marx, Engels und Lenin über die geschichtliche Entwicklung, nämlich daß sie in Widersprüchen, auch in antagonistischen Widersprüchen, auch in den Ländern des „realen Sozialismus", vor sich geht, in meinen gedruckten Arbeiten angewandt. Wenn ich das hier betone, so soll man das nicht Eitelkeit, sondern Wagemut nennen. Die Theorien von Marx und Engels und Lenin abzuschreiben und auf die eigene Zeit und das eigene Land anzuwenden ist wahrlich keine wissenschaftliche Leistung! Und wenn man öfter behauptet hat, Kuczynski genieße Narrenfreiheit, so sprechen meine wirklich nicht seltenen Zeiten der „Ungnade" und meine Parteistrafen dagegen. Nein, was ich tat, war nichts anderes, als was auch andere Wissenschaftler der Vergangenheit getan haben; und auch mir gut befreundete Wissenschaftler in der DDR, der Sowjetunion, Polen, der Tschechoslowakei und anderswo waren nicht selten, wenn auch aus anderen Gründen, in Ungnade. Es war entschieden leichter – nicht ökonomisch, aber hinsichtlich der Meinungsfreiheit –, in Westdeutschland ein guter Wissenschaftler zu sein als in der DDR.

Und noch etwas ist anzufügen. Ich bin der quantitativ

(nicht qualitativ!) fruchtbarste Wissenschaftler dieses Jahrhunderts oder gar noch längerer Zeit. Ich habe über 100 Bücher, dazu noch nicht wenige Broschüren und rund 4 000 Artikel in Zeitungen, Zeitschriften und in von anderen veröffentlichten Büchern geschrieben.

Politisch war ich klüger als die meisten Wissenschaftler in unserer Republik. In meinen in der DDR oder in der BRD gedruckten Arbeiten habe ich unsere Verhältnisse energischer und häufiger kritisiert als irgendein anderer Wissenschaftler bei uns. Und doch habe ich letztlich völlig versagt. Zwar habe ich in meinem Tagebuch seit dem Ende der siebziger Jahre öfter die Befürchtung einer Explosion bei uns geäußert, aber niemals habe ich an einen derartigen Zusammenbruch, wie wir ihn erlebt haben, gedacht.

Als Mensch war ich, glaube ich, ordentlich, aber lange nicht so wertvoll wie Marguerite. Bin heute in meinem Verhältnis zu ihr unsicher. Denn während ich mich an ihrem Geist bei all ihren körperlichen Leiden so sehr freue, glaube ich manchmal, es wäre für sie viel besser, wenn sie geistig verwirrt und körperlich in Ordnung wäre. Traurig, über eine solche Alternative nachdenken zu müssen.

3. 1. 1993: ,,Frank Schumann besuchte mich am Sonnabend und erzählte mir von einer neuen Aufgabe, die er in der Partei hat. Sie interessierte mich deshalb so besonders, weil ich seit längerem die Auffassung vertrete, daß bei all der schrecklichen und zunehmenden Verbreitung von Rassismus und Antisemitismus eine Wiederholung der Situation von 1932/33 nicht möglich ist, da das Ausland sie nicht zulassen würde. Er fährt einmal die Woche als Leiter eines Büros von sechs Journalisten nach Leipzig. Das Büro gibt einmal im Monat nur auf englisch und französisch ein Bulletin mit Nachrichten über Rassismus und Antisemitismus in

Deutschland sowie mit Kommentaren dazu, auch zur Behandlung solcher Fälle durch die Polizei und die Justiz, heraus. Das Bulletin wird dann nach den USA, Großbritannien und Frankreich in 1 500 Exemplaren gezielt an bestimmte Persönlichkeiten versandt. Eine ausgezeichnete Idee der Parteiführung!"

10. 1. 1993: „Eine mäßig interessante Woche. Am Montag nach ND und ‚Junge Welt' bei Ursula.

Am Mittwoch brach ich mir den linken Arm infolge des Glatteises morgens um 6.30 Uhr. Nicht sehr schlimm, da ich den rechten wie immer zum Schreiben benutzen kann.

Am Donnerstag besuchte mich eine Frau wegen eines Interviews, betreffend die sowjetischen Kulturoffiziere. Betonte natürlich ganz stark, wie wenig stalinistisch diese damals waren.

Schrieb für die UZ nachfolgenden Artikel."

1993: Das schlimmste Jahr in der Geschichte der Bundesrepublik

Harmlos überschrieb „Die Welt" (30. 12. 92) einen Artikel so: „Deutschland vor schwierigem Jahr." Etwas weiter ging schon der Hauptgeschäftsführer des Deutschen Industrie- und Handelstages (DIHT), Franz Schoser, der meinte, 1993 werde für die deutsche Wirtschaft „das schwerste Jahr seit 1982", dem letzten Jahr der Krise 1980/82, werden. Aber es wird nach allem, was sich heute übersehen läßt, das schwerste Jahr in der ganzen Geschichte der Bundesrepublik werden – wenn man zur Wirtschaft, was ja zumeist von seiten des Kapitals nicht geschieht, auch die in ihr Arbeitenden und die aus der Arbeit Ausgeschiedenen rechnet.

Die schwerste Belastung wird die steigende <u>Arbeitslosigkeit</u> sowohl in Westdeutschland wie in Ostdeutschland darstellen. Der Arbeitgeberpräsident Klaus Murmann rechnet, wenn nicht besondere Maßnahmen getroffen werden (welche, hat er nicht verraten), mit einer Zahl von „fast 6 Millionen", die keinen oder keinen „vollgültigen" Arbeitsplatz haben. Entsprechend überschrieb die „Neue Rheinische Zeitung" vom 30.12.92 einen Artikel „Die Arbeitslosigkeit steigt dramatisch ... Prognose der Arbeitgeber für 1993: Fast 6 Millionen ohne Job." Das ist eine höhere Zahl der Arbeitslosen als 1932, dem schlimmsten Krisenjahr in der Geschichte des kapitalistischen Deutschland, als die amtliche Zahl 5,58 Millionen betrug. Und dabei ist es durchaus möglich, daß Murmann mit seiner Prognose noch hinter der grausamen Wirklichkeit zurückbleibt.

Die größte Menschengruppe in Deutschland sind, von der Einkommensseite her gesehen, die <u>Rentner</u>. Der Bundeskanzler hat laut verkündet, daß bei allem notwendigen Abbau der sozialen Leistungen die Rentner ungeschoren bleiben sollen. Aber er hat nicht verraten, wie er sie vor der steigenden Inflation schützen will. Ebensowenig wie er die, die sich ganz legal ein wenig dazuverdienen dürfen, davor bewahren will, ihre kleine zusätzliche Arbeit zu verlieren. Und da bekanntlich die Renten auch von der Lohnsteigerung abhängen und alle aus der Welt des Kapitals „Mäßigung bei Löhnen" und für die neuen Bundesländer sogar Lohntarifsenkungen fordern, ist für die Rentner schon eine sinkende Realrente für 1994 eingeplant. Es hätte zu so viel Rentenbetrug nur noch der Voraussage einer „blühenden Rentnerlandschaft" durch den Kanzler bedurft.

Die drei nächstgroßen Menschengruppen sind <u>die Angestellten, die Arbeiter und die Beamten.</u> Alle drei sollen, wenn es nach den Plänen des Kapitals und der Bonner Regierung geht, 1993 reale Einbußen in ihrem Einkommen haben. Ebenso, im Falle von Notsituationen, Einbußen in der sozialen Fürsorge.

Soweit zu den Lebensverhältnissen der Menschen.

Und nun zur Lage in den verschiedenen Wirtschafts-
zweigen, in der Landwirtschaft, in der Industrie und im
Dienstleistungsgewerbe.

Daß sich die Lage in der <u>Landwirtschaft</u> verschlech-
tern wird, bezweifelt niemand, am wenigsten die Bauern, die mit großen Demonstrationen gegen diese Verschlechterung auf die Straße gehen. Aber die Landwirtschaft ist nur noch ein kleiner Wirtschaftszweig, der in
Ostdeutschland schon praktisch nur noch eine sehr kleine Minderheit der Bevölkerung beschäftigt, da er in den
letzten beiden Jahren rigoros abgebaut wurde, und der
auch in den alten Ländern der BRD von Jahr zu Jahr an
Bedeutung verliert.

Wie aber steht es in der <u>Industrie</u>? So auf dem Gebiet
der alten BRD:

Industrieproduktion zum Vorjahresstand (Prozent)

|              | 1991  | 1992  |
|--------------|-------|-------|
| 1. Vierteljahr | + 4,7 | + 0,7 |
| 2. Vierteljahr | + 5,0 | − 0,9 |
| 3. Vierteljahr | + 1,8 | − 1,8 |
| 4. Vierteljahr | + 0,9 | −     |
| Oktober      | − 0,5 | − 3,6 |
| November     | + 2,3 | − 4,8 |
| Dezember     | + 0,8 | −     |

Die Industrieproduktion ist gegenüber dem Vorjahresstand seit dem Höchststand im 2. Vierteljahr 1991 ständig von Vierteljahr zu Vierteljahr zurückgegangen. Und
dieser Rückgang wird sich im Jahre 1993 fortsetzen.

Und doch ist diese ernste Entwicklung harmlos im
Vergleich zu der in den neuen Bundesländern. Hier lag
die Industrieproduktion in Prozent

|                | 1991<br>i. Vergleich<br>z. 3. Vj.1990 | 1992<br>i. Vergleich<br>z. 2. Hj. 1990 |
|----------------|-----------------|-----------------|
| 1. Vierteljahr | – 36,6          | – 51,2          |
| 2. Vierteljahr | – 38,9          | – 53,6          |
| 3. Vierteljahr | – 36,8          | –               |
| 4. Vierteljahr | – 33,5          | –               |

In den neuen Bundesländern hat auf dem Gebiet der Industrieproduktion genau wie in der ostdeutschen Landwirtschaft eine Katastrophe eingesetzt, die sich 1993 noch mehr ausdehnen wird. Ostdeutschland wird 1993 zu einem Gebiet werden, in dem es kaum noch Industrie und Landwirtschaft geben wird.

So ganz im Gegensatz zum Dienstleistungsgewerbe, das seit 1990 an Leistungskraft zugenommen hat und 1993 ebenso wie in den alten Bundesländern viel weniger als Industrie und Landwirtschaft an Kraft verlieren wird.

Deutschland wird 1993 ärmer werden, die Bevölkerung, die Industrie und die Landwirtschaft gehen bergab, ebenso die sozialen Leistungen. Von einer sozialen Marktwirtschaft konnte in Deutschland (konnte in allen kapitalistischen Ländern) fast keine Rede sein, 1993 wird überhaupt keine Rede mehr davon sein. Nur die Dienstleistungen – was für ein parasitärer Niedergang! – werden sich einigermaßen halten.

17. 1. 1993: „Eine blöde Sache. Ein Anruf von der Odenwaldschule, ich soll dort und an einer evangelischen Akademie in Karlsruhe Anfang Februar sprechen; sagte zu – und muß jetzt um Verlegung des Termins bitten, weil ich ganz meinen vergipsten Arm vergessen hatte. Arzt und Marguerite meinen, ich könn-

te nicht mit Stock und Gepäck am rechten Arm – und bei Treppen ans Geländer gelehnt – fahren.

Am Donnerstag war ich beim Anwalt, um seine Antwort auf die Drohung des Senats mit einem Prozeß um den René-Kuczynski-Preis zu besprechen.

Am Freitag war ein Mann namens Voigt da, um mit mir über Otto Grotewohl, über den er ein Buch schreibt, zu sprechen. Er hatte auch Abschriften von einem halben Dutzend Briefen von mir an Otto, die er drucken wollte; gab natürlich meine Einwilligung. Erklärte ihm den großen Unterschied zwischen dem offenen, bescheidenen Otto der ersten fünf Jahre nach 1945 und dem Polit-Pascha der letzten Jahre.

Am Sonnabend drehten 2 Italiener einen Film von mir mit Interview, teils über Rosa und Karl, teils über Fragen der Zeit.

Marguerite ist wieder im Krankenhaus. Es ging ihr, als ich sie mit Rita am Freitag besuchte, recht schlecht. Gestern rief Gretel nach einem Besuch bei ihr an, daß es ihr wesentlich besser geht."

24. 1. 1993: „Am Dienstag war ein Filmmann da zur Besprechung. Man plant für den Mitteldeutschen Rundfunk eine Filmserie von 6 Aufnahmen mit Eberlein, Modrow und über 30 anderen, auch westlichen Gegnern der DDR, über die Geschichte der DDR. Habe zugesagt.

Am Donnerstag bei meiner alten Sekretärin Ruth Hoppe. Ihre Augen sind besser. Sie singt auch wieder in ihrem alten Chor. Schenkte mir einen Agatha Christie, den ich noch nicht kannte. Nachmittags mein alter Schüler Helmut Löwe bei mir – aktiv in PDS und Volkssolidarität, lebhaft, voller Lebensmut wie immer, eine reine Freude.

Habe meinen Beitrag für ein neues Heft von Mytze geschrieben und abgesandt und meinen Beitrag für die Festschrift von Knut Borchardt begonnen.

Wie jeden Freitag abend nahm ich auch diesmal eine

Schlaftablette. Stellte aber diesmal den Wecker nicht ein. Folge: schlief mit kurzen Unterbrechungen von 17.25 bis 8.30 – 15 Stunden!

Die UZ brachte meinen Artikel mit der veränderten Überschrift 1993: ‚Parasitärer Niedergang.' Offenbar war ihnen meine Überschrift zu riskant pessimistisch. Ich fürchte, sie haben unrecht."

31. 1. 1993: „War am Freitag nachmittag auf dem Parteitag. Eine ordentliche, aber nicht begeisternde Rede von Modrow als Einleitung und dann Geschäftsordnungsdebatte bis 17.00, an die sich unsere unsinnige Demonstration – zusätzlich zu der allgemeinen am 30. 1. – anschloß. Sah natürlich eine Reihe alter und jüngerer Genossen – die letzteren kamen auf mich zu, und ich kannte oder erkannte die meisten nicht. Ursula war auch da. Eine verrückte Sache passierte. Setzte mich in eine der letzten Reihen, die für Gäste bestimmt waren, gegen 14.45 Uhr. Um 16.00 kam eine Genossin auf mich zu, um mir mitzuteilen, daß in der ersten Reihe ein Platz für mich reserviert sei, und ich möchte ihr folgen. Statt ihr durch den ganzen Saal zu folgen, blieb ich natürlich auf meinem alten Platz sitzen.

Am Dienstag war jemand vom Robert-Havemann-Archiv bei mir, um mit mir über meine Beziehungen zu ihm zu sprechen.

Ansonsten verlief die Woche sehr friedlich mit meinen Artikeln für ‚Junge Welt' und ND und der endgültigen Erledigung meines Beitrags für die Festschrift von Knut Borchardt.

War natürlich jeden Tag bei Marguerite – von Montag bis Freitag. Es geht ihr ein klein wenig besser."

7. 2. 1993: „Eine friedliche Woche. War jeden Wochentag bei Marguerite. Es geht ihr besser, und sie soll nächsten Mittwoch aus dem Krankenhaus entlassen werden. Zu früh, aber länger als 4 Wochen dürfen Patienten nur in Ausnahmefällen bleiben.

Am Mittwoch besuchte mich Helmut Steiner mit der neuesten Nummer von ‚Utopie kreativ‘ mit meinem kleinen Artikel. Er kämpft um seine Aufnahme in den Vorruhestand. War nicht unzufrieden mit dem Verlauf des Parteitages.

Schreibe mit Begeisterung an meinem Aufsatz über ‚Große Konservative im Urteil großer Kommunisten‘. Nach dem Abschnitt über Äschylos jetzt Plato und Shakespeare beendet. Es wird, hoffe ich, eine wirklich schöne Sache.

Am Freitag war ein Mitarbeiter der ‚Neuen Zeit‘ zu einem langen Interview da, keineswegs freundlich gesinnt. Gespannt, was er schreiben wird, obgleich es mir an sich recht egal ist.

Fand, daß meine Idee, es könnte wieder eine Depression besonderer Art wie vor 60 und 120 Jahren kommen, auch Vertreter unter amerikanischen Wirtschaftsexperten hat. Sie nennen es eine ‚contained depression‘. Werde wohl nächstens über die Amerikaner etwas schreiben.

Ingrid und Peter besuchten mich gestern. Vorläufig sind sie noch mit ihrem Leben zufrieden. Peters Vortrag über Clinton war gut besucht, und jetzt bereitet er sich auf Bremen vor, wo er sich um eine Stelle als Amerikanist an der Universität beworben hat.

Thomas kam heute nachmittag. Er half mir ein paar Bücher suchen und wegstellen, da ich zu behindert mit meinem Arm bin. Er soll sich an der Technischen Hochschule in Chemnitz vorstellen, hat aber keine Illusionen, daß er dort ankommen wird.“

14. 2. 1993: „Das Wichtigste: Marguerite kam am Mittwoch nach Hause aus dem Krankenhaus, und es geht ihr entschieden besser.

Ansonsten eine Fülle von Leuten. Am Montag war ich nach der ‚Jungen Welt‘ bei Ursula. Sie wollte meinen Rat betreffend ihres politischen Nachlasses. Das

Koblenzer Bundesarchiv will ihn haben. Sie hat beschlossen – mit meiner vollen Zustimmung –, ihn ihm nur indirekt zu überlassen und ihn direkt an das Parteiarchiv zu geben.

Am Dienstag ein Interview mit dem Mitteldeutschen Rundfunk. Diesmal nicht wie üblich Fragen der Zeit, sondern nur Wirtschaftsprobleme. Die Interviewerin recht intelligent, mit guten Kenntnissen der konkreten Probleme unserer Wirtschaft in der Ex-DDR. Sie geht öfter in die noch vorhandenen Betriebe.

Am Donnerstag nachmittag war Hannes Hörnig bei mir. Er arbeitet mit in der zentralen Gruppe, die sich mit dem alten Parteiapparat beschäftigt. Ist nicht sehr zufrieden. Es sind meistens junge Genossen, die wenig oder keine Ahnung haben, wie ein Parteiapparat arbeitet. Habe ihn sehr ermutigt, doch endlich selbst zu schreiben. Seine beiden Söhne sind arbeitslos.

Am Freitag war ich bei Ruth. Nett wie immer. Sie singt wieder in zwei Chören, in dem einen in ihrer Nähe, in dem anderen in Adlershof.

Heute kam Thomas. Sagte ihm, wie unzufrieden ich mit seinen Bemerkungen im ND war, daß man mit Leuten wie Benoist, einem der Hauptideologen von Le Pen, der sich gegen die ‚Auschwitz-Lüge‘ wendet, diskutieren müsse.

Er wandte ein, daß Walter Ulbricht auch auf einer Versammlung mit Goebbels aufgetreten sei. Er sieht aber nicht, daß Walter nicht mit, sondern gegen Goebbels diskutierte.

Habe meine Studie über ‚Große Konservative im Urteil großer Kommunisten‘ beendet. Hoffe sehr, daß ‚Sinn und Form‘ sie nehmen wird."

21. 2. 1993: „Die Zeitschrift ‚hochschule ost‘ wollte einen Artikel von mir zum Stand der Wissenschaften in Deutschland. Sandte ihnen einen langen Brief zum Thema.

Ansonsten nur zwei Besuche von Interesse. Am Donnerstag kam ein junger Wissenschaftler namens Schröder zu mir, der in einer ABM-Gruppe über die Frühgeschichte des Instituts für Geschichte an der Akademie der Wissenschaften arbeitet und an Auskünften von mir interessiert war.

Am Freitag kam ein Genosse vom Ungarischen Staatsfunk namens Nemes Gabor zu mir. Er sagte mir, daß er in der Zeit von 1982 bis 1987, als er Korrespondent in Ostberlin war, mich öfter interviewt habe. Jetzt sei er unter 2 000 Angestellten der einzige Sozialist, sei nur privat in Berlin und wolle mich über Deutschland ausfragen."

7. 3. 1993: „Dachte gestern morgen, daß ich heute über die letzten 14 Tage kaum etwas zu schreiben haben würde. Es ist ganz anders gekommen.

Las gestern vormittag die März-Nummer von ‚Antifa‘, fand dort ein Interview mit Sigrid Jacobeit, was mich für sie freute, und dann vor allem, ebenfalls eine ganze Seite, über Erwin Planck, von dem ich nie gehört hatte, Sohn von Max Planck. Ein konservativer Hitlergegner, der am 23. Juli 1944 verhaftet und am 23. Oktober zum Tode verurteilt wurde. Und dann heißt es in dem Artikel: Eine Begnadigung wurde davon abhängig gemacht, daß sein Vater Max Planck (einer der größten Physiker der Wissenschaftsgeschichte, ein Stolz der deutschen Kultur, Freund Albert Einsteins und Lehrer ganzer Wissenschaftsgenerationen) eine Loyalitätserklärung für Hitler unterschrieb. Es war die schwerste Prüfung, die der alte Mann zu bestehen hatte. Auch er war (wie sein Sohn – J. K.) der Meinung, daß die Bewahrung des Charakters das wichtigste war. Er lehnte ab. Am 18. Januar 1945 wurde Erwin Planck hingerichtet. Er starb tapfer.‘

Als ich das Marguerite vorlas, hatte ich noch das Empfinden einer schrecklichen Tragödie, sie auch. Wir beide waren uns auch einig, daß wir unterschrieben hätten, um den Sohn zu retten, da wir nicht das mindeste dagegen gehabt hätten, den Nazis gegenüber einen Meineid zu leisten.

Später sah ich die Sache anders und verurteilte Max Planck scharf. Wollte er, der so fromm war, Gott gegenüber eine ‚weiße Weste‘ behalten? Was war das für ein Gott, an den er glaubte? Oder den Menschen gegenüber? Was für eine Eitelkeit, den Sohn dem eigenen Stolz zu opfern ... als das Ende des Faschismus jedem klar sein mußte! Was für ein Mißtrauen auch allen guten Menschen und Nazifeinden gegenüber, die volles Verständnis für ihn gehabt hätten, wenn er die Loyalitätserklärung unterschrieben hätte!

Nein, es war keine echte Tragödie, sondern der falsche Stolz eines alten Mannes, der ‚seinen Charakter‘, seine ‚weiße Weste‘ behalten wollte! Ein trauriges Erlebnis menschlicher Schwäche eines alten Mannes, der ein Jahrzehnt zuvor so mutig für Einstein eingetreten war, ein schwarzer Fleck auf seiner ‚weißen Weste‘, die man ihm nur wegen seinem Alter verzeihen kann, wenn überhaupt.

Das zweite Erlebnis: Gretel kam am Nachmittag, um mir zu erzählen, daß sie auf dem Nachhauseweg von mir am Freitag gegen 13.30 Uhr, so kurz vor ihrer Wohnung, von zwei etwa 13jährigen Jungen überfallen worden und ihrer Handtasche mit all ihrem Geld (DM 260,–), ihren Ausweisen, Schlüsseln usw. beraubt worden war.

Die Kinderkriminalität hat überall in der Welt (Kinder gleich unter 14jährig) erschreckend zugenommen – ganz besonders aber bei uns in der Ex-DDR, wo die Kriminalität, die früher weit geringer war als in der BRD, erschreckend gestiegen ist. Das mindeste, was ich tun kann, ist, ihr das Geld zu ersetzen. Froh, daß Herr Graf auf dem Wege zur Besserung seines Fußes ist und sie vielleicht schon Donnerstag nach Hause bringen kann.

Ansonsten habe ich die Zeit vor allem mit meinem neuen Buch ‚Wissenschaft und Wissenschaftler in der DDR‘ verbracht. Abgesehen von einer gründlichen Durcharbeitung des Manuskripts ist es fast fertig, da ich ein altes, vor zehn Jahren von der Abteilung Wissenschaften im ZK abgelehntes Manuskript ‚Sport und Wissenschaft‘ benutzen konnte, das außerordentlich kritisch war.

Zum ersten Mal in meinem Leben erschienen 2 Bücher von mir in einer Woche: ‚Frost nach dem Tauwetter‘ und ‚Nicht ohne Einfluß‘.“

14. 3. 1993: „Eine interessante Woche. War am Montag in der Odenwaldschule, wo ich über ‚Deutschland wohin‘ sprach, und am Dienstag in der Evangelischen Akademie in Karlsruhe, wo ich am Nachmittag zum gleichen Thema sprach, ebenso abends auf einer DKP-Versammlung. Vgl. folgenden Brief von der Reise an Marguerite.

Mit dem Pfarrer in der Evangelischen Akademie ein merkwürdiges Erlebnis. Er erzählte mir, er sei im vorigen Jahr mit seiner Frau in Jalta gewesen, wo auch sein Vater während des Weltkrieges gewesen sei. Dort seien sie auf ein Denkmal gestoßen zur Erinnerung an 2 000 von den Deutschen erschossene Zivilisten. Sein Vater habe niemals davon erzählt. Ich sagte ihm darauf, wie viele Genossen im Exil in der Sowjetunion gewesen waren – darunter gute Freunde von mir, auch ein Ex-Schwager, der zugleich ein Vetter von mir war und in einem der Zwangslager dort war -, und keiner hätte auch nur ein Wort von den Schreckenstaten des Stalin-Regimes gesprochen.

Als ich am Donnerstag die ‚Junge Welt‘ vom Mittwoch las, entdeckte ich dort folgenden Brief:

‚Hat Kuczynski die Ökonomen versaut?

Professor Dr. Jürgen Kuczynski hat wesentliche Schuld daran, daß viele Studienjahrgänge an den DDR-Universitäten, von seiner falschen Prognose ausgehend, die Probleme der Ökonomie des Sozialismus falsch gelehrt bekamen und oftmals an seine Thesen glaubten. Er ist für die jetzige Generation der DDR-gebildeten Wirtschaftswissenschaftler einer der schlimmsten Schreibtischtäter. Davon kann ihn auch sein Buch »Gespräche mit meinem Urenkel« nicht reinwaschen. Thomas Heier, Berlin'

Ich antwortete darauf mit folgendem Brief:

,Hat Kuczynski die Ökonomen versaut?

Entgegen der Behauptung von Thomas Heier (»Junge Welt«, 10. März 1993, S. 14) hat Kuczynski an der Humboldt-Universität, an der er nur bis 1956 lehrte, niemals über »Probleme der Ökonomie des Sozialismus« in Vorlesungen oder Seminaren richtig oder falsch gelehrt, konnte darum auch keine entsprechenden »falschen Prognosen« machen. Jürgen Kuczynski, Berlin'

Wenn ich morgen bei der ,Jungen Welt' bin, erlaube ich ihnen meinen wöchentlichen Artikel nur abzudrukken, nachdem sie meinen Brief gebracht haben."


8. 3. 1993

Liebes:

9.00. Sitze behaglich im Zug und lese nach „Welt" und FAZ jetzt einen Detek.

Der Wagen war pünktlich da, und Erika, die in der Stadt zu tun hatte, war mitgefahren – ich glaube, nur um zu sehen, wie ich mit linker Hand und Tasche zurechtkomme.

Wir haben schon 12 Minuten Verspätung.

16.00. Alles klappt wundervoll, und man ist ganz reizend zu mir. Ein rührend besorgter Mann, der gleich am Bahnhof 3 Havanna-Zigarren für micht kaufte, brachte mich zum Wagen, und wir fuhren eine knappe Stunde zur Odenwaldschule. Dort aßen wir Suppe, und ich aß 2 Stullen, eine mit Schinken, eine mit Käse, wie zu Hause.

Dann fuhren wir in seine Wohnung, wo er einen prächtigen starken Kaffee machte. Da endlich nannte er mir seinen Namen: Dagny Wasmund; mit diesem Namen hatte ich korrespondiert. Ich hatte gedacht, das sei eine Frau, und entschuldigte mich. Worauf der Mann sagte: „Aber ich bin ja eine Frau. Dieser verdammte Sweater."

Jetzt sitze ich behaglich in meinem Zimmer. Nachher Abendbrot, dann Vortrag und Diskussion und danach noch Unterhaltung im kleinen Kreis. Werde also spät ins Bett kommen.

9. 3. 1993

9.10. War gestern nur mäßig, leider. Alle ganz besonders nett zu mir. Sprach, mit langer Diskussion, von 19.30 bis 21.30 vor etwa 90 Anwesenden. Dann von 21.30 bis 23.30 noch in kleinem Kreis mit etwa 12 Leuten zusammen. Schlief bis 7.00, um 7.30 Frühstück mit dem Pfarrer und seiner Frau. Jetzt in meinem Zimmer die „Frankfurter Rundschau" gelesen und Dir schreibend. Um 9.30 kommt meine Betreuerin.

10. 3. 1993

Muß mich vielleicht doch korrigieren – es war vorgestern vielleicht doch 2, denn man sagte mir, daß eine Reihe der Schüler noch bis 3.00 Uhr morgens über den Abend diskutiert haben.

Gestern nachmittag in der Evangelischen Akademie 2 Stunden, die wohl 1 – 2 gingen. Ich hatte sogar einen theologischen Disput mit dem Leiter der Akademie auf meiner Seite. Die Pietisten in Baden sind wirklich Apokalyptiker.

Abends in der Partei – etwa 25 von 50 Genossen in Karlsruhe (1989 noch 200) anwesend. Es ging ganz ausgezeichnet, was vor allem an den guten Diskutanten lag.

Heute früh ein ordentliches Frühstück und bald zur Bahn nach Hause.

16.30. Sitze behaglich im Zug. In 1 Stunde komme ich an. Stell Dir vor, die Genossin, die mich zur Bahn fuhr, hatte noch ein Honorar von der DKP für mich. Habe es natürlich nicht angenommen.

Freue mich auf Dich.

Kuß, J.

21. 3. 1993: „Sprach am Mittwoch im Köllnischen Park über mein Buch ‚Frost nach dem Tauwetter‘. Ging ordentlich. Die ‚Berliner Zeitung‘ hatte eine besonders nette Besprechung mit folgendem Ende: »Aber eins ist klar«, verkündet er siegessicher, »in 100 Jahren wird sich der Sozialismus natürlich durchsetzen. Das werde ich dann leider nicht mehr erleben.« Wenn Kuczynski so weitermacht, wäre ich mir da gar nicht so sicher.‘

Erhielt vom S. Fischer Verlag ‚Denk ich an Deutschland ... Stimmen der Befremdung‘, ein Büchlein, in dem ich folgenden Beitrag hatte:

‚Erlebnis eines Kommunisten

Der erste Absatz des Leitartikels der »Blätter für deutsche und internationale Politik«, Nr. 11, 1992, lautet: »Mord, Totschlag, Landfriedensbruch, Brandstiftung, Strafvereitelung, Billigung von Straftaten, unterlassene Hilfeleistung, die Verwendung von Kennzeichen und Parolen nazistischer Organisationen ... Das Strafgesetzbuch offeriert eine Möglichkeit, die *Vorkommnisse* in Hünxe, Hoyerswerda, Eberswalde, Lichtenhagen, Sachsenhausen und und und zu bewerten und auf entsprechende Weise mit den unterschiedlichen Beteiligten zu verfahren – von der Steine und Brandsätze werfenden Avantgarde über die sich vor Ort einfindende und applaudierende Erlebnisgesellschaft bis hin zu

Untätigkeit verantwortenden polizeilichen Einsatzleitern. Entgegen anderslautender Erklärungen findet eine strafrechtliche Würdigung der inzwischen alltäglich gewordenen Ausländerhatz allenfalls begrenzt statt.«

Ein alter Freund besuchte mich, jüdischer Herkunft wie ich und wie ich mit einer »Arierin« verheiratet. Wir vier, Kommunisten schon in unserer Jugend, kennen uns seit unserer Studienzeit, seit 70 Jahren. Voll Kummer sprachen wir über die Gegenwart, über die Verwandlung der Ex-DDR in eine Armenkolonie der alten BRD und über die Fehler, die wir in der DDR gemacht hatten. Ich fing an, auch über die Feindlichkeiten gegen Asylanten und den stärker werdenden Antisemitismus zu reden, insbesondere auch in der Ex-DDR, als er mich unterbrach:

»Weißt du, ich muß dir ein ganz schreckliches Erlebnis mit Anna (seiner Frau) erzählen. Wir sprachen gerade auch darüber, insbesondere über den Antisemitismus, der ja in fast allen kommunistischen Parteien des Ostens, insbesondere in der Sowjetunion, so verbreitet war – mit Ausnahme unserer Partei. Ja, wir hatten Genossen jüdischer Abstammung auch im Politbüro. Kein Hauch von Antisemitismus in der Partei, sagte ich. Und plötzlich unterbrach mich Anna mit trauriger Stimme und sagte: ›Weißt du, ich möchte nicht mehr in diesem Lande leben.‹ Du kannst dir meinen Schock vorstellen. Wie schrecklich war es für uns damals, in der Nazizeit, nachdem wir zunächst noch eine Zeit hier illegal gearbeitet hatten, ins Exil gehen zu müssen. Und jetzt, eine deutsche Kommunistin, meine Anna, möchte freiwillig wieder das Land verlassen?! Ich weiß, fast 90 Jahre ist sie alt, krank und schwach. Menschlich kann ich das schon verstehen. Aber eine Genossin, eine Kommunistin ... meine Anna, politisch so verwirrt am Ende unseres Lebens ... stets politisch so klar und gefestigt ... und jetzt?«

250

Er war den Tränen nahe – auch ich war ihnen nicht weit entfernt.'

Die Geschichte beruht auf einer Äußerung von Marguerite, die mich ganz tief traf, ohne ihr mein Urteil zu sagen.

Heute sehe ich die Sache sehr anders. In der Nazi-Zeit hatte ich die ersten 24 Stunden der Illegalität Angst und dann keinen Hauch von Angst mehr. Alles war klar und ‚gewissermaßen in Ordnung‘. Meine eventuelle Verhaftung und auch Verurteilung zum Tode als ‚Kommunist und Jude‘ gewissermaßen eine vorauszusehende Selbstverständlichkeit. Was ich bis gestern nicht gesehen habe, ist, daß die Situation für Marguerite, die ‚Arierin‘ und zwar links, aber noch nicht Parteimitglied, eine andere war, selbst unter den Nazis nicht gefährdet, und auch heute als ‚Arierin‘ eine andere ist. Für sie konnte und kann mein Schicksal nie eine ‚Selbstverständlichkeit‘ sein, immer mußte sie sich um mich sorgen und Angst um mich haben, für sie bedeutet der heutige Rechtsextremismus die Wiederkehr der Sorge und Angst in der Zeit meiner illegalen Tätigkeit von 1933 bis 1936.

Wenn ich an die vor kurzem hier mitgeteilte Wandlung meines Urteils über Max Planck denke, zeigt sich doch, wie falsch mein erstes Urteil in so entscheidenden Fragen auch heute noch sein kann."

28. 3. 1993: „Las mit Interesse einen Aufsatz im ND vom 23. März über die ‚Verarbeitung‘ des Slansky-Prozesses in der SED-Spitze. Hans Schrekker, der in die Sache ganz unschuldig hineingezogen und verhaftet worden war, berichtete später Schirdewan über die ganze Sache. Er sei vor allem über jüdische Par-teimitglieder verhört worden ‚wie Siegbert Kahn, Jürgen Kuczynski, Leo Löwenkopf, Max Zimmering, aber auch Wilhelm Koenen‘. Interessant, daß an der Spitze der Sowjethetzer in der DDR

Semjonow stand, der scharf gegen mich war und auf dessen Betreiben ich auch als Präsident der Gesellschaft für Deutsch-Sowjetische Freundschaft abgesetzt worden war.

Thomas war am Dienstag da. Er brachte mir aus dem Staatsarchiv Hamburg einen Bericht über die ligue des peuples von 1851 mit dem Urgroßvater Brandeis als Aktiven.

Außerdem wollte er meinen Rat in folgender Sache: Oschmann, Chef des ND, hat ihm die Leitung der Wirtschaftsredaktion angeboten. Ich lehnte jeden Rat wegen ‚historisch-Familien-Befangenheit' ab. Wie schön für mich die Vorstellung, daß Thomas, nachdem er einer meiner Nachfolger als Direktor des Akademieinstituts geworden war, nun, im Abstand von 62 Jahren, mein Nachfolger als Wirtschaftsredakteur unseres Zentralorgans wird.

Erhielt von Erika Behm folgende Zeilen: ‚Heute rief mich Frau Prof. Helga Picht an. Sie betreut seit 2 Jahren den Aspiranten aus Südkorea, der in der DDR studiert hat und jetzt seine Doktorarbeit darüber schreibt, was Jürgen Kuczynski in den Marxismus eingebracht hat. Das Thema hat der Aspirant von sich aus gewählt.'"

4. 4. 1993: „Eine interessante Woche: Am Montag ein nettes Mittagessen mit Hilde Eisler in der Professorenmensa. Leider schreibt sie keine Erinnerungen.

Am Nachmittag ein lebhaftes einstündiges Interview (Leben und Fragen der Zeit) mit dem Sender Bremen, der gut zahlte.

Am Dienstag kam eine Kollegin Bungert, um sich über die 5 Genossen, die gegen Ende des Krieges als Geheimdienstler sowohl von OSS wie des sowjetischen Geheimdienstes über Deutschland abgeworfen worden waren, zu informieren. Ich hatte ja das Ganze initiiert.

Vor allem aber: Die Post brachte einen Vertrag vom

Aufbau-Verlag: Sie wollen Bd. 2 der Memoiren, der ja 2 Auflagen hatte, jetzt als Taschenbuch herausbringen. Doch eine erstaunliche Sache für jemanden, der 1990 eine ‚Unperson‘ wurde und bis heute ganz offen als Marxist und Kommunist auftritt.

Am Mittwoch las ich – den ekelhaften Streit um mich innerhalb der Redaktion der ‚Jungen Welt‘ fortsetzend – folgenden Brief auf der Briefseite:

‚Der Prophet zeigte sich unbeeindruckt

Zu JW vom 17. 3.: Keine Vorlesungen zur PolÖk des Sozialismus

Als ob es auf die paar Studenten an der Berliner Universität ankäme! Ich erinnere mich noch gut daran, daß Kuczynski die katastrophale Preispolitik von E. H. noch im Jahr 1989 gesundbetete. In einem Artikel im ND und in der damaligen Bezirkspresse prognostizierte er, daß nur die »kluge« und »weise« Preispolitik seines Freundes Erich die sozialen Errungenschaften in der DDR sichern könne. Ein Sturm des Protestes erhob sich daraufhin im Lande – der Prophet zeigte sich davon unbeeindruckt. Horst Weber, Berlin‘

Im letzten Brief gegen mich war ich noch ein Verführer und Betrüger unserer Studentenjugend – jetzt spielen ‚die paar Studenten‘ keine Rolle mehr. Jetzt erhob sich ein Sturm im Lande gegen mich. Ach, wenn ich an die zahlreichen Dankesbriefe denke, die ich damals, natürlich vor allem von Rentnern, bekam! Und vergessen darf man auch nicht, mit welcher Freude die Bevölkerung heute der nächsten Mietensteigerung entgegensieht. Wahrlich schändlich, dieser Brief.

Aber ich bin entschlossen, so lange für die ‚Junge Welt‘ zu schreiben, bis man mich rauswirft. Dazu ermutigen mich Genossen und Freunde.

Am Donnerstag war eine Kollegin da, um mit mir über den Rauswurf von Bloch aus der Akademie zu sprechen. Ich hatte damals dafür gestimmt, da ich nicht wußte, daß sein schlimmer Brief an die Akademie in Wirklichkeit von seiner Frau verfaßt wurde, wie mir westdeutsche Freunde und Fritz Behrens, der ständig mit Bloch in Kontakt blieb, später erzählten.

Am Freitag rief eine Frau an, sie sei jetzt Reporterin der ‚Frankfurter Allgemeinen Zeitung' in Berlin und wolle mich sprechen. Sagte natürlich zu. Die FAZ ist doch eine der ganz wenigen reaktionären Zeitungen in der Welt von hohem literarischen Niveau.

Am Sonnabend ein netter Besuch von den Nieses. Er brachte Marguerite Blumen und mir ein neues Buch über die SPD. Immer ist es eine Freude, die beiden zu sehen."

11. 4. 1993: „Ostersonntag. Ganz rührend, wie lieb alle Hilfsgeister, die Krankenschwester, die morgens kommt, die Frau, die abends kommt, unsere Haushaltshilfe, zu Marguerite sind. Alle haben ihr eine Kleinigkeit zu Ostern gebracht.

Erhielt einen Brief von Michael Grüning, der jetzt bei der ‚Märkischen Oderzeitung' arbeitet, in dem er schreibt: ‚Haben Sie nochmals herzlichen Dank für Ihre Mitwirkung an unseren Einstein-Film, der eine außergewöhnliche positive Resonanz fand. Der Kultursender ARTE will ihn ebenso übernehmen wie die ARD.'

Außerdem bat er mich um einen Beitrag zum 175. Geburtstag von Marx für seine Zeitung, den ich gern und gleich schrieb. Der Text folgt. Bei der Überschrift habe ich es beim 175. Geburtstag gelassen, obwohl es natürlich der 176. ist, da der Tag der Geburt nicht mitgerechnet ist. Nur bei Jesus Christus ist das nicht nötig, da er nach dem Kalender nicht mit 0 Jahren, sondern im Alter von 1 Jahr geboren wurde. Daher der 2 000. Geburtstag im Jahre 2000, aber seit seiner Geburt sind erst 2 000 Jahre am 1. Januar 2001 vergangen."

Karl Marx zum 175. Geburtstag

Nicht wenige Menschen sagen heute: Marx ist tot, Jesus lebt. Doch sie sehen nicht, daß Jesus nur mit Hilfe von Marx wirklich leben kann.

Jesus hat der Menschheit viele weise Ratschläge für ihr Leben hier auf Erden gegeben. Zum Beispiel: Liebe deinen Nächsten wie dich selbst.

Wohl Ende der zwanziger Jahre hatte ich eine längere Unterhaltung mit dem klugen und weisen Pfarrer in Schlachtensee, meiner Heimat. Er meinte, daß der Charakter des Menschen stets der gleiche bleibt, daß das Verhalten der Menschen zueinander in der Gesellschaft sich seit den Lehren Jesu nicht zum Guten verändert hätte. Und so würde es auch stets sein. Die Menschen seien auf die Gnade Gottes angewiesen. „Denken Sie", sagte er, „nur an den Konkurrenzkampf in unserer Wirtschaft, überhaupt in unserem Leben, wie soll da, es sei denn in Ausnahmefällen, einer den anderen wie sich selbst lieben!"

Damals begann ich ein Marxist zu werden, und so entgegnete ich ihm: „Ich bin da viel optimistischer. Natürlich haben Sie recht, daß der Charakter der Menschen sich nicht ändert, wenn die Umstände sich nicht ändern. Aber Marx hat uns gelehrt, wie wir die Umstände ändern können, wie wir eine sozialistische Gesellschaft schaffen können. Und wenn diese vollendet ist, dann werden auch die Menschen ihren Nächsten lieben wie sich selbst."

An diese Unterhaltung habe ich oft in den letzten Jahren gedacht. Waren das doch Jahre, in denen so viele Menschen, insbesondere so viele im Westen Deutschlands, das Leben, das gesellschaftliche System der Deutschen Demokratischen Republik restlos verurteilten. Und nicht wenige in der Ex-DDR folgten solchen Gedankengängen. Nur eines waren die letzteren bisweilen gewillt anzuerkennen: Es gab keine „Ellbogengesellschaft" in der DDR. Ich würde sagen: Wir waren auf dem Weg, ganz am Anfang des Weges, der von der Ellbogengesellschaft der Vergangenheit zu einer Gesellschaft führte, in der die Umstände den Menschen den Weg zu einer Zukunft öffnen, in der sie den Nächsten wie sich selbst lieben können.

Was waren das für Umstände? Natürlich war die DDR keine sozialistische Gesellschaft! Im Gegenteil!, der undemokratische feudale Absolutismus überwog in ihr und führte auch zu ihrem Ende. Aber sie hatte einige Elemente, die die Zukunft des Sozialismus, wie ihn Marx verstand, andeuteten. Was waren das für Elemente? Ich nenne:

Absolute soziale Sicherheit: Keiner brauchte auch nur einen Tag zu hungern oder war – bei wahrlich nicht guten Wohnungsverhältnissen – obdachlos. Keiner war arbeitslos.

Ferner: Die Unterschiede in den Lebensverhältnissen waren weit geringer als im Westen. Am deutlichsten kann man das, so paradox es klingen mag, an der Kriminalität der herrschenden Politbüroclique erkennen. Bekanntlich litt die DDR unter starkem Mangel an westlichen Devisen.

Die Bevölkerung der DDR konnte zum Beispiel zahlreiche Konsumgüter wie Bananen, Apfelsinen usw. nur selten kaufen, da man nicht genug Devisen hatte, um sie einzuführen. In Wandlitz, dem Sitz des Politbüros, aber war alles, für Devisen eingekauft, zu haben. Auch die Wohnungen der Politbüromitglieder wurden als Fertighäuser von Neckermann gegen Devisen gekauft. Gute Fertighäuser. Aber kein Prokurist eines westdeutschen Konzerns hätte in ihnen gewohnt. Sie wären ihm „zu bescheiden" gewesen. Die Politbüromitglieder benahmen sich wie Kleinkapitalisten, die gut verdienten und auf dem Weg zu mittleren Kapitalisten waren.

So kam es, daß es für eine Ellbogengesellschaft keine wirkliche Entwicklungsmöglichkeit gab.

Marx war ein großer Wissenschaftler. Max Weber, das einzige Genie unter den deutschen Gesellschaftswissenschaftlern des 20. Jahrhunderts, ein überzeugter Liberaler und Demokrat, der dem Marxismus als Weltanschauung ganz fernstand, meinte, kein Gesellschaftswissenschaftler könne etwas leisten, der nicht auch Marx gründlich studiert hätte.

Aber Marx war nicht nur ein großer Wissenschaftler. Er war auch ein Gläubiger. Nachdem er wissenschaftlich nachgewiesen hatte, daß vor der Menschheit die Alternative steht: „Sozialismus oder Barbarei" – wurde er zum Gläubigen und sah in der Zukunft den Sieg des Sozialismus.

Und als Wissenschaftler war er alles andere als ein Dogmatiker. Nicht nur erklärte er, daß er „kein Marxist" sei, sondern er schrieb auch in das Album seiner Tochter Jenny als seinen Leitspruch „De omnibus dubitandum", an allem soll man zweifeln. Lenin folgte diesem Leitspruch bei der Betrachtung des Werkes von Marx und schrieb: „Die Marxisten entlehnen der Marxschen Theorie vorbehaltlos nur die wertvollen Methoden, ohne die eine Aufhellung der gesellschaftlichen Verhältnisse unmöglich ist." (Werke, Bd. 1, S. 189) Alle anderen Feststellungen von Marx seien immer wieder an der Wirklichkeit zu überprüfen.

Marx hatte einen wunderbaren Blick für geistige Größe von Menschen – ganz gleich, was ihre politische Haltung war. Sein Lieblingsdichter, in dessen Werken er jedes Jahr las, war der altgriechische Dramatiker Äschylos, politisch ein Konservativer, der ins Exil ging, als Perikles den Areopag, eine die Konservativen stützende politische Institution Athens, auflöste. Ausdrücklich bekannte Marx sich im „Nachwort zur zweiten Auflage" des ersten Bandes des „Kapital" zur dialek-

tischen Methode Hegels, der doch so konservativ meinte, die Geschichte der Menschheit hätte mit der bürgerlichen Gesellschaft ihren Höhepunkt erreicht und sei
keiner weiteren Entwicklung mehr fähig. In dem
„Nachwort" heißt es, daß zu einer Zeit, als Hegel von
den deutschen Philosophen wie ein „toter Hund" behandelt wurde, seine, Marx' Haltung war: „Ich bekannte mich daher offen als Schüler jenes großen Denkers."

Und was für eine wundervolle Zukunftsvision hatte
Marx für die Menschheit!

Eine Gesellschaft mit automatischen Fabriken, für
deren Betrieb nur noch Wächter und Reparaturarbeiter
notwendig wären. Meinen Studenten verdeutlichte ich
diese Zeit, indem ich ihnen erklärte: „Mit solchen Arbeiten werdet ihr, so wie heute beim Militärdienst,
vielleicht zwei Jahre eures Lebens verbringen. Der Rest
ist Freizeit. Ihr werdet, wie Marx voraussah, mehrere
Berufe in eurer Freizeit haben, vielleicht Kunstgärtner
und Schriftsteller sein, vielleicht Kunsttischler und
Wissenschaftler."

Was für eine Perspektive für die Menschheit, wie sie
noch kein anderer Wissenschaftler gehabt hat!

Eine weite Perspektive. Wie aber sieht es in der
nächsten Zukunft aus?

Als in Sowjetrußland zur Zeit Lenins um den Sozia-
lismus-Kommunismus ehrlich bemühte Menschen an
der Spitze des Staates standen, meinte Lenin, er hoffe,
daß einst „die Kinder der Gegenwart" oder gar „erst
unsere Enkel" in einer sozialistischen Gesellschaft leben würden. Er hatte keine Illusionen über den Zustand
Sowjetrußlands und die nächste Zukunft.

Heute scheinen wir in Deutschland, in Europa noch
viel weiter entfernt von einer sozialistischen Gesellschaft. Aber auch in der Welt? Auch in der Dritten Welt?
Ich glaube, daß dort die Verhältnisse sich schneller

ändern werden als in den führenden Industriestaaten des Kapitals. Oder bin ich zu pessimistisch?

Genau wie zu Zeiten von Marx in England stehen heute, zum ersten Mal in der 150jährigen Geschichte der deutschen Arbeiterbewegung, die Gewerkschaften an der Spitze des Kampfes für soziale Gerechtigkeit. Für soziale Gerechtigkeit in einer Zeit, in der die Not im Osten Deutschlands groß ist und im Westen Deutschlands größer wird.

Es ist denkbar, und ich denke es gerne, daß die gemeinsame steigende Not eine große Bewegung für ein gerechteres Deutschland, für ein sozial weiter fortschreitendes Deutschland hervorbringt, ein Deutschland, das sich der großen Vision von Marx langsam, aber sicher nähert.

18. 4. 1993: „Eigentlich nichts aus der vergangenen Woche zu berichten, außer daß das Manuskript des neuen Buches endgültig für den Verlag fertig ist – verbrachte den Sonnabend zum Teil mit der Paginierung -

und außer einer merkwürdigen Erinnerung. Das ND vom 17. 4. brachte einen Artikel zur Verhaftung Thälmanns, in dem auch berichtet wird, daß das Ehepaar Martha und Klaus Kluczynski Thälmann damals illegalen Unterschlupf gewährt hatte.

Am nächsten oder übernächsten Tag nach der Verhaftung Thälmanns war die Gestapo bei uns mit der Begründung, wir hießen doch so ähnlich und müßten doch verwandt sein. Zu unserem Glück ließen sie sich aber überzeugen, daß uns die Genossen, die Thälmann aufgenommen hatten, völlig unbekannt waren."

25. 4. 1993 „Eine Woche voll berauschender Schönheit: die Magnolien vor meinem Fenster. Keiner kann auf der Straße vorbeigehen, ohne sie anzuschauen. Auch Marguerite ist mehrmals trotz aller Beschwerden

nach oben in mein Schlafzimmer gegangen, um auf sie herabsehen zu können.

In der vergangenen Woche ein Fernsehinterview im NDR über die Tage nach dem 17. Juni 1953 am Mittwoch um 14.00. Um 15.00 kam Hannes Hörnig für eine Stunde. Wir kamen auch auf ,Frost nach dem Tauwetter' zu sprechen, und er versuchte, die Rolle der Abteilung bei der Hetze gegen mich herunterzuspielen. Aber sonst war er prächtig wie zuvor.

Am Donnerstag gab ich bei Drommer im Aufbau-Verlag mein neues Manuskript ab. Gespannt, ob sie das Buch herausbringen werden. Soll bis 15. Mai Bescheid haben.

Am Sonnabend war Peter ohne Ingrid, die zuviel mit der Vorbereitung eines Seminars zu tun hatte, hier. Nett wie immer. Er war in Bremen zu einer Probevorlesung.

Zu blöde das Gerede vom Sieg des Kapitalismus über den Sozialismus. Faktisch hat von zwei zum Untergang verurteilten Gesellschaften, der kapitalistischen und der Mischgesellschaft mit einigen sozialistischen, einigen kapitalistischen und vielen tödlichen feudalabsolutistischen Elementen, die erstere ,siegreich' länger gelebt. Aber selbstverständlich ist die zweite nicht von der ersten besiegt worden, sondern ist an sich selber zugrunde gegangen.

Las den Aufsatz von Sarah Wagenknecht in den ,Weißenseer Blättern' in der etwas verkürzten Wiedergabe in den ,Marxistischen Blättern'. Rührend, die begeisterte Apologetik des Ulbrichtschen Systems."

2. 5. 1993: „Der Südkoreaner, der seine Doktorarbeit über mich schreibt, hatte sich am Montag zu 15.00 Uhr angemeldet. Er kam auch pünktlich – aber mit Frau, Kleinkind und einem Freund. Er brachte mir auch das Inhaltsverzeichnis seiner Arbeit, in der mich nur ein Abschnitt ernstlich interessiert: ,Georg Lukacs und Ernst Bloch und J. Kuczynski'.

Am Dienstag für ‚Freitag' ein interessantes Interview zusammen mit Eberhard Fehrmann (IG Metall, Bremen), der ganz hervorragend war. Thema: Zum 175. Geburtstag von Marx. Freue mich, endlich einen etwas näheren Kontakt zum ‚Freitag', von dem Mansel das Gespräch leitete, zu haben.

Am Sonnabend, 1. Mai, signierte ich Bücher vor dem Karl-Liebknecht-Haus. Der Verkauf mäßig. Mußte an mein letztes Signieren auf dem Büchermarkt in Rostock denken, als gerade eine neue Auflage des ‚Urenkel' erschienen war und 3 oder 4 Volkspolizisten nötig waren, um den Tisch, die Bücher und mich vor dem Ansturm der Menschen zu retten.“

4. 5. 1993: „Allmählich begreift man die Tiefe der gegenwärtigen Krise – oder auch nicht. Beispiel: Die ‚Berliner Zeitung' bringt heute das Frühjahrsgutachten der 5 Wirtschaftsinstitute unter der Überschrift: Rezession tiefer als erwartet. Frühjahrsgutachten: ‚Pessimismus ist dennoch nicht angebracht.' Der dazugehörende Leitartikel auf der gleichen Seite von Ewald B. Schulte hat die Überschrift: ‚Es geht bergab.' Es lohnt sich, ihn hier wiederzugeben, da er das Beste ist, was ich seit Beginn der Krise in der Presse gelesen habe:

‚Auch wenn die Wissenschaftler weder den Metaller-Streik noch die jüngsten Abwärtsbewegungen der Autozulieferer auf ihrer Rechnung haben: Daß es mit dem Wirtschaftsstandort Deutschland rasant bergab geht, daran läßt das Frühjahrsgutachten auch so keinen Zweifel mehr.

Die Arbeitslosenquote ist entschieden zu hoch, als daß sie auf Dauer auf diesem Level finanziert werden könnte. Die Inflationsraten in Deutschland Ost und West schnüren den geldpolitischen Handlungsspielraum der Bundesbank dergestalt eng, daß die konjunkturpolitisch so wichtigen Zinssenkungen wohl kaum allzu üppig ausfallen können. Mit der fatalen Konsequenz, daß sich die Republik noch glücklich schätzen kann, wenn das Bruttoinlandsprodukt wirklich »nur« um 1,5 Prozent schrumpfen sollte.

Probleme über Probleme – und allem Anschein nach immer noch kein Rezept, wie dem Niedergang Einhalt geboten werden soll. Im Gegenteil: Politische und gesellschaftliche Lager präsentieren sich zerrissener denn je. Dabei ist eines offenkundig: Für eine weitere Verschärfung der Verteilungskonflikte fehlt schon heute jede Substanz. Eine konzertierte Aktion zur Gesundung des Wirtschaftsstandorts Deutschland ist überfällig. Fragt sich nur, wer die Gräben überbrücken soll, wenn im Vorfeld des Superwahljahres 1994 alle gesellschaftlichen Gruppen Opfer bringen müssen.'

Ja, genau so ist die Situation – aber ‚Pessimismus ... nicht angebracht'. Und das auf der gleichen Seite der Zeitung! Man bietet dem Leser wirklich verschiedene Meinungen. Nur keine Orientierung.

Doch nicht ein Wort möchte ich an dem Leitartikel ändern, der die Situation so genau schildert.

Und das an dem Tag, an dem Engholms Rücktritt in der Presse bekanntgegeben wird, zugleich mit einer wahrlich berechtigten Schilderung der politischen Hilflosigkeit in der SPD.

Leider auch in der PDS sowie im ‚Neuen Deutschland' nichts vom Geist des Leitartikels in der ‚Berliner Zeitung' zu spüren.

Ganz einfach sagenhaft die politische und wirtschaftliche Situation. Die erstere so wirr und unklar – bis auf den Metallarbeiterstreik, und die letztere so eindeutig klar und negativ.“

9. 5. 1993: „Hatte ein schönes und trauriges und bitteres Erlebnis. Jan Peters hatte mir sein Buch ‚Ein Söldnerleben im Dreißigjährigen Krieg' gesandt mit der Widmung: ‚Für Jürgen vom dankbaren und treuen Jan'.

Jan ist nicht nur ein tüchtiger Wissenschaftler, sondern auch ein ganz prächtiger Mensch. Viele Jahre hat er im Institut gearbeitet, ich kenne ihn wirklich gut, mag ihn sehr gern und schätze ihn sehr hoch (auch seine Frau Waltraud schätze ich sehr). Seine Widmung war und ist eine wahre Freude.

Vor ein paar Tagen war ein guter Freund von uns beiden bei mir. Er kannte das ursprüngliche Manuskript und erzählte mir, daß Jan für das gedruckte Werk alles, was er von mir zitierte – ich habe im Bd. 2 meines ‚Alltags‘ ausführlich über den Alltag des Soldaten in dieser Zeit geschrieben –, herausgenommen hat. Mußte er das, um das Buch beim Akademie-Verlag veröffentlichen zu können?

Sowohl unser gemeinsamer Freund wie ich zweifeln nicht an der Ehrlichkeit seiner Widmung. Aber traurig sind wir beide. Und nicht nur traurig, sondern auch bitter. Denn was weder Jan noch der Freund wußten: Wolfram Wette, Historiker im Militärgeschichtlichen Forschungsamt Freiburg i. Br., also alte BRD, hatte ein Jahr zuvor in seinem Buch ‚Der Krieg des kleinen Mannes‘ (Piper Verlag, München, Zürich) mein ganzes Kapitel ‚Der Alltag des Soldaten‘ abgedruckt.

Ansonsten in der Woche nur ein Besuch von Helga Nussbaum mit ihrem kleinen Enkel. Natürlich sehr erfreulich, sie wiederzusehen. Und am Sonnabend Peter und Ingrid.

Thomas hatte am Sonnabend einen ausführlichen Artikel im ND, Kritik an einem Artikel von Bisky und Steinitz. Sehr klug vor seinem Antritt als Chef der Wirtschaftsredaktion?“

16. 5. 1993: „Eine Glanzwoche mit einem bitteren Tropfen.

Fünf verschiedene Zeitungen hatten Sachen von mir: ‚Junge Welt‘, ND, UZ, ‚Sozialistische Zeitung‘ (SoZ). ‚Freitag‘. Letzterer eine ganze Seite, mein Interview zusammen mit Fehrmann.

Dazu zwei Einladungen, in Hannover und Köln zu sprechen.

Der uralte Mann lebt noch.

Doch ein bitterer Tropfen: Michael Grüning, in dessen Einstein-Film ich gesprochen hatte, hatte mich gebeten, zum 175. Geburtstag von Marx etwas für die ‚Märkische Oderzeitung' zu schreiben. Ich fand meinen Artikel wirklich ordentlich und nahm ihn darum auch in diese Memoiren auf. Aber weder wurde die Ankunft des Artikels bestätigt, noch erhielt ich eine Reaktion, als ich um die Zusendung von zwei Belegexemplaren bat. Offenbar haben sie ihn nicht gebracht. Natürlich kann er ihnen zu ‚marxistisch' gewesen sein. Aber das Verhalten von Grüning und der Zeitung ist doch von einer unglaublichen Unverschämtheit mir gegenüber.

Ansonsten war die Vertreterin einer französischen Fernsehstation bei mir wegen eines Interviews. Da sie mir aber erklärte, daß französische Fernsehstationen ‚kein Honorar für Interviews' zahlten, ging ich auf diese blödsinnige Erklärung nicht ein und weigerte mich, ein Interview zu geben. Sie will ‚Rücksprache' mit ihrer Stelle nehmen."

23. 5. 1993: „Die letzte Woche brachte einen neuen Film. Es handelt sich um einen von mehreren des ARD: ‚Persönlichkeiten zur Vergangenheit der DDR.' Die Aufnahme dauerte 1 Stunde.

Und dann ein reizender Brief von Bernd Scherenberger, dem Börsenberichterstatter der ‚Berliner Zeitung', den ich in meinem letzten Börsenbericht des ND für seine Berichterstattung gelobt hatte. Er berichtete nicht nur über seine Vergangenheit, sondern schrieb auch, er habe gehört, daß ich Zigarren rauche, und er habe mir welche gesandt.

Gestern, Sonnabend, ein sehr netter Besuch von Sigrid Kleinschmidt von der Bibliothek der ‚Historischen

Kommission' in Westberlin, die mir drei englische Kriminalromane brachte.

Außerdem schrieb ich folgenden Artikel über Wissenschaft und Wissenschaftler in der DDR, den ich hoffentlich im ND veröffentlichen kann."

Wissenschaft und Wissenschaftler in der Deutschen Demokratischen Republik.

Vorbei an Hegel, Marx, Engels und Lenin

Lenin hat einmal über die bürgerlichen Wissenschaftler geschrieben (Werke Bd. 14, S. 347): „Keinem einzigen dieser Professoren, die auf Spezialgebieten der Chemie, der Geschichte, der Physik die wertvollsten Arbeiten liefern können, darf man auch nur ein einziges Wort glauben, sobald er auf Philosophie zu sprechen kommt. Warum? Aus dem nämlichen Grunde, aus welchem man keinem einzigen Professor der politischen Ökonomie, der imstande ist, auf dem Gebiet spezieller Tatsachenforschung die wertvollsten Arbeiten zu liefern, auch nur ein einziges Wort glauben darf, sobald er auf die allgemeine Theorie der politischen Ökonomie zu sprechen kommt."

Genau diese Formulierung trifft auch auf die Wissenschaftler der Deutschen Demokratischen Republik zu.

Warum?

Lenin hat unser Verhältnis zu dem Werk von Marx so beschrieben (Werke Bd. 1. S. 189): „Die Marxisten entnehmen der Marxschen Theorie vorbehaltlos nur die wertvollen Methoden, ohne die eine Aufhellung der gesellschaftlichen Verhältnisse unmöglich ist."

Mit Ausnahme von noch nicht einem Dutzend, die natürlich alle zeitweise in Ungnade bei der Parteiführung waren, haben alle Gesellschafts- bzw. Geisteswissenschaftler der DDR zwar vieles von Marx übernommen, aber nicht die „wertvollen Methoden", die in gewisser Weise wieder auf denen von Hegel beruhten und gleichzeitig mit Marx von Engels und später von Lenin zur Erforschung der Gesellschaft angewandt worden waren. Und wenn sie sie wenigstens teilweise übernahmen, dann groteskerweise nur für Ausbeutergesellschaften. Wir nennen hier auch Hegel, da Marx mit vollem Recht sich, wie er im „Nachwort zur zweiten Auflage" des ersten Bandes des „Kapital" schrieb, „offen als Schüler jenes großen Denkers bekannt hat" und dort feststellte: „Die Mystifikation, welche die Dialektik in Hegels Händen erleidet, verhindert in keiner Weise, daß er ihre allgemeinen Bewegungsformen zuerst in umfassender und bewußter Weise dargestellt hat."

Wenn wir die Lage in der DDR und in der BRD während der Jahre von 1949 bis 1989 vergleichen, war sie recht ähnlich. Beide Staaten verfügten über einen etwa gleichen winzigen Prozentsatz von first rate first class Gesellschaftswissenschaftlern ebenso wie über einen etwa gleichen, aber jeweils wesentlich größeren Prozentsatz von solchen, die „wertvollste Arbeiten auf ihren Spezialgebieten" leisteten. Von einer Überlegenheit der Wissenschaftler der DDR auf Grund der „wertvollen Methoden" von Marx konnte keine Rede sein.

... konnte keine Rede sein, da sie nicht angewandt wurden. Die überwältigende Mehrheit, praktisch fast alle Gesellschaftswissenschaftler, wandten sich gegen die Methoden von Marx oder vergaßen sie oder benutzten sie nicht bei der Analyse gesellschaftlicher Zustände in den Ländern des sogenannten Realen Sozialismus. Sie waren Pseudo-Marxisten.

Beginnen wir mit einer ganz einfachen Feststellung: Wer in der DDR lebte und als Gesellschaftswissenschaftler der Gesellschaft so fern stand, daß er glaubte, im entwickelten Sozialismus zu leben, der war als Gesellschaftswissenschaftler der Realität der Gesellschaft, in der er lebte, so fern, daß er wahrlich keinen Anspruch auf die Kennzeichnung Marxist-Leninist erheben durfte. Es gab nur einen einzigen Wissenschaftler in der DDR, der in seinen Veröffentlichungen gegen diesen Blödsinn protestierte.

Weiter, wieder eine ganz einfache Feststellung: Unsere Gesellschaftswissenschaftler haben immer wieder den Quatsch der Parteiführung wiederholt, daß es in der DDR eine „kontinuierliche" Entwicklung gegeben hat. Sie haben weder die erfreulichen noch die unerfreulichen Diskontinuitäten, die jeder Entwicklung eigentümlich sind, begriffen. Und von einem schon von Hegel als notwendig erkannten Umschlag von Quantität in Qualität haben sie niemals etwas bei uns bemerkt – nicht einmal am 17. Juni 1953!

Fortdauernd „kontinuierliche Bewegung"? Offenbar hatten unsere Gesellschaftswissenschaftler niemals bei Engels gelesen, daß die Geschichte im „Zickzack" vorwärtsschreitet und daß auch der Zufall in der Geschichte keine geringe Rolle spielt.

Doch noch viel ernster: Sie haben die grundlegende Wahrheit der gesellschaftlichen Entwicklung, der schon Heraklit im antiken Griechenland auf der Spur war und die Hegel in so großartiger Form darlegte – und darin war Marx sein Schüler, vergessen: Widersprüche, die fundamentale Basis aller Entwicklung, erkannten sie entweder überhaupt nicht an oder bestenfalls theoretisch, niemals jedoch in konkreten Untersuchungen der DDR-Realität.

Wie richtig schrieb ich in dem 1977 verfaßten Manuskript des „Dialogs mit meinem Urenkel" (das ich erst Ende 1983 veröffentlichen konnte): „Du wirst Dir vielleicht schwer vorstellen können, welche Aufregung ich unter vielen unserer Philosophen verursachte, als ich vor einigen Jahren einen Artikel über Widersprüche im Sozialismus schrieb und sagte, wir sollten uns über sie freuen, denn nur sie brächten Fortschritt in der Geschichte. Drei Jahre dauerte es, bis es gelang, unsere Philosophen in ihrer Mehrheit so weit zu bringen, daß sie die Existenz von Widersprüchen im Sozialismus anerkannten – aber stell Dir vor: In dem Artikel, in dem dann endlich diese einfache marxistische Grundwahrheit als allgemeine Erkenntnis ausgesprochen wurde, genau in diesem Artikel stand, daß die Widersprüche sich bei uns ‚harmonisch bewegen'. Und dieser Quatsch erschien in einem Heft des zentralen Publikationsorgans der Philosophen – kurz vor der erwähnten Konferenz unserer Gesellschaftswissenschaftler! Jetzt wirst Du meinen Zorn besser verstehen.

Harmonie im täglichen Leben und Wirken einer sozialistischen Gesellschaft: Das ist der Traum von Philistern und Kleinbürgern ... Ruhe und Harmonie bei den Widersprüchen ist die erste Philosophenpflicht! Widersprüche im Rahmen der Harmonie! Der Sozialismus ist das beste Ruhekissen! Doch ich werde schon wieder zu zornig. Aber habe ich nicht recht? Wo leben eigentlich Philosophen, die solchen Unsinn schreiben? Oder führen sie ein Doppelleben: ein reales, wenn sie einkaufen gehen, gar mal etwas aus dem Betriebsleben hören, und ein irreales am grünen Tisch, an dem sie (fast hätte ich gesagt: nachdenken) idyllische Zuckerbäckerei betreiben?" (S. 31)

Nein, Widersprüche waren in der DDR weder bei der Parteiführung noch bei den Philosophen beliebt. Anstatt sich über Widersprüche und ihre Überwindung zu freuen, wurden sie verschwiegen. Es gibt zwar eine Reihe allgemeiner Abhandlungen über Widersprüche – aber ich kenne keinen einzigen konkreten Artikel in den 40 Jahren der DDR über „die Widersprüche bei uns". Ein konkreter Hinweis auf Widersprüche bei uns wurde als Kritik an der Parteiführung und unserer Gesellschaft empfunden. Pseudomarxismus in reiner Gestalt!

Und wenn allgemein (nicht konkret für die DDR!) zugegeben wurde, daß die Geschichte sich in Widersprüchen bewegt, dann wurde zumindest festgestellt, daß „antagonistische Widersprüche im Sozialismus unmöglich" sind, also auch in der DDR nicht zu finden sind. In der Tat gab es keinen einzigen Philosophen, keinen einzigen Gesellschaftswissenschaftler, außer dem „Erfinder solcher Widersprüche im Sozialismus", außer dem „Teufel Kuczynski", der von antagonistischen Widersprüchen in unserer Gesellschaft schrieb – von antagonistischen Widersprüchen, an denen ja schließlich die DDR im Oktober 1989 zusammenzubrechen begann.

Und auch das sollte bemerkt werden: Von all denen, die gegen die Auffassung von antagonistischen Widersprüchen in der DDR auftraten, vor allem führende Philosophen, hat bis heute noch keiner bekannt, daß er sich geirrt hat.

Was waren die wichtigsten antagonistischen Widersprüche in der Gesellschaft der DDR?

Die DDR war eine Mischgesellschaft, bestehend

aus sozialistischen Elementen vor allem auf dem Gebiet der sozialen Politik – keiner brauchte auch nur einen Tag zu hungern, auch wenn die Renten im allgemeinen niedrig waren, keiner war obdachlos, auch wenn der Zustand der Wohnungen oft schlecht war, keiner war arbeitslos, und wir hatten das beste System von Kinderhorten und Kindergärten der Welt, um den Frauen den Zugang zur beruflichen Arbeit zu gewähren;

aus viel zu geringen kapitalistischen Elementen, wie etwa ein gewisses Ausmaß von freier Konkurrenz, eine teilweise Marktwirtschaft zwischen Einzelhandel und Konsumenten;

aus sehr starken feudalabsolutistischen Elementen, wie dem Kommandosystem in Form der Diktatur des

Politbüros, wie völlig mangelnder Pressefreiheit, die unter Friedrich dem Großen größer war als in der DDR, wie völlig mangelnder Kritik von Unten nach Oben, mit einem Wort: wie völligem Mangel an Basisdemokratie, die noch geringer war als in der Bundesrepublik.

Es war dieses Element des feudalen Absolutismus, das auch in der stark monopolistischen Wirtschaft der DDR herrschte, das zum Zusammenbruch führte.

Abschließend sei noch auf eine völlig falsche Auffassung von dem Verhältnis zwischen Sozialismus und Kapitalismus eingegangen.

Erich Honecker hat anläßlich einer Rede bei seinem Besuch in der Bundesrepublik erklärt, Kapitalismus und Sozialismus seien wie Feuer und Wasser, also antagonistische Gegensätze, von denen eine Seite vernichtet werden muß, damit die andere existieren kann – anders wie normale Widersprüche, die dadurch gelöst werden, daß das Schlechte auf beiden Seiten vernichtet und das Gute auf beiden Seiten zu einer Synthese zusammengeführt wird. Die Formulierung eines solchen Gegensatzes, eines Gegensatzes wie Feuer und Wasser, ist falsch, grundfalsch. Jede Gesellschaftsordnung übernimmt von der vorangehenden alles Große, das diese geleistet hat. Für die Kultur als gesellschaftliche Leistung wird das niemand bestreiten. Selbstverständlich fühlen wir uns nicht nur als Erben der Kultur der Menschheit der letzten 5 000 Jahre, der Kultur des alten China, Ägypten und des antiken Griechenland bis zur Kultur des Kapitalismus, des deutschen (und europäischen) Kapitalismus – von Mozart und Kant, von Goethe und Hölderlin, von Niebuhr und Gauß über Fontane und Mommsen bis zu Einstein, Thomas Mann und Heinrich Böll – die uns natürlich besonders nahe sind. Selbstverständlich müssen wir auch auf dem Gebiet der Wirtschaft, wie uns Lenin gelehrt hat, den Kapitalismus als Lehrmeister betrachten – deshalb hat

Lenin auch nach der Beendigung der Interventionskriege und des Bürgerkrieges 1921 soviel von der kapitalistischen Wirtschaft übernommen, daß er stets von der kapitalistischen Wirtschaft in Sowjetrußland sprach, deshalb hat er stets verlangt, auch auf dem Gebiet der Wirtschaft vom Kapitalismus zu lernen.

Selbstverständlich ist der Kapitalismus als politisches Herrschaftssystem (!) der Feind des Sozialismus. Er will ihn nirgends aufkommen lassen, und wo der Sozialismus siegt, möchte er ihn wieder vernichten. Auf politischem Gebiet sind Kapitalismus und Sozialismus wahrlich wie Feuer und Wasser, verhalten sie sich antagonistisch zueinander.

Aber sonst? Sollten wir uns nicht als Sozialisten für unsere Gesellschaftsordnung ein Beispiel nehmen an dem, was Engels und Marx über die Bourgeoisie schon im „Kommunistischen Manifest" schrieben: „Die Bourgeoisie kann nicht existieren, ohne die Produktionsinstrumente, also die Produktionsverhältnisse, also sämtliche gesellschaftlichen Verhältnisse fortwährend zu revolutionieren." Ja, ständige Steigerung der Produktivität – selbstverständlich bei ständiger Schonung der Natur – muß auch unsere Losung sein ... bis zur Erreichung der Vision von Marx, der automatischen Fabrik, die es uns erlaubt, ohne die aufgezwungene Arbeit bei der Beschaffung der Lebensnotwendigkeiten, unser Leben in fruchtbarer, kulturvoller Freizeit-Arbeit wahrlich menschenwürdig zu verbringen – ein Leben im irdischen Paradies, das einst, in heute noch ferner Zeit, der Kommunismus der Menschheit bringen wird.

War Marx nicht zumindest halbtot bei uns?

30.5.1993: „Eine merkwürdige Woche. Gleichzeitig die Mitteilung von Elefanten Press, daß ,Frost nach dem Tauwetter' ins Englische übersetzt wird, und eine saumäßige, denunziatorische Besprechung in der ‚Jungen Welt'. Will am Dienstag dagegen protestieren.

Das ND lehnte meinen Artikel mit der Begründung ab, es handele sich um eine ‚elende Selbstlobhudelei'.

Schrieb dem Redakteur darauf folgenden Brief: ‚[...] Ich habe gestern meinen Artikel einem alten Freund, einem der ganz wenigen wirklich ganz echten Marxisten gezeigt. Nachdem er ihn gelesen hatte, sagte er: »Zwar kein neuer wissenschaftlicher Gedanke von dir drin, aber endlich eine klare Einschätzung des Zustandes von Wissenschaft und Wissenschaftlern in der DDR. Gut, daß du auch dich zitiert hast, damit man weiß, daß es wenigstens einem von uns gelungen ist, bestimmte Gedanken von Marx und Lenin, angewandt auf die DDR, zum Druck zu bringen.« Darauf antwortete ich ihm: »Genau das letztere ist der Haken. Im ND, (natürlich nannte ich Deinen Namen nicht) hält man diese Erwähnung von mir für Lobhudelei, für stinkendes Selbstlob.« Mein Freund stutzte, überlegte einen Augenblick und sagte dann: »Ja, vielleicht haben sie im ND recht. Wir waren so runtergekommen, daß, wenn jemand Marx und Lenin abschrieb und auf die DDR anwandte und das noch angesichts der Haltung des Politbüros und der großen Masse der Gesellschaftswissenschaftler zum Druck brachte und heute selbst darauf hinweist, das wie Selbstlob klingen kann. Streich doch einfach die zwei Stellen.«

Ansonsten eine gute Veranstaltung in der ‚Zunge', die ausführlich im ND besprochen wurde, und ein netter Besuch von Karl Lärmer."

6. 6. 1993: „Schrieb folgenden Artikel für die ‚Junge Welt', den ich aber nicht abgeben werde, da er nicht genügend Wirtschaftsprobleme behandelt. Wie ungeheuer aktuell er aber ist, zeigt folgendes aus der ‚International Business Week' vom 7. Juni. Der Leitartikel hat die Überschrift: ‚Unerträgliche Kosten der

Clintonökonomie', und die Zusammenfassung des Artikels lautet: ,Die Ideologen in der Clinton-Administration verbinden Regierung und Moral. Das wird die USA-Wirtschaft zerstören.' Eine so klassische Bestimmung des Kapitalismus habe ich selten gelesen.

Am Montag sprach ich zusammen mit Günter Reimann in der Volksuni. Saal überfüllt. Es ging ordentlich."

Heuchelei

Es dauerte eine ganze Zeit nach Ausbruch der Krise, bis man in Bonn von dem schönfärberischen Ausdruck „Flaute" zur realistischen Formulierung Krise überging. Und jetzt hat sich Finanzminister Waigel endlich zu der Wahrheit, die man seit längerem in der „Jungen Welt" lesen konnte, durchgerungen und gesagt, daß die gegenwärtige die schwerste Wirtschaftskrise in der Geschichte der BRD sei.

Wie die meisten Minister in dieser Welt, gehört auch Theo Waigel einer politischen Partei an. Und wie jede Partei, hat auch seine einen Namen, der ihren Charakter und ihre Ziele anzeigen soll. Seine Partei nennt sich christlich und sozial. Christlich bezieht sich auf das Verhältnis zum Mitmenschen, mit dem man es zu tun hat: Man soll ihn achten und lieben. Sozial bezieht sich auf die Gesellschaft, in der man lebt: Man soll in ihr alle vor Not und Sorge schützen und sich um so mehr dieser Aufgabe widmen, je größer die Not und die Sorge sind.

Niemand kann dem Finanzminister nach seinen letzten Äußerungen vorwerfen, daß er nicht klar mit der weiteren Verschärfung der Krise das weitere Anwachsen von Not und Sorge unter den Menschen in Deutschland voraussieht.

Was aber plant der sich christlich und sozial nennende Minister mit Zustimmung seiner Partei dagegen zu tun? Er plant, den Menschen in ihrer Not und Sorge weniger und weniger zu helfen: Die Arbeitlosen und die Kinderreichen, die Kranken, die Wohngeldbedürftigen und die Sozialhilfeempfänger wie auch die Empfänger von Erziehungsgeld, sie alle sollen weniger Hilfe erhalten, und alle sollen mit Löhnen und Gehältern, die entweder eingefroren werden oder weniger steigen als die Kosten der Lebenshaltung, schlechter leben.

Wäre es nicht an der Zeit, daß er sich Mitglied einer unchristlichen, unsozialen Partei nennt?

13. 6. 1993: „Gretel ist von der Kur zurück und dadurch natürlich vieles viel leichter.

Das ND hat meinen Artikel endgültig abgelehnt. Absagebrief und meine Antwort nachfolgend.

Habe mich mit Helmut Steiner für morgen verabredet, um die ganze Sache auch im Hinblick auf eine eventuelle Veröffentlichung in ‚Utopie konkret' zu besprechen.

Gestern Besuch von Peter und Ingrid. Nett wie immer. Auch Rita kam kurz vorbei. Sie ist rührend zu Marguerite. Thomas will heute kommen.

Er war am Mittwoch nach Rückkehr von Moskau bei uns. Erzählte ganz riesig interessant und hatte einen reizenden Brief von Maria Varga für mich. Der Vater hat – erst 25 Jahre nach seinem Tode zu öffnen – Teil eines Buches hinterlassen, das eine ungeheuer scharfe Kritik des herrschenden Systems darstellt. Teilweise soll es schon veröffentlicht sein."

Neues Deutschland
Herrn
Prof. Jürgen Kuczynski
Parkstr. 94
Berlin 1120
Berlin, den 4. 6. 1993

Lieber Jürgen,

[...] Neben der Sache mit dem Eigenlob, die ja durch Kürzungen zu mildern wäre, sprechen auch noch andere Überlegungen dagegen.

Zum Beispiel, daß zumindest auf den letzten beiden Philosophiekongressen der DDR das Problem der Widersprüche, deren Lösung die Entwicklung vorantreibt, unter den gegebenen Umständen deutlich angesprochen wurde. Es hat mehr als einen Wissenschaftler gegeben, die sich gegen den Unfug engagierten, die entscheidende Triebkraft sei „die Übereinstimmung von gesellschaftlichen und individuellen Interessen". Diesen Leuten würde man mit Deinem Artikel, der die Dinge unserer Meinung nach zu stark vereinfacht, Unrecht tun. Und das möchten wir nicht.

Daß nicht alles, was gedacht und gesagt wurde, auch gedruckt worden ist, steht freilich auf einem anderen Blatt. [...]

In der Annahme, daß Du nicht erfreut bist, aber diesen Widerspruch als Beitrag zum Thema betrachtest,

mit freundlichen Grüßen

Berlin, 14. Juni 1993
Jürgen Kuczynski
[...]
Dein Brief vom 4. 6. ist angekommen.

Nein, ich bin nicht erfreut!, vor allem natürlich über mich:

daß ich nicht begriffen habe, daß die Feststellung von richtigem Abschreiben von Marx unter DDR-Verhältnissen als Selbstlob erscheinen muß, statt wie seit Jahrtausenden (außer in Kreisen der kirchlichen Intelligenz) ausschließlich das Hervorheben eigener neuer Gedanken, wovon ja in meinem Aufsatz nicht die Rede sein konnte;

275

daß, wenn ich auf Zeile 19 von S. 1 meines Artikels von „noch nicht einem Dutzend, die natürlich alle zeitweise in Ungnade bei der Parteiführung waren", spreche, die die „wertvollen Methoden von Marx übernommen haben", das offenbar unter der Fülle des Textes übersehen werden konnte.

Also: mit wahrhaft freundlichen Grüßen

gez. J.

20. 6. 1993: „Am Montag war Helmut Steiner bei mir. Wieder eine reine Freude. Zeigte ihm zuerst meine Korrespondenz mit dem ND und meinen Aufsatz. Wir beschlossen – mein Vorschlag –, daß mein Aufsatz und einer von ihm zu diesem Thema in ‚Utopie konkret' erscheinen soll und wir versuchen, eine Diskussion herbeizuführen. Als ich ihm den Brief vom ND zeigte und ihm sagte, ich sei zwar nicht auf den beiden letzten Philosophiekongressen gewesen, habe aber in den Veröffentlichungen nichts über Widersprüche in der DDR gelesen, sagte er, daß auch auf den Kongressen kein Wort darüber gesagt wurde.

Helmut fährt Mitte Juli nach Moskau, wo er auch Maria Varga sehen wird. Seine Frau ist an der Humboldt-Universität beamtete Institutsdirektorin geworden. Welch ein Glück die dadurch gesicherte Existenz. Aber die beiden haben es auch verdient, und er kann weiter so nützlich für uns arbeiten, auch wenn er weniger verdient. Bin natürlich ganz riesig froh.

Dienstag früh auf meinem Schreibtisch ein Geschenk von Thomas. Ganz wunderbar: eine Dunhill-Pfeife mit der Widmung ‚Meinem Vorgänger im Amt ... mit sechzig Jahren Verspätung ... für die nächsten sechzig Jahre ...' Er fing am Dienstag ja im ND als Chef der Wirtschaftsabteilung an.

Ein Brief von Georg Fülberth. Er hat mit ‚konkret' wegen einer Besprechung von ‚Frost nach dem Tauwetter' gesprochen. Auch brachte der Brief die traurige Nachricht vom Tode von Ingeborg Weber-Kellermann. Ein schwieriger, aber prächtiger fortschrittlicher Mensch und wahrlich ein guter Autor; eine gute Freundin war sie!

Am Mittwoch war Kim Chung-Roh wieder mit Frau und Kind bei mir, um das 2. Kapitel seiner Doktorarbeit über mich zu besprechen. Wenn er mit der Arbeit fertig ist, will er mein Buch über die Intelligenz ins Koreanische übersetzen. Dann wären vier Bücher von mir dort erschienen.

Am Donnerstag war Frank Schumann bei mir. Eine große Freude. Wir verabredeten, daß ich alle 14 Tage für die ‚Linke', deren Geschäftsführer er ist, schreiben werde – genau wie für die ‚Junge Welt' –, auch eine gute Sache, falls letztere mich wirklich hinauswirft.

Ein Brief von Rainer Oschmann (ND): Sie wollen, daß ich meine regelmäßige Berichterstattung über die Börse aufgebe – wegen Gefahr, daß das ND nach der Anstellung von Thomas als Familienblatt erscheint.

Am Freitag einen Anruf von einer Japanerin. Eine Filmgesellschaft will im August einen Film von mir drehen.

Schrieb Nachfolgendes für dieses Tagebuch zur Weltlage."

Zur Weltlage

Zwei bemerkenswerte Bücher. Die über 80jährige Barbara Castle, die ich in meiner England-Zeit kannte, eine wahrlich mutige Kämpferin für den Fortschritt, hat ihre Lebenserinnerungen herausgegeben. Und sie ist geblieben, was sie stets war. Sie schreibt: „Ich bin niemals zynisch geworden. Wenn ich die schäbige, kommerzialisierte und demoralisierte Gesellschaft, in der ich dieses Buch schreibe, betrachte, bin ich mehr als je davon überzeugt, daß die politische Analyse, mit der ich aufgewachsen war, richtig war. Ich habe immer geglaubt, daß der einzige Weg, den Reichtum zu vermehren, ist, ihn immer gleichmäßiger zu verteilen, weltweit und national." Welcher fortschrittliche Mensch, ob linker Bürger oder Kommunist, sollte wohl ihrem Glauben nicht zustimmen und, wie sie, entsprechend handeln!

Das zweite Buch, „Preparing for the Twenty-first Century" von Paul Kennedy, ist ganz anderer Art. Er sieht die Vereinigten Staaten im Abstieg, wirtschaftlich und kulturell. Und ähnlich die Welt. Sein Grundproblem ist: Er hat Angst für die ganze Welt vor dem 21. Jahrhundert, weil wir nicht auf die Katastrophen, die auf uns zukommen, vorbereitet sind. Kennedy ist nicht wie Barbara Castle ein Linker, aber ein gedankenreicher Vertreter der Bourgeoisie.

Und in der Tat, wenn man das gedankenlose, ahnungslose Geschwafel von Kohl sich anhört, die völlige Hilflosigkeit von Major in Großbritannien beobachtet, das erschreckende Chaos auf dem ehemaligen Gebiet der Sowjetunion betrachtet, die Hilflosigkeit Clintons gegenüber den Problemen in den Vereinigten Staaten erlebt, den aufkommenden Nationalismus überall in der Welt, dann kann man den Pessimismus von Kennedy verstehen und wird um so beglückter das Festhalten von Barbara Castle an ihren Jugendidealen begrüßen.

Gleichzeitig aber muß man feststellen, daß weder der Pessimismus des klugen, aber letztlich einflußlosen Kennedy noch die mutige Haltung der Castle heute von wirkungsvoller (!) Bedeutung sind.

Die Linke in Deutschland ist heute zersplittert, und jede ihrer Veranstaltungen – soeben erst der Kongreß von „konkret" – zeigt das deutlich. Auch die PDS, die größte Partei in Ostdeutschland und die kleinste in Westdeutschland, spielt keine aktive Rolle. Bei keinem der Streiks in Ostdeutschland ist sie als Partei hervor-getreten!, einfach katastrophal.

Auf dem Gebiet der ehemaligen Sowjetunion, insbesondere in Rußland, sind rassistische Nationalisten und Kommunisten verbündet.

In den USA sind Republikaner und rechte Demokraten im Bündnis gegen die bescheidenen Reformen, die Clinton ursprünglich geplant hatte, und haben ihn weiter nach rechts rücken lassen.

In Italien herrscht politisches Chaos, und in Frankreich hat die neu angetretene rechte Regierung soeben als erste Heldentat ein ausländerfeindliches Gesetz erlassen.

Während überall in der Welt von ökologischen Problemen geschwatzt wird, wird nirgendwo energisch gehandelt. Auch hat noch niemand die ganze Katastrophe der Arbeitslosigkeit begriffen. Denn zum ersten Mal in der Geschichte des Kapitalismus wird auch bei sich bessernder Konjunktur die Arbeitslosigkeit weiter ansteigen. Nirgendwo kümmern sich die Gewerkschaften um die Arbeitslosen. Die Mitgliederschaft des Deutschen Gewerkschaftsbundes ist 1992 um fast 1 Million gesunken – fast alle in Ostdeutschland arbeitslos Gewordenen sind ausgetreten. Damit sind sie zu Parias der Gesellschaft geworden – im Gegensatz zu den Arbeitslosen in der großen Krise von 1929/33, die damals von den Linken, vor allem von den kommunistischen Parteien, wenigstens durch große Demonstrationen, Hungermärsche, Stürme auf Rathäuser politisch in die Gesellschaft eingegliedert wurden. Damit haben sich Millionen zu den anderen Parias der Gesellschaft gesellt: zu den Arbeitsinvaliden, den Schwerbehinderten allgemein, den Drogenabhängigen, den Sozialfürsorgeempfängern, den Kleinkriminellen, den Obdachlosen.

Vor einigen Jahren war ich in den USA und sprach dort mit dem Expräsidenten Carter, mit einem Vertreter von Coca Cola, mit einem Direktor des Federal Reserve Board, mit liberalen Professoren und Journalisten und natürlich mit meinen Genossen Kommunisten über die Parias, die in den USA etwa 15 Prozent der Bevölkerung ausmachen. Und alle waren sich einig, daß diese Parias, da völlig unorganisiert, keine Gefahr für, wie ich als Marxist formuliere, die herrschende Klasse bedeuten. Und das gilt auch für Deutschland und andere große Industriestaaten.

Und die Zukunft?

Nichts kann ich für die nächsten fünf Jahre, nichts bis zum Ende dieses Jahrtausends voraussagen. Alles ist zu chaotisch und ungewiß. Nichts Entscheidendes an Wendung werde ich in dieser verfaulenden Welt des Kapitalismus mehr erleben, auch wenn ich 100 Jahre alt werden würde.

Aber davon bin ich fest überzeugt: In 100 Jahren wird die Welt besser aussehen.

Marx hat als Wissenschaftler festgestellt: Die Menschheit steht vor der Alternative: Sozialismus oder Barbarei. Und als Gläubiger meinte er: Der Sozialismus wird siegen.

Auch in dieser Beziehung bin ich ein hundertprozentiger Marxist.


27. 6. 1993: „Am Montag bei der ,Linken', meinen ersten laufenden Beitrag abgegeben. Gespannt, ob die ,Junge Welt' mir kündigen wird, wenn sie merken, daß ich auch für die ,Berliner Linke' regelmäßig schreibe.

Donnerstag bei Ruth. Nett wie immer, und wie immer in den letzten Monaten hatte sie einen Detek für mich.

Am Nachmittag kam Thomas. Es war ganz besonders nett. Marguerite und ich sagten ihm, wie enttäuscht wir von seinen 3 Beiträgen im ND waren, und er nahm uns das in keiner Weise übel.

Am Freitag hatte er einen längeren Beitrag, und wir

fanden ihn viel besser. Marguerite rief ihn abends an und erzählte es ihm.

Schrieb einen Artikel, den ich hoffe, im ‚Freitag' unterzubringen.

Am Sonnabend meinen Beitrag für die UZ mit den neuesten Börsenzahlen fertiggemacht."

4. 7. 1993: „Eine interessante und besonders nette Woche. Besonders nett, weil am Sonnabend Peter und Ingrid, Thomas und Rita da waren, die Marguerite und mir ein ganz reizendes Mittagessen bereiteten und dann auch abwuschen. Thomas findet sich immer besser in seinen neuen Job hinein, aber leider schreibt er in der freien Zeit noch nicht an seinem Buch. Alle voll guter Laune.

Am Mittwoch nachmittag waren Georg und Wilma Iggers bei uns. Er gab mir sein neuestes Buch, eine Geschichte der neueren Geschichtsschreibung, das ich gleich las. Ganz vorzüglich.

Heute abend bin ich in der Fördergemeinschaft zur Gründung einer Friedensuniversität. Rührenderweise holt man mich im Wagen ab."

5. 7. 1993: „Thomas Grimm, der mehrfach Filme und Interviews mit mir gemacht hatte, holte mich zu einem wirklich interessanten Abend ab. Sprach länger mit Egon Bahr, der, für mich völlig unverständlich, eine linke Belebung der SPD versprach. Plauderte mit Falin, der mich daran erinnerte, daß wir uns 1950 in Karlshorst getroffen hatten, sprach auch kurz mit Kissinger. Fink kam zu mir heran, es war eine Freude, ihn wiederzusehen. Während der Veranstaltung saß ich mit Krenz und Modrow zusammen. Krenz merkwürdig bescheiden. Ich fragte ihn, ob er schreibe, worauf er sagte: ‚Noch nichts zum Druck Reifes, es ist so schwierig für mich, die Vergangenheit zu verstehen. Für dich ist das natürlich viel leichter.'

Die Diskussion von Bahr, Falin und Kissinger auf

Niveau, klug, zugleich leicht durch witzige Bemerkungen.

Heute früh die Nachricht vom Tode von Walter Markov. Doch recht erschüttert. Schrieb dem Sohn folgenden Brief, jedes Wort ehrlich:

,Lieber Genosse Helmuth Markov:

Traurig – oft ist man das im Leben, aber heute morgen, als ich die Nachricht las, scheint mir das Wort zu wenig.

Wir haben uns nicht oft im Leben gesehen, viel zu selten für meine Bewunderung nicht in erster Linie eines bedeutenden Wissenschaftlers – von denen hatten wir in der DDR in den 45 Jahren ein gutes Dutzend –, sondern vor allem eines großen Menschen, wie sie auf dieser Welt so selten sind.

Sei nicht böse, wenn ich mit fast 89 Jahren aus körperlicher Schwäche nicht zur Beerdigung kommen kann.

Dein J. K.'"

10. 7. 1993: ,,Die ,Weltbühne' ist eingegangen. Sie war unter Budzislawski nicht mehr, was sie unter Ossietzky war. Sie war unter Theek nicht mehr, was sie unter Budzislawski war. Und unter Theeks Nachfolger war sie noch weniger. Aber immerhin war sie noch ein kleiner kultureller Lichtblick geblieben. Ich schrieb an die Redaktion folgenden Brief:

,Liebe Redaktionsmitglieder: Ich schreibe an Euch als wohl der einzige noch lebende Autor der »Weltbühne« von vor 1933.

Wenn auch Euer Chef mich am 13. September 1990 in Gegenwart eines anderen, der mir aus Taktgefühl während der ganzen Zeit den Rücken zukehrte, so unflätig wegen des Stils eines Artikelmanuskripts beschimpfte, daß ich die Mitarbeit aufgeben mußte,

wenn auch seitdem die »Weltbühne« kaum noch Artikel über Wirtschaftsfragen brachte,

möchte ich Euch doch schreiben, wie ganz schmerzlich ich und so viele andere kultur- und politikinteressierte Menschen ihren Tod bedauern.

Ich hatte bis zu ihrer letzten Nummer 4 Exemplare abonniert, um sie an Freunde ins Ausland zu versenden.

Euch allen, einschließlich Eurem Chef, wünsche ich in dieser traurigen Zeit – traurig für die Ex-DDR, traurig für Deutschland, traurig für die Welt – wenigstens (und auch das ist typisch für unsere Zeit) eine einigermaßen erträgliche materielle Sicherheit und sodann erst interessante Weiterarbeit in Eurem Leben.

Euer Jürgen Kuczynski'

Scharping hat sein ‚Schattenkabinett' bekanntgegeben. Offenbar wußte Bahr schon davon und daher sein Optimismus, den ich aber auch heute nicht teile. Lafontaine ist unberechenbar. Klose, verantwortlich für Außen- und Sicherheitspolitik, ist ein ‚Großdeutschland'-Verfechter. Natürlich Thierse, Glotz, Hildebrandt und einige andere relativ erfreulich, aber ob sie genügend Einfluß haben werden? Auch der ‚Freitag' teilt meinen Skeptizismus.

Hatte ein wundervolles Erlebnis mit Marguerite. Gab ihr einen Artikel über die Zinssenkung der Bundesbank von Thomas im ND. Ich fand ihn ordentlich, aber nichts Besonderes. Beim Mittagessen sagte sie mir, es fehlten in ihm vor allem die ‚kleinen Leute'. Darauf stand ich mitten im Essen auf und holte einen meiner kleinen Artikel – er ist für die ‚Berliner Linke' – und las ihn ihr vor – Überschrift: ‚Zinsen' –, und er behandelt das Thema sowohl unter dem Aspekt der großen wie der kleinen Leute. War so an die Zeit von 1927 bis 1930 erinnert, als wir so viel gemeinsam schrieben – Artikel und Bücher. Wenn ihre Augen und ihr allgemeiner Gesundheitszustand nicht so schlecht wären, könnten wir im höchsten Alter wieder zusammen schreiben.

Am Sonntag nachmittag waren Madeleine, die sehr gut aussah, und Friedel da, später kamen Thomas und

Rita. Alles sehr nett für uns, wenn auch anstrengend für Marguerite. Thomas war die ganze Woche nicht da, und wenn er nicht gekommen wäre, hätte ich folgendes Telegramm für ihn p. A. ‚Neues Deutschland‘ geschickt: ‚Bist Du noch am Leben, oder stammen alle Deine Artikel im ND aus Deinem Nachlaß?‘“

18. 7. 1993: „Eine ziemlich ereignisreiche Woche. Ein Interview mit ORF, dem österreichischen staatlichen Rundfunk. Das Übliche: Leben und Zeitfragen. Sie zahlen kein Honorar. Aber rührend wie ich bin, gab ich das Interview.

Ansonsten ein Mann namens Münzberg mit einer Lesung, die ich im Februar 1992 im Schriftstellerverband zur Sache und Zeit des Falles Biermann gab. Sie wollen meine und andere Aussagen jetzt veröffentlichen.

Erika brachte mir, wie seit Wochen, heute am Sonntag einen Detek für 2,95 DM aus einer billigen Kaufhausauswahl.

Duda sandte mir den ersten Teil des nachgelassenen ‚Testaments‘ von Varga. Die Tochter sollte es erst 25 Jahre nach seinem Tode öffnen, was sie dann auch tat. Eine ungeheuer scharfe Kritik der Verhältnisse in der SU. Viel schärfer und tiefergehend als irgendeine Kritik, die ich je an unserem System geübt habe. In einem bald erscheinenden Buch soll die gesamte Kritik veröffentlicht werden. Habe Duda angeboten, das Buch ausführlich zu besprechen, und habe schon eine kleine Einleitung zur Besprechung über mein Verhältnis zu Varga geschrieben.“

8. 8. 1993: „Die letzten Wochen – Sommerpause – verliefen recht friedlich. Am 21. 7. kam ein Photograph – ein Latino, der seit Jahren als selbständiger Photograph hier lebt –, um Aufnahmen zu machen. Gab ihm eine Viertelstunde.

Am Wochenende hatte Erika im Gegensatz zu den

letzten Wochen, an denen sie fast jedes Wochenende zu einem kleinen Plausch kam, nicht geklingelt, sondern nur 2 Deteks, die sie für mich besorgt hatte, und Boulevard-Presse, die sie liest, in den Briefkasten gesteckt. Als ich sie anrief, erklärte sie, zuviel in ihrer Wohnung, insbesondere Staubwischen, zu tun zu haben. Sagte ihr darauf, daß ich mich nach dem Tode verbrennen lassen würde und durch Herrn Graf jede Woche 1 Gramm Staub von mir in ihre Wohnung senden würde, so daß ich dann noch lange engen Kontakt mit ihr haben würde.

Am 30. Juli war Hans Peter Bordien bei mir. Er arbeitet an einem zwölfteiligen Film über Armut im Kapitalismus und den Kampf dagegen. Ich soll für jeden Teil 5 Minuten lang etwas erzählen. Werden sehen, ob es etwas wird.

Am 31. war Erika da mit Zeitungen und neuem Detek. Eine nette Plauderei.

Am 6. August kam Eggerdinger, ein Linker aus der alten BRD, mit einer kleinen Gruppe und der Zeitschrift ,Streitbarer Marxismus'. Er wollte mich für eine Bewegung für eine ,Ostpartei' gewinnen. Sagte natürlich ab. Was soll eine Partei, die sich aus Menschen aus der PDS bis zu Biedenkopf und eventuell noch weiter rechts zusammensetzt?! Auch wollte er einen Artikel für seine Zeitschrift, den ich, wenn mir etwas einfällt, schreiben werde.

Am 7. ein ganz reizendes Erlebnis mit der Japanese Broadcasting Corporation. Ein halbstündiges Filminterview mit Professor Tatsuo Sakaue über mein Leben und Fragen der Zeit, das ordentlich ging. Danach noch eine kurze Plauderei mit der Berliner Vertreterin und dem Professor über meine Bibliothek. Beim Abschied gab mir die Vertreterin einen Kuß, und der Professor umarmte mich.

Vor allem aber war die vergangene Woche mit Erinnerungen an alte Zeiten gefüllt. Zuerst kam die Nachricht vom Tode von Joe Gould. Joe war in meiner amerikanischen Militärzeit beim OSS beschäftigt, dem Vorgänger der CIA, vor allem mit Nachrichtensammlung aus Hitlerdeutschland. Er und ich arrangierten auch – ich war nur am Anfang beteiligt – den Abwurf von 5 deutschen Genossen von England über Hitlerdeutschland zu Spionagezwecken. Er war ein Linker, ein prächtiger Mensch, und wir blieben bis zu seinem Tode gute Freunde. Wenn er nach Deutschland kam, besuchte er mich stets. Die Nachrufe in der ,New York Times' und der ,Washington Post' werden ihm als Persönlichkeit nicht gerecht.

Sodann brachte mir Erika die deutsche Übersetzung der Erinnerungen von John Kenneth Galbraith, die er mir in der amerikanischen Ausgabe mit einer freundlichen Widmung schon vor ein paar Jahren gesandt hatte. Ihr war folgende Stelle in dem Buch aufgefallen:

,Es gab indessen im Umgang mit Baran auch recht kritische Momente. Ein Deutscher, den wir in jenem Sommer für unsere Arbeit dringend benötigten, war Dr. Rolf Wagenführ, der leitende Volkswirtschaftler und Statistiker des Speerschen Ministeriums. Er war – eine Ausnahme unter den hohen Beamten solcher Ministerien – in Berlin zurückgeblieben. Andere deutsche Beamte, die nach Bad Nauheim gebracht worden waren, behaupteten, sie hätten ihn als »Roastbeef-Nazi« gekannt – außen braun und innen rot. Er wurde schließlich in Westberlin aufgetrieben, wo er gerade damit beschäftigt war, die deutschen Statistikbehörden für die Sowjets in Ostberlin wiederaufzubauen. Fleißig, wie er war, hatte er die Tage unmittelbar nach der Kapitulation damit verbracht, ein Buchmanuskript über die Geschichte der deutschen Kriegsproduktion zu vollenden. Obwohl wir zu sofortigen Verhaftungen bevollmächtigt waren, fühlte ich mich nicht wohl dabei und hatte angeordnet, daß Professoren, Wissenschaftler, Beamte und so weiter vorher benachrichtigt werden sollten. Als man Wagenführ unseren Wunsch, er möge nach Bad Nauheim kommen, mitteilte, zog er sich in sein Haus im Russischen Sektor zurück. An der Spitze eines Kommandos holte Baran ihn dort buchstäblich aus dem Ehebett. Er wurde nach Bad Nauheim ausgeflogen, und die Sowjets waren, völlig zu Recht, außer sich. Ein scharfer Protest erreichte Marschall Schukow und über ihn General Eisenhower. Nun geriet ich natürlich als der Verantwortliche in Ikes Schußlinie. Eine Lösung zeichnete sich ab, als Jürgen Kuczynski, ein deutscher Kommunist in unserem Stab, mir mitteilte, daß er sehr gern nach Berlin reisen wolle, um nachzusehen, ob sein Haus und seine Bibliothek den Krieg überstanden hätten. Wenn er die Reiseerlaubnis bekäme, könne er dort als praktizierender Genosse die Sache mit seinen kommunistischen Freunden erörtern und ins reine bringen. So geschah es, daß Kuczynski ungefähr vierzehn Tage nach dem Kidnapping, wie die Russen den Vorfall bezeichneten, Wagenführ, der uns inzwischen eine sehr hilfreiche Einführung in die deutschen Kriegsproduktionsstatistiken gegeben hatte, wieder zurück nach Berlin brachte. Ich bat James Barr Ames, die beiden zu begleiten und die Operation im Auge zu behalten. Und tatsächlich wurde Kuczynski von den zuständigen sowjetischen Beamten herzlich willkommen geheißen und unsere gut einstudierte Erklärung für den Irrtum akzeptiert. Wagenführ konnte wieder als Statistiker für die Sowjets arbeiten, und ich entging Ikes Zorn. Jahre später zog Wagenführ in den Westen. Kuczynski, der nach der Beendigung unserer Arbeit in Deutschland aus dem Dienst entlassen wurde, ging in die Deutsche Demokratische Republik, wo er noch heute lebt und arbeitet.‘

In Wirklichkeit wollte ich natürlich nach Berlin, um

den Kontakt zu Walter Ulbricht und Wilhelm Pieck und Franz Dahlem aufzunehmen, was mir auch gelang.

Galbraith, im Rang General, während ich nur den Rang eines Obersten hatte, war damals im U.S. Strategic Bombing Survey mein direkter Vorgesetzter – über Paul Baran habe ich in meinen Memoiren (Bd. 2) geschrieben, er war später Jahre hindurch der einzige ‚beamtete‘ (life tenure) marxistische Professor einer Universität in den USA und damals ein guter Freund von mir, mit Wagenführ war ich mein ganzes Leben lang, von 1929 bis zu seinem Tode, sehr gut befreundet.

Galbraith ist einer der vier wirklich bedeutenden bürgerlichen Wirtschaftswissenschaftler dieses Jahrhunderts – die anderen drei sind I. A. Hobson, J. M. Keynes und J. Schumpeter (Max Weber war zu vielseitig, um ihn nur als Wirtschaftswissenschaftler zu charakterisieren). Ich habe Galbraith vergeblich zum Nobelpreis vorgeschlagen. Wir standen gut miteinander damals und stehen auch heute noch so zueinander. Ken, wie seine Freunde ihn nennen (auch ich), ist ein linker Bürger, überzeugter Pazifist, gedankenreich, ein sehr guter Schreiber, eine der erfreulichsten Persönlichkeiten unserer Zeit. Er war ein guter Freund und Berater des Präsidenten Kennedy, der ihn als Botschafter nach Indien sandte.

Ja, und die dritte Erinnerung an vergangene Zeiten brachte ein Aufsatz von Heinz Kühnrich im ND vom 7./8. August, betreffend eine ‚Komintern-Debatte über Gruppenkampf und Sektierertum in der KPD Anfang 1935‘. Zu dieser Zeit war ich für 2 Wochen illegal in Moskau, meine illegale Arbeit in Deutschland unterbrechend. Ich wohnte bei meinem Lehrer und Freund Eugen Varga, da Moskau natürlich voller Nazi-Spitzel war. Nach mehr als einer Woche hielt ich einen Vortrag in Vargas Institut für Weltwirtschaft über die Lage in Deutschland, in dem ich auch bemerkte, daß die Nazis mehr und mehr Anhänger in der Arbeiterschaft gewannen. Nach dem Vortrag betretenes Schweigen. Der Vorsitzende, mein guter Freund Erich Kunick, murmelte etwas, das ich so verstand, daß meine Berufung an das Institut noch ‚zu früh‘ sei. Am nächsten Morgen, als ich in das Institut kam, betretenes Schweigen bei den ersten Genossen, die ich traf. Anschließend hatte ich eine Verabredung, Walter Ulbricht zu sehen. Wir hatten in den Jahren zuvor nie eine persönliche Unterhaltung gehabt. Als ich in sein Zimmer kam, umarmte er mich und küßte mich nach Sowjetbrauch unter alten Genossen auf beide Wangen. Natürlich war ich restlos glücklich, ohne je die Wärme des Empfangs begriffen zu haben.

Jetzt ist mir durch den Artikel des ND die Situation klargeworden. Es gab damals schwere Vorwürfe gegen die Parteiführung, daß sie die Lage in Deutschland nicht klar erkenne, sondern sich in dogmatischen Klischees bewege. Walter hatte von meinem Vortrag und meiner Einschätzung der Situation gehört und war überaus zufrieden mit mir."

15. 8. 1993: „Eine Besucherwoche. War am Dienstag bei Kohlmeys. Wieder besonders nett. Wir sprachen über den Fall Ernst Planck, und Gunther stimmte ganz mit meinem Endurteil überein, Gerda auch. Sie waren zu seinem 80. Geburtstag verreist und bekommen jetzt angenehmerweise nachträgliche Besuche, aber tropfenweise, so daß, wenn ein neuer Blumenstrauß kommt, der vorhergegangene schon welk ist.

Am Mittwoch war Karl Lärmer da. Wieder eine Freude. Er fährt mit seiner Frau auf Ferien auf eine kleine griechische Insel nahe der türkischen Grenze. Arbeitet auch wissenschaftlich weiter, freut sich über Thomas und seine Funktion.

Am Donnerstag waren die Baruchs aus Bradford da. Traurig über die völlige Zerspaltung der Linken in

England, genau wie bei uns. Sie ist die einzige kommunistische Abgeordnete der Stadt. Natürlich sprachen wir hauptsächlich über die Verhältnisse hier.

Am Freitag kam ein Südkoreaner, der über Bernstein arbeitet. Er zog es vor, englisch zu sprechen, das er sehr schlecht beherrschte – wie will er da über Bernstein arbeiten, wenn sein Deutsch noch schlechter ist! Kannte meine ins Koreanische übersetzten Bücher. Ich machte nach einer halben Stunde Schluß, um dann, wie immer nett, mit Peter, Ingrid und Marguerite Kaffee zu trinken.

Am Sonnabend kam mein Neffe Neil aus Bristol mit einer Freundin, einer Bilderrestauratorin am Museum dort, die er wohl heiraten will. Er spricht nicht nur fließend deutsch, sondern auch chinesisch. Er ist öfter in China, und wir tauschten Erinnerungen an alte, verstorbene Freunde dort aus. Thomas war auch da; er half Marguerite bei den Kaffee-Vorbereitungen.

Hatte noch ein besonders bewegendes Erlebnis. Nach dem Tode von Markov hatte ich an seinen Sohn geschrieben. Und am Sonnabend erhielt ich einen Brief, der so beginnt: ‚Lieber Genosse Kuczynski, Deine Zeilen waren an meinen Sohn Helmuth gerichtet, sie waren so menschlich wohltuend, daß ich – als Walters Frau – Dir dafür danke [...] In freundschaftlicher Verbundenheit grüße ich Dich, Irene Markov.‘

Mein Brief beginnt: ‚Liebe Genossin Irene: Dank für Deine Zeilen, die mich ganz tief berührt haben. Da wir uns nicht kannten, hatte ich an Deinen Sohn geschrieben. Jetzt aber kenne ich Dich sehr, sehr gut, und wenn Du einmal nach Berlin kommst und Zeit hast, wäre es eine ganz große Freude für mich, Dich zu sehen [...] Dein‘

Der Aufbau-Verlag sandte mir die gesammelten Briefe von und an Becher. Auch ein Brief von mir und eine prächtige Antwort von Becher sind darin."

23. 8. 1993: „Schenkte Thomas die folgende Ge-

schichte für seine Wirtschaftsseite. Sie soll nun aber morgen als Kommentar kommen.

,Der älteste Beruf

Die Londoner Wochenzeitschrift »The Economist« berichtete kürzlich, daß bibelfeste Zyniker meinen, der erste Beruf sei der des Ökonomen gewesen. Aber diese haben Unrecht. Nicht die Wirtschaftswissenschaftler, sondern allein die Wirtschaftspolitiker waren fähig, das Chaos zu verursachen, aus dem Gott die Welt erschuf.

Man braucht wirklich nur die Wirtschaftspolitik der Bonner Regierung zu betrachten, um zu erkennen, wie richtig diese Schlußfolgerung ist.

Wir haben eine riesige und dauernd steigende Arbeitslosigkeit. Also plant die Regierung, die Arbeitszeit und das Arbeitsalter zu verlängern.

Die Betriebe produzieren immer weniger, weil immer weniger gekauft wird. Also senkt die Regierung weiter die Kaufkraft der Bevölkerung, indem sie das Kapital mit Erfolg ermutigt, bei Tarifverträgen für sinkende Reallöhne zu sorgen, und indem sie die sozialen Leistungen abbaut.

Deutschland bleibt im Tempo der technischen Entwicklung nicht nur hinter Japan und den USA, sondern auch hinter den Schwellenländern Südostasiens zurück. Also schränkt die Regierung die Ausgaben für die Forschung ein.

Die Staatsschulden steigen immer mehr. Also sorgt die Regierung für steigende militärische Ausgaben durch militärische Abenteuer wie in Somalia.

Man hat wirklich den Eindruck, daß die Wirtschaftspolitik ein neues Chaos schaffen soll, damit man daraus wieder eine neue Welt schaffen kann. Aber die Schaffung dieser neuen Welt werden wir nicht dem Kapital überlassen.'

Erhielt aus heiterem Himmel einen Brief von Grüning, er sei plötzlich krank geworden und darum das

Mißgeschick mit meinem Artikel zum 175. Geburtstag von Marx. Er wolle ihn in ein Buch beim Hanser-Verlag aufnehmen. Sagte ab, da ich ihn lieber hier in den Memoiren habe.

Hatte gestern eine längere interessante Unterhaltung mit Thomas über die künftige Gestaltung der Wirtschaftsseite des ND. Er ist leider nicht mit sich zufrieden, wie er seine Arbeit macht."

5. 9. 1993: „Thomas wird in friedlich-freundlicher Weise am Monatsende aus dem ND fortgehen. Sein Konzept für die Wirtschaftsseiten ist von seinen Mitarbeitern und der Chefredaktion abgelehnt worden. Auch meint er selbst, er sei für journalistische Arbeit – im Gegensatz zu wissenschaftlichen Artikeln für die Zeitung – nicht begabt. Nun wird er wieder arbeitslos und kann sein Buch über das Kommunistische Manifest beenden.

Seit dem japanischen Fernsehen am 7. 8. hatte ich kein Interview mehr. Und doch erhielt ich Ende August eine Karte von jemandem, dessen Namen ich nicht entziffern kann, die so beginnt: ‚Ihrem gestrigen Gespräch im Rundfunk war eine jugendliche Frische, kämpferische Aspekte – und Mut zur Zukunft herauszuhören. So gern möchte ich Ihr Wissen, Ihre Reife und Ihr Alter – mein eigen nennen!'

Ja, Mut zu machen ist seit langem, seit so vielen, vielen schweren Jahren, hier in Ostdeutschland meine Hauptaufgabe, wenn ich öffentlich spreche und auch bei all denen, die zu mir nach Hause kommen, um sich Rat zu holen."

19. 9. 1993: „Am 7. war Thien vom Dampfboot-Verlag bei mir. Es wird wohl alles in Ordnung gehen. Inzwischen hat er auch den Vertrag geschickt, ‚Wissenschaft in der DDR' soll im Frühjahr erscheinen. Da, wie mir der Aufbau-Verlag sagte, die Taschenbuchausgabe der Memoiren, Bd. 2, im Januar und Bd. 3 der Memoi-

ren im September erscheinen sollen, wird das 90. Lebensjahr hinsichtlich Bücher nicht unfruchtbar sein.

Am gleichen Tag kam Jörg Wollenberg zu Besuch. Erfreulich wie immer.

Am Tag danach kamen Reni und Arthur aus England. Natürlich eine große Freude. Endlich hat sie an ihrem so lang recherchierten Buch über den Ph. D. zu schreiben begonnen. Der Zustand der Linken traurig wie in Deutschland, ja noch trauriger, da es dort nicht einmal eine relativ starke PDS gibt.

Die folgende Woche voller Besuche, u.a. von einem jungen Mann, der über die Anfänge des Instituts für Geschichte an der Akademie arbeitet, und einem anderen jungen Mann, der über die frühen Beziehungen zwischen der sowjetischen Besatzungsmacht und der ostdeutschen Bevölkerung schreibt.

Der Geburtstag verlief friedlich – zum Glück kein einziger Besuch, aber insgesamt ca. 60 Briefe, nicht wenige von alten Freunden und Institutsmitgliedern, natürlich eine Freude.

Am nächsten Tag – 65 Jahre verheiratet – ging nach Jahren – sie fährt sonst nur noch zu Ärzten – Marguerite mit mir aus. Ich führte sie zum Mittagessen in das französische Restaurant nahe dem alten Akademie-Gebäude. Aber das Essen war leider nichts Besonderes. Trotzdem dankte die Gute mir.

Las in unserer Presse eine traurige Nachricht, die mich an alte Zeiten erinnerte. Collets, die große linke Buchhandlung Londons, ist bankrott. Was für ein Segen war es, daß es sie gab! Und ihre Begründerinnen, Eve Reckett und Olive Parsons, waren mir gute Freundinnen. Was für ein Schlag auch für Olive, die, 101 Jahre alt, noch diesen Zusammenbruch erleben muß. Doch das Ganze ist nur ein Symbol für den Zustand der Linken – in England und Deutschland und anderswo. Linke Buchhandlungen verschwinden überall in Westeuropa – ganz im Gegensatz zu kleinen linken Verlagen, die sich irgendwie halten oder, wenn sie zusammenbrechen, durch andere ersetzt werden."

10. 10. 1993: „Seit längerem nicht mehr geschrieben.

Am 21./22. September in Hannover bei der Knigge-Gesellschaft gesprochen. Besonders nett, speziell mit Eckart Spoo, der mir auch inzwischen geschrieben hat, sie möchten meinen Vortrag, den ich natürlich wie immer frei gehalten hatte, schriftlich zum Abdruck mit anderen Vorträgen haben. Schrieb ihn gestern. Besonders erfreulich ihr Vorhaben – mit Unterstützung der Stadt! –, vor dem Schloß des Königs, der sie von der Universität vertrieben hatte, ein Denkmal der ‚Göttinger Sieben'-Professoren zu errichten. Wie schön in dieser jämmerlichen Zeit!

Am 24. war ich bei der Pfarrerin der Gemeinde, der der Dorotheenstädtische Friedhof gehört, um für ein Grab für Marguerite und mich bei unseren alten Freunden Hans und Lily Becher, Bert Brecht und Heli Weigel, Anna Seghers, Hanns Eisler zu plädieren. Die einzige Möglichkeit ist, eines der beiden Gräber – sie würde erlauben, daß Marguerite und ich in ein Grab kommen –, die der Akademie der Künste gehören, zu erhalten.

Am 23. eine sehr schöne Veranstaltung im Berliner Ensemble zum Gedenken der Oktoberrevolution. Zuerst der Eisenstein-Film und dann ein Gespräch zwischen Heiner Müller (als Veranstalter), Valentin Falin, Ernst Nolte, Friedrich Dieckmann (Vorsitzender) und mir. Die große Überraschung für mich war Nolte, der, wohl durch die Umgebung geprägt, gemäßigt und klug sprach, einen – im Gegensatz zur Plumpheit so mancher seiner Artikel – gebildeten und umgänglichen Eindruck machte.

Am Tag zuvor war eine reizende Französin, Sophie

Lorrain, bei mir. Sie arbeitet über die deutsch-französischen Beziehungen nach dem ersten Weltkrieg. Und da mein Vater als erster Deutscher in einer öffentlichen Versammlung in Frankreich nach dem Kriege gesprochen hatte und viel zur Verständigung getan hatte, war sie intensiv an ihm und seinen Arbeiten in dieser Richtung interessiert.

Marguerite ist für einige Wochen in einer physiotherapeutischen Klinik, und ich besuche sie jeden Wochentag. Zu Hause natürlich völlig vereinsamt. Bin fester als je entschlossen, vor ihr zu sterben oder spätestens ganz bald nach ihr. Wir reden eigentlich wenig miteinander, aber ein Leben ohne ihren täglichen Anblick lohnt nicht mehr. Meine Artikel können auch andere schreiben, und die Bücher mit Bd. 3 der Memoiren abzuschließen ist auch nicht schlecht."

24. 10. 1993: „Erhielt wieder einmal einen Brief – von mir völlig unbekannten Frauen im Alter von 67 und 65 Jahren –, der mir zeigt, daß ich immer noch nützlich bin, wenn ich schreibe. Er lautet:

,Lieber, hochverehrter Jürgen Kuczynski!

Mit ganz großem Interesse und warmer Anteilnahme lasen meine Schwester und ich ihr Buch »Kurze Bilanz eines langen Lebens«. Als wir es beendet hatten, konnten wir nur ein Wort sagen – danke, danke!! Ihr Buch hat für uns, und für jeden, der seiner marxistischen Weltanschauung treu und Lernender geblieben ist, einen hohen Wert. »Dialog mit meinem Urenkel« bestätigte uns im kritischen Urteil, das der Sorge um unsere damaligen Verhältnisse in der DDR entsprang. Wir konnten uns in Diskussionen in Parteiversammlungen auf Ihr Buch und auf Aussprüche von Lenin berufen. Dagegen konnte man ja nichts sagen, wenn auch nicht danach gehandelt wurde. In unserer größten Verzweiflung, nachdem wir wieder im Kapitalismus leben mußten, sagten wir uns, daß es wieder

Menschen geben würde, die eine menschlichere Gesellschaftsordnung anstreben. Mit Ihrem letzten Abschnitt »Das Kommen des Sozialismus« fiel das bedrückende Gefühl, umsonst gelebt und gearbeitet zu haben, von uns. Wir werden, wo wir es können, auf Ihr Buch hinweisen, viele Menschen müssen ermutigt werden.

Ihr Buch ist ein ganz ehrliches Buch, es geht etwas Tatkräftiges von ihm aus.

In diesem Sinne drücken Ihnen zwei Gleichgesinnte, die beide aus der Arbeiterklasse kommen, fest und herzlich die Hand.‘

War am 11. bei Ursula. Großartig wie immer, sie zu sehen, auch wenn sie sich überflüssig fühlt, nicht mehr schreibt, einen Film abgesagt hat usw. Sie begreift nicht, was sie den Menschen natürlich immer noch bedeutet, wie anregend es ist, mit ihr zu plaudern.

Am 15. sprach ich in Greifswald (Fragen der Zeit). Der Saal völlig überfüllt. Vor Beginn signierte ich etwa 50 Bücher. Noch vorher ein nettes Abendbrot mit Karin Langer, Herrn Graf und zwei Mitarbeitern. Lag um 0.15 zu Hause im Bett.

Am 18. bei Mühlberg. Gesundheitlich alles in Ordnung.

Am 19. ein Interview mit der Zeitschrift ‚Guter Rat‘. Am Tag zuvor hatte ich einen Brief von einer der zwei Kolleginnen, die das Interview machten, in dem es hieß: ‚Angeregt wurden wir durch Ihren Fernsehauftritt im Frühstücksfernsehen, bei dem besonders Ihr letzter Satz unsere Aufmerksamkeit erregte. Sie vertraten den Standpunkt, es sei gut und richtig, Betriebe und Produktionsstätten in den neuen Ländern zu schließen. Danach wurde leider abgeblendet. Von großem Interesse ist für uns Ihre Begründung, die das Fernsehen leider nicht gesendet hat, sowie Ihre Meinung zur Standortverteilung in Deutschland.‘

Natürlich ging mein Satz weiter. Ich nannte die De-Industrialisierung der Ex-DDR ‚vernünftig vom Standpunkt des westdeutschen Kapitals, das über genügend Kapazitäten verfügt, um die Bevölkerung der Ex-DDR mit Industriegütern zu versorgen, und da die Ex-DDR-Betriebe gegenüber denen der alten BRD zumeist technisch rückständig waren‘. Aber typisch für die Medienpolitik, diese Begründung nicht zu bringen.“

31. 10. 1993: „War am 27./28. in Köln, wo ich zu einer Gruppe Linker sprach und besonders nett mit meiner Enkelin Renate und ihrem jüngeren Sohn René zusammen war. Sie arbeitet gern als Krankenschwester in einer psychiatrischen Klinik.

Die Versammlung – etwa 100 Leute, genau so viele, wie der Raum faßte –, war gut, ich ordentlich. Schon der Anfang war interessant. Ich begann: ‚Meine Damen und Herren, liebe Freunde, liebe Genossinnen und Genossen.‘ Als ich Genossinnen und Genossen sagte, gab es Beifall. Thema wie immer Fragen der Zeit. Das ganze Unternehmen nicht anstrengend. Das kann ich noch.

Das Wochenende einsam, mit Marguerite in der Klinik. Der einzige Lichtpunkt: ein Besuch von Erika, die fröhlich wie immer plauderte, während ich ihr zumeist nur zufrieden zuhörte.“

7. 11. 1993: „Erhielt einen interessanten Brief von Carl Friedrich von Weizsäcker, dem ich meine Meinung zur Angelegenheit Max Planck und Erwin Planck mitgeteilt hatte. Er meint, daß Max Planck richtig gehandelt hat. Schrieb ihm daraufhin folgendes:

‚Gleich muß ich Ihnen schreiben – voll dankbarer Freude über Ihre Zeilen. Nicht weil ich mit Ihnen übereinstimme, denn im Herbst 1944 wäre eine »Stabilisierung und Stärkung der Position Hitlers« durch Plancks Bekenntnis zu Hitler nicht mehr möglich gewesen, sondern weil ich mich über jeden freue, der auf Plancks Seite steht, auch wenn er meiner Ansicht nach unrecht hat. Denn Planck war in fast jeder Beziehung meiner Meinung nach eine große Gestalt. Sicherlich ist meine Haltung unlogisch. Aber Logik darf nicht unser einziger Maßstab sein. Auch die Geschichte verläuft bisweilen unlogisch – sonst gäbe es auch keinen Zufall in ihr ... auf dessen Bedeutung auch Friedrich Engels hingewiesen hat.'

Sein Bruder, der Bundespräsident, wieder großartig in Chile, wo er dem Präsidenten für die ‚noble Geste‘ dankte, daß er Honecker Asyl gewährt hat. Nirgends in der Presse, auch nicht im ND, fand ich einen Kommentar dazu. Wie positiv hätten sich Marx und Engels und Lenin zu diesem großartigen Konservativen geäußert!

Thomas hatte einen kompetenten Nachruf auf Hans Mottek. Doch mit einem schönen Schluß: Hans Mottek gehörte eben zu den Menschen, die über jene Dreieinigkeit verfügten: ‚Die Kraft, mit den Dingen zu leben, die sie nicht ändern können, den Mut, die Dinge zu ändern, mit denen sie nicht leben können, und die Weisheit, diese Dinge voneinander zu unterscheiden.‘ Aber darf diese Weisheit so weit gehen, daß man nie, wie er, in politische Ungnade fällt?"

21. 11. 1993: „Nur aus der letzten Woche ist etwas Lohnendes zu berichten. Zwei Äußerungen, die zeigen, daß ich nicht nutzlos gelebt habe und vielleicht auch noch heute nützlich bin.

Die erste, der einleitende Absatz eines Briefes lautet: ‚Ich durfte Sie damals, zu DDR-Zeiten – für viele leider kaum noch vorstellbar – als vielleicht den einzigen großen Mutmacher im alten Reich kennenlernen. Schriftsteller gab es – natürlich –, andere Künstlergruppierungen, die Kirchen, aber sie alle besaßen, so scheint's mir heute, mehr Freiraum, eben »Narrenfreiheit«! Aber Sie kannten die meisten der Herren und Damen von »oben« persönlich. Und trotzdem oder gerade deshalb gaben Sie uns Jugendlichen die so notwendigen Zeichen der Hoffnung mit auf den Weg: als Glaubwürdiger. Danke dafür genauso heute noch!'

Die zweite ist eine Gegenüberstellung von Augstein, der 70 Jahre alt geworden ist, und mir in der ‚Sozialistischen Zeitung' (SoZ) vom 18.11.:

‚Nicht unüblich ist, daß solch ältere Herren gerne ihr persönliches – in Sichtweite gerücktes – Lebensende zum unausweichlichen Ende der Menschheit erklären. Auf die ganz persönlich gemeinte Frage: »Haben Sie das Gefühl, es rückt jetzt immer näher?« Augstein: »Man muß das Gefühl haben, daß die Menschheit sich übersteuert hat [...] es wird eine Katastrophe geben.« Alt, eitel, selbstbezogen und doch so modern: Dieser in der upper class weitverbreitete Zynismus satter, »intelligenter« Täter und Mittäter ...

Andere Alte, andere Visionen ... weniger zynisch, dafür zwanzig Jahre älter und fröhlich marxistisch, hält Jürgen Kuczynski auf einer Kölner Veranstaltung dagegen: »Ach, wißt ihr, ich hab' keine Ahnung, was in zwei oder drei Jahren sein wird. Aber in hundert Jahren wird der Sozialismus siegen. Die Vorfreude darauf kann mir keiner nehmen.«'

Vielleicht sollte ich noch erwähnen, daß ich am Dienstag zur obersten Klasse des Gymnasiums in der Wölckpromenade über mein Leben sprach. Ich glaube, es ging gut. Der Lehrer für Deutsch und Geschichte ganz rührend. Er wußte so gut über mich Bescheid, daß er mir zum Schluß als Geschenk einen Detektivroman überreichte.

Ja, und noch eine traurige Mitteilung. War nur vor dem Beginn unserer Parteiversammlung anwesend und sagte unserer Sekretärin, daß ich künftig nur noch vor der Versammlung kommen würde, um meinen Parteibeitrag zu bezahlen, weil ich wegen meiner Schwerhörigkeit von Referat und Diskussion nichts verstehen würde. So gehen nun weder Marguerite

(wegen ihrer Gehschwierigkeiten) noch ich zu Parteiversammlungen. Aber zu meinem Glück gehe ich
noch zu Versammlungen, wenn ich spreche und der
Vorsitzende mir die Fragen aus der Diskussion wiederholt. Ja, man sollte unter solchen Umständen –
siehe oben – noch am Leben bleiben, auch wenn man
im 90. Jahr steht.

Schließlich noch ein besonders schönes Erlebnis. Da
es mit Heiner Müller nicht klappte – man sagte mir, er
sei in solchen Dingen unzuverlässig –, um über die
Überlassung eines Grabes auf dem Dorotheenstädti-
schen Friedhof zu sprechen, hatte ich Walter Jens geschrieben, ob ich ihn kurz aufsuchen dürfe. Seine Antwort war, er würde zu mir kommen, und er kam. Es sind
viele Jahre her, daß wir uns gesehen haben, aber welche
Freude war es, diesen Kämpfer für eine bessere Welt,
diesen klugen Menschen zu sprechen! Und wie einsam
ist er oft im Kampf, wenn man an die denkt, die ihn
stützen sollten – genau wie Fink und Klinkmann. Ja,
solche Gestalten machen das Leben erträglich, und
mehr, machen es schön. Er wird versuchen, Marguerite
und mir zu einem Grab zu verhelfen."

5. 12. 1993: „Marguerites Geburtstag. Übermorgen
gehen wir zu einem Festtagsmittagessen.

Viel Besuche in den letzten 14 Tagen. Eine Studentin
der Freien Universität, die über Paul Merker arbeitet;
ein Besuch von Hannes Hörnig, der mit Recht von
einem Niedergang Europas sprach – heute schrieb ich
einen Artikel für die UZ dazu, den Aufstieg einer Reihe
Länder Südostasiens hervorhebend –; Karl Lärmer,
mein alter Schüler, dem ich sagte: ‚Eines freut mich
noch mehr, als wenn du mich besuchst: wenn du nämlich nicht kommst, weil du zu viel in Archiven oder mit
Schreiben zu tun hast.‘; Helms aus Köln, der mit Thomas zusammen kam, Erika, wie immer eine solche
Freude, sie anzusehen und ihrem Geplauder zu lau-

schen; und der ‚illegale Enkel' von Fritz Behrens, der von mir über seinen Großvater hören wollte.

Ein positiver Brief von Walter Jens, betreffend unser Grab. Ich hoffe, die Angelegenheit noch vor Jahresende zu regeln.

Den oben erwähnten Artikel schloß ich: „Ja, stets wird man sich an Goethe und Hölderlin, an Marx und Einstein erinnern, so wie man es mit Äschylos und Plato, mit Horaz und Cicero, mit Dante und Shakespeare und Bacon tut – doch die Kapitalisten Europas und ihre Politiker werden in nicht allzu ferner Zukunft vergessen sein. Aber nicht vergessen werden auch die geschlagenen oder noch erfolgreichen Kämpfer gegen das herrschende System.'"

12. 12. 1993: „Soeben ein Besuch von Erika. Schrecklich, was sie von dem Pflegeheim ihrer Mutter erzählte. Und dann brachte sie mir einen Brief, dessen erste beide Absätze eine ganz große Freude für mich waren. Sie erlaubte mir, sie hier zu bringen:

‚Nie hätte ich geglaubt, daß ich über den Wahlsieg der PDS so froh sein würde, und zwar nicht nur, daß Du das so schnell schon erlebst. – Niemals bin ich für die SED gewesen. Bevor ich zur Akademie kam, kannte ich nur sehr wenige Genossen, die man als Vorbild bezeichnen konnte. Und die Partei hatte zu viele unfähige Menschen in wichtige Stellungen gebracht, nur weil sie Kommunisten waren bzw. kommunistische Ideen hatten. Und all den Zwang, wie Zeitungsschau, Weiterbildung, Verbot der Einführung von westlichen Zeitungen, Zeitschriften und Literatur, nicht einmal Westfernsehen bzw. Westrundfunkhören waren erwünscht, die Trennung der Familien und später noch als Reisekader die regelmäßigen Berichte über die Kontakte mit der Familie – all das konnte ich natürlich nicht akzeptieren.

Um so erstaunlicher ist es, daß ich heute, schon vor den Brandenburger Wahlen, insgeheim mit dem Gedanken gespielt habe, 1994 die PDS zu wählen. Bündnis 90, zu dem mir Lotte Zumpe geraten hatte, kann man nun vergessen. Und all die anderen Parteien leider auch. Von oben folgt ein Fehler nach dem anderen. – 1 Jahr oder auch früher nach der DDR habe ich meiner Westberliner Familie gesagt, daß ich glaube, daß unsere Menschen in Zukunft sehr dazu beitragen werden, die Verhältnisse in der BRD zu verbessern – sie haben es gelernt, konnten es nur in der DDR nicht anwenden. Kürzlich las ich in der »Berliner« eine Notiz von einem Leser, die mir voll aus dem Herzen spricht: »Deutschland in der Krise (Stellungnahme zu einer ZDF-Sendung). Die Gefahr einer Spaltung der BRD in eine Zwei-Klassen-Gesellschaft besteht nicht, da sie schon seit ihrer Existenz eine solche war. Nur wird man sich allmählich mehr und mehr auf Klassenkämpfe einzustellen haben, eine Gelegenheit für ehemalige DDR-Bürger, erworbene Geschichtskenntnisse praxisnah unter neuen Bedingungen verinnerlichen zu dürfen.«'

Ja, die Wahlen in Brandenburg und Italien waren ein Lichtblick in einer wahrlich düsteren Landschaft, in einer wahrhaft traurigen Zeit.

Leider geht es Marguerite nicht gut. Wir waren auch am 7. nicht, wie geplant, zu einem besonders guten Mittagessen ausgegangen, müssen das, sobald es ihr wieder besser geht, nachholen."

19. 12. 1993: „Las folgende Todesanzeige in der FAZ: ,Wir hatten das große Glück, mehr als zwei Drittel unseres Daseins gemeinsam leben zu dürfen – wir haben uns deshalb auch gemeinsam von dieser Welt verabschiedet' – folgen Namen eines Ehepaares. Sollte Marguerite vor mir sterben und ich zu dieser Zeit nicht mehr fähig sein zu schreiben, würde ich eine ähnliche Todesanzeige aufgeben.

Gerda und Gunther Kohlmey besuchten uns. Welche Freude, mit Marguerite zusammen mit ihnen zu plaudern! Was für prächtige Menschen und uralte Freunde sind sie – Gerda seit 55 Jahren!

Am Tag danach kamen Jan und Waltraud Peters zu mir, vor dem Abendtreffen der Mitglieder des Instituts. Wie nett war es mit den beiden! Am Abend aber merkte ich mein Alter: natürlich erkannte ich alle, aber die Vor- oder Nachnamen so vieler habe ich vergessen.

Am gleichen Tag aß ich in der Professoren-Mensa mit Marianne Schmidt, die, wie jedes Jahr, ein kleines Päckchen Nüsse aus ihrem Garten für Marguerite hatte. Ich hatte leider den Eindruck, daß es ihr persönlich nicht so gut geht, daß sie ein überanstrengtes persönliches Leben hat. Aber wie schön war es, sie, die ich viele Jahre hindurch regelmäßig in der Revisionskommission des Schriftstellerverbandes traf, wiederzusehen.

Gestern ein wundervolles Mittagessen, das als ein Weihnachtsgeschenk Ingrid und Peter für uns, ebenso für Rita und Thomas, zubereitet hatten. Wir sechs friedlich und schön zusammen.

Schrieb Nachfolgendes für das ND.“

Nostalgie

Nostalgie nach einem Staat, in dem die Pressefreiheit kleiner war als unter Friedrich dem Großen? Nostalgie nach einem Staat, in dem die Basisdemokratie noch kümmerlicher war als in der Bundesrepublik? Nostalgie nach einem Staat, in dem die herrschende Clique unfehlbar war? Ja, unfehlbar! Seit dem als ersten Papst genannten Apostel Petrus vergingen fast 2 000 Jahre, bis 1870 der Papst durch ein Konzil für unfehlbar erklärt wurde. Das Politbüro der SED aber brauchte nur wenige Jahre, um dieses Ziel durch eigenen Beschluß zu erreichen. Nein, keine Nostalgie nach einem so feudal-absolutistisch geprägten Staat! Keine DDR-Nostalgie!

Wie recht hat Lothar Bisky, wenn er gegen eine solche Nostalgie ist.

Aber deswegen darf doch Nostalgie nach so manchen Verhältnissen in der DDR nicht verboten sein. Wahrlich, ich bin voller Nostalgie nach gesellschaftlichen Verhältnissen, in denen jeder Arbeit hatte und keiner arbeitslos war, in denen es keine Obdachlosen gab, in denen keiner auch nur einen Tag zu hungern brauchte, in denen jeder unabhängig von den finanziellen Verhältnissen der Eltern studieren konnte. Nein, solche Nostalgie lasse ich mir von niemandem verbieten!

Ich bin auch fest davon überzeugt, daß noch nicht zehn Prozent der PDS-Wähler in Brandenburg Nostalgie nach der DDR hatten. Aber meine Nostalgie haben bestimmt viele geteilt."

27. 12. 1993: „Friedliche Weihnachtstage, und auch diese Woche wird friedlich bis zum Ende verlaufen. Keine Besuche, außer, zu unserer Freude, heute nachmittag unsere gute alte Freundin Ruth Krenn.

Wieder ein so schöner Brief von einem mir völlig Unbekannten, der so beginnt: ‚Soeben habe ich die letzten Zeilen Ihrer Memoiren 1945 – 1989 gelesen. Es ist mir ein Bedürfnis, Ihnen von Herzen Dank zu sagen, für dieses Buch, Ihren Mut, Ihre Aufrichtigkeit und Standfestigkeit, für Ihr Lebenswerk. Welche Leute denken heute schreiben zu müssen und werden auch verlegt! Welche Ausnahme Ihre Aussagen! Hoffen wir, daß es unsere Urur...enkel einmal besser machen, sie können ja auch aus unseren Fehlern lernen.'

Kurt Gossweiler hatte einen unmöglichen Artikel in der neuesten Nummer von ‚Streitbarer Materialismus‘ voll hemmungsloser Begeisterung für Walter Ulbricht und gemäßigter für Erich Honecker, Chruschtschow und natürlich Gorbatschow wütend verurteilend.

Gunther Kohlmey hatte dagegen einen guten Artikel

über Gorbatschow in den achtziger Jahren, mit der Aufforderung einer Fortsetzung der Diskussion in ‚Utopie kreativ'. Schrieb darauf, gewissermaßen zum Abschluß des Jahres, folgenden Artikel, den man hoffentlich bringen wird."

Gorbatschow

Gunther Kohlmey und Wolfram Adolphi fordern in ihrem Artikel über Gorbatschow „Alternative Politik oder Neues Denken?" (ND, 10. 12. 1993) dazu auf, die Diskussion über Gorbatschow in „Utopie kreativ" fortzusetzen. Sie schreiben mit Recht: „So müssen wir uns des gesamten Neuen Denkens immer wieder erinnern. Wer das nicht tut, vergißt nicht nur, warum dieses Neue Denken für das SED-Politbüro so sehr zum Hauptgegner geworden war, daß das MfS in dieser Zeit seine innerstaatlichen Überwachungsaktivitäten verdoppelte; der versperrt sich auch die Sicht auf die heute noch viel interessantere Frage, warum weder Jelzin noch Clinton, weder Kohl noch die allgemeine Medienöffentlichkeit dem Neuen Denken überhaupt noch einen Gedanken widmen."

Ich will im folgenden ganz konkret über meine eigenen Erlebnisse mit dem Gorbatschow von 1985 bis 1989 berichten – und mich nicht mit dem bedeutungslosen albernen Schwätzer von heute, der so salonfähig im Ausland ist, beschäftigen.

Für mich war damals Gorbatschow der große Befreier des Überbaus, wie wir Marxisten das geistige Leben und seine Institutionen nennen, in der Sowjetunion, und meine große Hoffnung war, daß eine solche Befreiung auch bei uns – gegen die Linie unseres Politbüros – erfolgen würde. In der Sowjetunion begann, angeregt durch ihn, eine wunderbare Diskussion, mit Kritik auch von Unten, mit heftigem Meinungsstreit, mit der Bildung von wissenschaftlichen Schulen, mit dem Aufblühen verschiedenster Denkrichtungen im Rahmen des Sozialismus. Die Presse, der Rundfunk, das Fernsehen wurden interessant und lebhaft, großartige Artikel und auch Bücher erschienen.

Ich hielt damals mindestens 50, bisweilen über 80 Vorträge im Jahr, dreiviertel davon in der DDR, die übrigen zumeist in der BRD, einige auch im realsozialistischen Ausland oder im kapitalistischen Ausland außerhalb der BRD. Und in fast allen Vorträgen in der DDR zitierte ich Gorbatschow. Da traute sich niemand von Oben, gegen mich einzuschreiten.

Wie weit ich gehen konnte und wie weit nicht, zeigt ein Erlebnis mit einem Interview, das ich der westdeutschen Zeitschrift „konkret" im Mai 1987 gab. Dort heißt es:

„konkret: Gorbatschow hat gesagt: ‚Wir brauchen die Demokratie wie die Luft zum Atmen.' Was für eine Demokratie ist da gemeint?

Kuczynski: Das Entscheidende an dem Begriff Demokratie, wie Gorbatschow ihn gebraucht, ist die Mittätigkeit der Menschen unten an der Entwicklung. Also im Bezirk Weißensee wird an irgendeiner Ecke ein Bäckerladen geschlossen, weil ein Mensch im Magistrat das Gefühl hat, es gebe genug Bäckerläden. Demokratisch wäre es, wenn er – wozu haben wir Abgeordnete? – die Abgeordneten auffordern würde, mit der Bevölkerung zu sprechen, ob die auch findet, daß es zu viele Bäckerläden gibt. In den Betrieben, nicht in allen, aber doch in vielen, müßte die Initiative der Arbeiter für Veränderungen von Verhältnissen geweckt werden, die sie bei der Arbeit stören. Man muß sich überhaupt viel mehr darum kümmern, was die Arbeiter verlangen – im Betrieb, im Verkehrswesen, bei der Ernährung und so weiter. Lenin war beglückt über die Unzufriedenheit der Menschen, weil Unzufriedenheit Initiativen auslöst. Das ist bei uns nicht mehr der Fall, da herrschen viel

Lethargie und Passivität aufgrund schlechter Erfahrungen mit der Bürokratie. Die Bürokratie ist ganz schrecklich bei uns.

konkret: Sie haben aber geschrieben, sie sei besser als die im Kapitalismus, denn die sozialistische Bürokratie richte sich gegen jeden.

Kuczynski: Richtig. Oder nehmen wir die schreckliche Einmütigkeit von Beschlüssen. Es gibt Beschlüsse zum Friedenskampf – die müssen einmütig sein. Aber alle operativen Diskussionen müssen doch, wenn eine Reihe intelligenter Menschen, ob im Betrieb oder im Zentralkomitee, beisammen ist, zu unterschiedlichen Auffassungen führen. Lenin hätte jede Versammlung auseinandergejagt, in der einmütige operative Beschlüsse gefaßt worden wären, weil er sich gesagt hätte, das sind offenbar alles Schafe und Dummköpfe. Denn wenn intelligente Menschen über den besten Weg diskutieren, muß es doch verschiedene Auffassungen geben. Deshalb haben wir ja in unserer Partei den Grundsatz, daß Beschlüsse mit Mehrheit gefaßt und einmütig durchgeführt werden. [...]

konkret: Wohin wird das, was heute realer Sozialismus heißt, sich in den nächsten Jahren entwickeln?

Kuczynski: Das Entscheidende wird die Entwicklung in der Sowjetunion sein. Wenn die so läuft, wie Gorbatschow und das Politbüro das wollen, wird dies eine ganz große Wandlung in den sozialistischen Ländern herbeiführen. Ich war zum ersten Mal 1930 in der Sowjetunion. Das Wundervolle war damals der Schwung in der Bevölkerung. Dieser Schwung ist zu einem beachtlichen Teil verlorengegangen. Ihn wiederzugewinnen, ist das Entscheidende an der Revolution, die Gorbatschow anstrebt."

Ich erhielt eine Parteistrafe für das Interview. Aber nicht wegen meiner Bemerkungen über Gorbatschow, sondern, wie ausdrücklich betont wurde, wegen meiner

Äußerungen über Lenin und unser ZK. Nie habe ich mich gescheut, auf der Linie Gorbatschow zu sprechen, und nie traute man sich, mich deswegen zu bestrafen.

Auch nicht, wenn ich, wie in dem Interview, von den entsprechenden Wandlungen bei uns, auf die ich hoffte, sprach. Und wie dankbar waren die Menschen, darunter auch so viele Genossen, wenn ich ihnen diese Hoffnung gab. Wie viele Briefe habe ich in dieser Zeit von mir ganz unbekannten Zuhörern erhalten, die mir dankten, daß ich ihnen wieder Mut für die Zukunft gegeben hätte!

Das Politbüro in der Sowjetunion war unter Gorbatschow nicht mehr unfehlbar, wie sich das unsere einbildete zu sein. Die Zeiten Lenins schienen mir wiedergekommen, Lenins, der in einem Neujahrstelegramm an führende Genossen zum 1. Januar 1919 die Hoffnung aussprach, daß „wir alle im Neuen Jahr weniger Dummheiten machen werden" als im alten.

Was ich damals nicht sah, war, daß der Revolution im Überbau keine Revolution in der Wirtschaft folgte, und daß das todbringend für die Sowjetunion sein mußte. Die alte Lehre Lenins, daß der Kapitalismus nicht nur unser Feind ist, sondern als höchste gesellschaftliche Formation vor dem Sozialismus auch unser Lehrmeister, vor allem auf dem Gebiet der Wirtschaft, sein muß, wurde vergessen.

Kohlmey und Adolphi beginnen ihren Artikel im ND mit der Erinnerung an das „Sputnik"-Verbot. Für das Institut für Wirtschaftsgeschichte an der Akademie der Wissenschaften, „mein" Institut, war es eine Selbstverständlichkeit, daß sowohl die Gewerkschaftsgruppe wie auch die Partei-Grundorganisation gegen das Verbot nach ganz Oben protestierte. Leider waren wir an der Akademie das einzige Institut, das so vorging. Aber unser Institut hatte an der Akademie auch den Ruf, eine „Insel der Glückseligen" zu sein.

Zum Schluß doch noch ein Wort über Gorbatschow heute. Er ist für mich in der Bedeutungslosigkeit seiner Äußerungen ein Phänomen. Denn zumeist ist die Entwicklung eines Staatsmannes die umgekehrte. Ich habe zum Beispiel weder den amerikanischen Präsidenten Carter noch den Bundeskanzler Willy Brandt gekannt. Beide schienen mir recht mittelmäßige Gestalten. Mit beiden aber habe ich einige Jahre, nachdem sie ihr Amt verloren hatten, persönlich diskutiert, und ich war erstaunt, wie intelligent sie argumentierten, Willy Brandt bisweilen wirklich weise. Die erzwungene Aufgabe solcher Ämter fördert offenbar die geistige, ja auch die menschliche Entwicklung. Bei Gorbatschow war die Entwicklung genau die umgekehrte. Merkwürdig.

## Kapitel V
Das Jahr 1994

Das Jahr beginnt mit einer grotesken Situation. Nie war mir persönlich so „bequem" und friedlich-behaglich zumute wie in der letzten Zeit – mit Ausnahme natürlich der Sorge um Marguerites Gesundheit.

Trotz der brutalen Kürzung der staatlichen Rente können wir von unserem Einkommen leben. Wir essen bescheiden, habe keine Ausgaben für „Vergnügungen" (Theater usw.), ich kaufe praktisch keine Bücher mehr – ein einziger Luxus sind Hilfskräfte für Marguerite und für meine Arbeit.

Weder wechselte ich von Gnade zu Ungnade und umgekehrt wie in DDR-Zeiten, noch von „Person" zu „Unperson" und zurück wie in der ersten Wendezeit.

Ich arbeite friedlich und regelmäßig, bringe meine Arbeiten zum Druck und habe, wie der zweite Teil des nachfolgenden Artikels zeigt, auch noch neue, vielleicht fruchtbare Ideen, bin also nicht nur Kommentator des Zeitgeschehens.

Daß ich geistig an Breite der Interessen abnehme, ist bei dem zunehmenden Alter nur natürlich und stört mich nicht. Ebensowenig wie meine zunehmende körperliche Schwäche.

Ich kann noch so manchen – auch zuvor Unbekannten, die mich zum Teil auch aufsuchen, oder durch meine Arbeiten – mit Rat beistehen, ihnen Mut machen.

Das heißt, ich bin noch irgendwie nützlich – und das ohne jeden Trubel im Leben, ohne jeden Stress.

Die Familie ist in Ordnung, wir freuen uns aneinander, alte, noch lebende Freunde sind persönlich oder schriftlich da.

Aber nie stand mein persönlicher Zustand in solchem Gegensatz zum Zustand der Welt. Ich lebe „bequem" und friedlich-behaglich in einer Welt voller Kriege und Hungersnot, in einer chaotischen Welt, in einer Gesellschaft, die erste Schritte auf dem Weg in die Barbarei tut, überall.

Ja, überall! Vor zwei Tagen, am 30. Dezember, war ein junger Mann, wohl aus der Berliner Spartakusgruppe, bei mir und bat mich im Namen einer internationalen (amerikanisch beheimateten) Organisation um die Unterschrift unter einen Protest. Die Behörden in Illinois hattem dem Ku-Klux-Klan erlaubt, vor dem Denkmal von Martin Luther King am Tag vor seinem nationalen Feiertag zu demonstrieren!

Einen Blick auf die Welt gibt mein folgender Artikel für die UZ, dessen zweiter Teil auch meinen neuen Gedanken zur Theorie der kapitalistischen Konjunktur enthält.

Angst und Pessimismus

Am 24. Dezember schrieb die Londoner „Financial Times": „Die Welt feiert das kapitalistischste Weihnachtsfest der Geschichte. In 2 000 Jahren war die Doktrin der Marktwirtschaft noch nie so weit über den Erdball verbreitet wie jetzt." Und wie sieht diese kapitalistischste aller Welten aus? Was beobachten wir in ihr? Wir spüren Angst in der ganzen Welt. Am 27. Dezember beginnt der Leitartikel der „Frankfurter Allgemeinen Zeitung" auf ihrer ersten Seite: „Lehrt Angst beten? Es ist ein Umbruch im Gange, der indessen noch nicht die Gewinnung neuer Ufer anzeigt, sondern nur Verlust der alten."

„Ich habe Angst vor 1994" – so lautet die Überschrift eines Interviews mit dem Vorsitzenden des Zentralrats der Juden, Ignatz Bubis, in der Januar-Nummer von „konkret".

Auch Kapitalisten sind Pessimisten geworden. Die stets schönfärbende „Frankfurter Allgemeine Zeitung" beginnt eine Betrachtung in ihrem Magazin zu Jahresende gleich auf S. 1 mit den Worten: „Fröhliche Weihnachten? Ein Blick in die Welt genügt, dem Heiligen Abend jeglichen Frohsinn auszutreiben."

„Sie dachten, 1993 war ein schlimmes Jahr für Europa? Warten Sie nur ab", überschrieb die Jahresendnummer der „International Business Week" ihre internationale Übersicht. In dem Artikel heißt es dann unter anderem: „Arbeitslosigkeit, offiziell 11 Prozent, wird im nächsten Jahr auf ein osteuropäisches Niveau von 16 Prozent steigen." Die Prognose der „Organisation für ökonomische Zusammenarbeit und Entwicklung" (OECD) vom 20. Dezember lautet für Europa:

Arbeitslosigkeit in Prozent:

| | |
|------|------|
| 1993 | 10,7 |
| 1994 | 11,4 |
| 1995 | 11,5 |

Also Angst auch vor 1995!, noch mehr Angst als vor 1994!

Die „Kommission der Europäischen Gemeinschaften" in Brüssel hat soeben ein „Weißbuch" veröffentlicht. Der erste Abschnitt ist überschrieben: „Warum dieses Weißbuch?", und die ersten beiden Sätze lauten: „Die Antwortet lautet: wegen der Arbeitslosigkeit. Wir alle wissen, wie hoch die Arbeitslosigkeit ist, und wir kennen ihre Folgen."

Aber seien wir objektiv. Es gibt auch eine gute Nachricht aus Europa. Die „Frankfurter Allgemeine Zeitung" vom 23. Dezember berichtete mit der Überschrift eines dreispaltigen Artikels „Weihnachtsjubel an Europas Aktienbörsen. Kurse auf Rekordmarken".

Und speziell Deutschland? Schon am 1. Dezember hatte die FAZ einen Kommentar unter der Überschrift „Nichts geht mehr". Und der schon zitierte Bericht der OECD stellt in den Worten der FAZ (21. 12.) fest: „Deutschland ist stärker als andere Länder in die tiefste Rezession der Nachkriegszeit abgeglitten."

Kein Wunder, daß die „Berliner Zeitung" vom 22. 12. über den Wirtschaftsminister Rexrodt und FDP-Fraktionschef Solms berichten mußte: „Beide sagten für das kommende Jahr weitere Belastungen für den Haushalt durch steigende Arbeitslosigkeit und sinkende Steuereinnahmen voraus."

Und während 1993 einen Rekord an Pleiten brachte, sagt der „Verband der Vereine Creditreform" voraus: „Die Zahl der Unternehmensinsolvenzen (Konkurse und Vergleiche) wird im kommenden Jahr sowohl in Westdeutschland als auch in den neuen Bundesländern auf einen neuen Höchststand steigen."

Gleichzeitig bringt die FAZ vom 31. 12. unter der Überschrift „Der Stellenabbau wird auch im kommenden Jahr weitergehen" eine Übersicht der Entlassungen bei den 20 größten Industrieunternehmen im Jahre 1993, darunter 4 mit über 10 000 neu Arbeitslosen, an der Spitze „Volkswagen" mit 16 000.

Ja, nirgendwo in der Wirtschaft sind Angst und Pessimismus so berechtigt wie in Deutschland!

Eine neue Konjunkturübersicht: Die gespaltene Konjunktur

Vor zehn Jahren veröffentlichte ich, als ich 80 wurde, ein Buch mit dem Titel „60 Jahre Konjunkturforscher. Erfahrungen und Erinnerungen". Darin bemerkte ich – wie auch andere Marxisten sowie bürgerliche Forscher, die zumeist Anhänger der Lehren von Keynes waren –, daß es seit dem ersten Weltkrieg nur noch in seltenen Ausnahmefällen zu Zeiten der Hochkunjunktur Arbeitermangel gab. Im Gegensatz zu den Zeiten seit der ersten zyklischen Überproduktionskrise von 1825 bis zum Jahre 1914 blieb seit den zwanziger Jahres unseres Jahrhunderts die Arbeitslosigkeit auch in Zeiten guter Konjunktur relativ hoch, wenn auch natürlich niedriger als während der Krise. Wir Marxisten betrachteten das als eine Bestätigung der Theorie Lenins vom Niedergang des Kapitalismus.

Wir ahnten damals nicht, daß das – ebenso wie die Entwicklung bis an den Anfang der neunziger Jahre – nur eine Übergangsperiode zu einer neuen Etappe in der Geschichte des Kapitalismus war, zu einer neuen Etappe, die soeben begonnen hat.

Wir hatten weiter oben die Prognose der OECD für die Arbeitslosigkeit in ihrem Teil Europas gegeben. Sie würde von 1993 bis 1994 und von 1994 bis 1995 steigen. Und wie würde sich nach der gleichen Prognose der OECD das sogenannte Sozialprodukt entwickeln?

Sozialprodukt (Prozent)

| | |
|------|-------|
| 1993 | – 0,2 |
| 1994 | + 1,5 |
| 1995 | + 2,6 |

<u>Wir beobachten das in der Geschichte der zyklischen Wirtschaftsentwicklung seit 1825 einzigartige Phänomen: Steigende Arbeitslosigkeit bei sich ständig verbessernder Konjunktur.</u>
Und nicht nur die Arbeitslosigkeit wird bei sich bessernder Konjunktur steigen. Für Deutschland – aber das gilt auch für andere Länder – sagte der Präsident des Deutschen Sparkassen- und Giroverbandes, Horst Köhler, voraus, daß <u>die Realeinkommen der Arbeiter und</u>

Angestellten in den nächsten Jahren weiter sinken würden, und meinte: „Das finde ich auch zumutbar." Auch der sozialdemokratische (!) Finanzminister Nordrhein-Westfalens, Schleußer, erklärte am 28. Dezember, daß im öffentlichen Dienst nur noch ein Tarifergebnis, das bei Null läge, also den Reallohn um die Inflationsrate kürze, in Frage käme.

Wie aber ist das möglich?, wird man mit Recht fragen. Wie sollen die bei sich bessernder Konjunktur steigende Produktion, wie die zunehmenden Dienstleistungen abgesetzt bzw. bezahlt werden, wenn die Arbeitslosigkeit weiter steigt und die Realeinkommen weiter sinken? Das ist doch volkswirtschaftlich nicht machbar.

Man muß jedoch zweierlei bedenken. Erstens bedeutet in den EG-Staaten Europas (und auch in den USA oder Kanada, in Australien oder Neuseeland) steigende Arbeitslosigkeit nicht sinkende Beschäftigung. Für die Jahre 1991 und 1992 haben wir Statistiken der „abhängig erwerbstätigen Ausländer" in Deutschland, so daß wir die Gesamtbeschäftigung ebenso wie die Arbeitslosigkeit von Arbeitern und Angestellten vergleichen können. Danach ergibt sich folgendes:

|  | Beschäftigte | Arbeitslosigkeit |
|---|---|---|
| 1. Halbjahr 1991 | 27 724 000 | 6,3 % |
| 2. Halbjahr 1991 | 27 955 000 | 6,3 % |
| 1. Halbjahr 1992 | 28 109 000 | 6,4 % |
| 2. Halbjahr 1992 | 28 124 000 | 6,9 % |

Obgleich die Arbeitslosigkeit 1992 nicht unbeachtlich gestiegen ist, ist gleichzeitig die Zahl der Beschäftigten gegenüber dem 1. Halbjahr 1991 um rund 400 000 heraufgegangen. Und zwar vor allem durch die Einwanderung von Ausländern. Andere Möglichkeiten der Steigerung der Beschäftigung bei gleichzeitig steigender Arbeitslosigkeit sind mehr Frauenarbeit, Verschiebung des Ausscheidens aus der Arbeit bei Erreichung des Rentenalters, Rückgang der Studenten bzw. der Abiturienten, um früher in den Erwerb einzutreten, sowie gelegentlich höhere Geburtenjahrgänge. Das heißt, es besteht durchaus die Möglichkeit, daß trotz sinkender Reallöhne und steigender Arbeitslosigkeit das Gesamteinkommen aller „abhängig Erwerbstätigen" zunimmt.

Und sodann können Produktion und Dienstleistungen einen steigenden Absatz durch steigende Ausfuhr erreichen. Die Ausfuhr aber kann durch Hebung des technischen Standards oder durch Verzicht auf einen Teil des Profits gehoben werden.

Das heißt, es besteht durchaus Aussicht auf eine gewisse, wenn auch sicherlich recht schwache Verbesserung der Konjunktur für das Kapital bei gleichzeitiger Verschlechterung der Konjunktur für die Arbeiter und Angestellten. Eine gespaltene Konjunkturentwicklung ist möglich.

Und wenn die Entwicklung vom ersten Weltkrieg bis in die achtziger Jahre uns an die Theorie des Niedergangs des Kapitalismus von Lenin erinnerte, so erinnert uns die neueste Entwicklung an die Theorie von Marx, daß vor der Menschheit die Alternative steht: vorwärts zum Sozialismus oder rückwärts in die Barbarei.

2. 1. 1994: „Zwei unerwartete Briefe von alten Freunden. Der eine von dem 90jährigen Klaus Maase in wunderbar sicherer Handschrift. Er beginnt: ‚Ich lese immer mit Vergnügen Deine weisen Worte in der UZ. Du mußt Dich langsam als Kassandra fühlen.' Die arme Kassandra! Sie erhielt zwar von Apollo die Gabe, die Entwicklung vorauszusehen, aber mit dem Fluch, niemals Glauben zu finden. Leider ist die Situation heute so, daß nur allzu viele mir glauben müssen, weil so viele

der ‚Götter‘ in Bonn und der einfachen Menschen fast genauso traurige Voraussagen machen müssen, auch wenn die Bonner ‚Götter‘ der Masse des Volkes wegen seiner ‚übertriebenen Wohlstandssucht‘ die Schuld für die traurigen Aussichten zuschreiben.

Der zweite Brief von unserer amerikanischen Freundin Ruth Seigel, in dem es heißt: ‚Die Partei ist schwach, trotz aller Behauptungen von Guss Hall. Leider ist ein großer Teil der früheren Genossen in der Opposition tätig.‘

Ja, und ganz ähnlich in einem Brief unserer Freundin Liesl Neumann, der Frau unseres verstorbenen Freundes Oskar: ‚Um uns ist es stiller geworden, schon als Oskar noch lebte, gab es wenig Standhafte, die immer noch Wünsche hatten. Viele Junge suchen nach Argumenten, und Ihr beide wart immer noch in der Lage, ihnen diese zu geben.‘

Man könnte sagen: Die Situation in den USA und in der alten BRD ist erklärlich durch die immer noch recht dogmatische Haltung der Partei. Aber in England ist die Situation die gleiche, obwohl doch die Partei dort recht gewandelt ist.

Um so erstaunlicher die so viel bessere Situation der Partei in der Ex-DDR, in Italien, in Spanien, Portugal und Rußland.

Wie schwer ist es heute, Erklärungen für die Entwicklung kommunistischer bzw. sozialistischer (im Gegensatz zu sozialdemokratischen) Parteien zu geben.

Wenn ich gelegentlich vom Chaos in der heutigen Welt spreche, dann trifft das auch für diese Parteien, als Gesamtheit gesehen, zu.“

9. 1. 1994: „Hatte von einem mir Unbekannten einen Brief, in dem es heißt:

‚Ich bin Historiker und ein Doktorand von Georg Iggers (University at Buffalo/USA) und arbeite zur Zeit an einer Dissertation über einige Aspekte der DDR-Jugendpropaganda. In diesem Zusammenhang bin ich auf ein Frühwerk von Ihnen gestoßen: *Das Land der frohen Zuversicht. Eine Geschichte der Sowjetunion für Jugendliche, die auch Erwachsene lesen können* (Berlin, 1949). Da dieses Buch für viele damalige Jugendliche in der SBZ die erste allgemeine Einführung in die Geschichte der SU darstellte, will ich es auch in meiner Dissertation kurz behandeln. Darf ich Ihnen ein paar Fragen zur Entstehungsgeschichte stellen?

Ich möchte zunächst erfahren, ob das Buch auf Ihre eigene Initiative zurückgeht oder ob Sie damit beauftragt wurden. Welche Quellen haben Sie bei der Verfassung dieses Buches ausgewertet? Haben Sie vor 1949 die Sowjetunion besucht? Was haben Sie dort erlebt, und mit wem haben Sie dort gesprochen?

Es stimmt mich etwas nachdenklich, daß die Stalinschen Verbrechen, die mindestens 30 Millionen Menschen das Leben gekostet haben und die 1949 noch voll im Gange waren, keinerlei Erwähnung finden. Die millionenfachen Opfer der Zwangskollektivierung kommen nirgendwo vor, die Opfer der Säuberungen und der Schauprozesse auch nicht. Man erfährt lediglich von Spionen: »ausländische und auch Russen, Ukrainer und andere, die mit dem Sowjetregime unzufrieden waren, weil sie faul waren oder von der Arbeit anderer leben wollten [...] sie diskutierten gegen die Beschlüsse der Partei, versuchten Verwirrung in die Bevölkerung zu bringen und die Arbeiter und Bauern zu entzweien. Die Sowjetmenschen kamen ihnen immer wieder auf die Spur. Dann wurden sie bestraft, zum Beispiel zu bestimmter, sehr nützlicher, aber auch sehr schwerer Arbeit, wie etwa am Kanalbau, verurteilt.« (S. 76/77) Natürlich hat Kruschchew seine »Geheimrede« erst 1956 gehalten. Aber Sie waren schon damals ein angesehener Akademiker mit internationaler Erfahrung. Haben Sie wirklich nichts von dem Stalinschen Terror gewußt? Wenn Sie davon gewußt haben, warum haben Sie das Buch so verharmlosend geschrieben? Wenn Sie tatsächlich nichts davon gewußt haben, warum denn nicht? Wie stehen Sie heute zum Inhalt?

Es ist einerseits merkwürdig, daß ich Sie nach fast fünfzig Jahren mit diesen Fragen konfrontiere. Andererseits ist die frühe Einstellung der Ostdeutschen zur Sowjetunion ein fast unerschlossenes, aber m. E. außerordentlich wichtiges Thema. Ich wäre Ihnen sehr dankbar, wenn Sie auf meine Fragen eingehen könnten.'

Plato wäre mit meinem Buch sehr zufrieden gewesen, denn er wollte, daß man für die Jugend nur ,positive' Bücher schreibt. Wie aber sind meine Antworten an den Briefschreiber?

Zunächst: Ich hielt die Prozesse gegen führende Genossen wie Bucharin, Radek usw. für richtig – im Gegensatz zu meinem Vater, der sie für ,barbarische Justiz' hielt, bis ihn die Handlungen von Flandin, Daladier und anderen führenden Politikern in Frankreich, die das Land an Hitler verrieten, vom Gegenteil ,überzeugten'. Daß diese Prozesse reiner Terror waren, erfuhr ich erst durch die Chruschtschow-Rede.

Von dem Massenterror erfuhr ich erst in den siebziger oder achtziger Jahren. Und das, obgleich ich mit vielen deutschen Genossen, die in der Sowjetunion im Exil waren, gut befreundet war. Sie alle schwiegen eisern davon. Auch ein Vetter von mir, der erste Mann meiner Schwester Ursula, der viele Jahre in einem der sowjetischen Konzentrationslager war und mit dem ich gut stand, hat nie ein Wort gesagt. Auch keiner meiner Sowjetfreunde sprach je davon – auch nicht mein bester Freund dort, Eugen Varga.

Wie stehe ich heute zu dem Buch? Schäme ich mich seiner? Nein!, genau so wenig wie sich etwa Stephan Hermlin heute seiner damaligen Verse auf Stalin schämt. Wie so viele kritische Genossen innerhalb der Partei hatten wir keine Ahnung von der Realität.

Ich war in dieser Zeit keineswegs ganz unkritisch der Sowjetunion gegenüber. Ich war entsetzt über die Hetze gegen Einstein 1948 oder darüber, daß man Hegel und Clausewitz damals als Reaktionäre und Menschenfeinde verurteilte, und sprach auch 1949 mit Sowjetgenossen bei einer Reise dorthin ganz offen darüber.

Aber für das Sowjetsystem und für Stalin hatte ich wie Hermlin und andere kritische Genossen auf Grund dessen, was wir wußten und glaubten, nur Bewunderung.

Wie sehe ich das Buch heute, wenn ich mich seiner nicht schäme? Ganz einfach: als einen schlagenden Beweis für die Geschicklichkeit des Betruges, der an intelligenten, keineswegs unkritischen Genossen begangen wurde. Eines der größten intellektuellen Betrugsmanöver in der Geschichte der Menschheit. Ein Betrugsmanöver, das Marx oder Engels oder Lenin auf das schärfste verurteilt hätten.

In seiner Bösartigkeit steht es wohl einzig in der Geschichte der Menschheit da. In seinem Umfang natürlich nicht. Als Atheist glaube ich nicht an Gott. Aber ich halte den irdisch-gesellschaftlichen Inhalt der christlichen Lehre für zum Teil ganz großartig. Und ich meine, daß die, meiner Ansicht nach, Falschlehre von der Existenz eines allmächtigen, alles wissenden Gottes ein faktisch zwar überaus wohltätiger, aber doch gigantischer Betrug an der Menschheit, an Milliarden Menschen, gewesen ist und heute noch ist.

Das Betrugsmanöver Sowjetunion als Heilsgesellschaft der Menschheit ist also einzigartig in seiner Gemeinheit und Bosheit, nicht aber in seinem Ausmaß.

PS: Natürlich habe ich das Buch nicht in irgendeinem Auftrag geschrieben.

Drei Erlebnisse zeigten mir, wie uralt ich bin:

1. War am Donnerstag bei Ruth. Vor dem Weggehen sagte ich ihr, ich würde sie in 3 Wochen wieder besuchen. Stellte im Kalender fest, daß das der 27. Januar sein würde. Brummelte darauf, wie üblich an diesem Tag, vor mich hin: Schulfrei. Kaisers Geburtstag. Darauf Ruth: Wie alt wäre er dann? Ich: 135 Jahre.

2. Erhielt von einem mir Unbekannten einen Brief, in dem es heißt: ,Der Sender Freies Berlin plant einen Film über Emil und Walther Rathenau; die Dreharbeiten sollen im Februar dieses Jahres stattfinden. Als Autor und Regisseur des Films würde ich es als großen Gewinn für das Projekt ansehen, wenn ich Ihnen einige Fragen, Walther Rathenau betreffend, vor der Kamera stellen dürfte. Sie sind wohl der letzte, der Walther Rathenau noch mit Bewußtsein gesehen hat, der als Zeitzeuge noch den Vertrag von Rapallo bewerten und theoretisch zu Rathenaus »sozialistischen« Vorstellungen sich äußern kann. Eben diese drei Punkte sollten Gegenstand unseres Gesprächs sein.'

3. Ein Anruf von der Münchener Brecht-Tochter. Sie bat mich, da ich doch als letzter Überlebender Karl Liebknecht gekannt hätte, ob ich ihr nicht etwas über ihn sagen könnte.

Nein, ich bin noch viel älter. Habe ich doch Leute gekannt, die mir aus persönlichen Erlebnissen von Marx und Engels (Bernstein und Kautsky), von Bettina von Arnim (Lujo Brentano), von Heinrich Heine und Felix Menselssohn-Bartholdy (Richard Böckh) erzählten."

23. 1. 1994: „Nicht sehr ereignisreiche 14 Tage. Nur zwei Dinge erwähnenswert.

War am 19. bei Lunkewitz, dem Chef vom Aufbau-Verlag, um das Manuskript von Bd. 3 der Memoiren abzugeben. Eine sehr freundliche Unterhaltung mit ihm. Drommer, der dabei war, sagte mir, ich könnte ein bis zum 31. Mai reichendes Manuskript nachreichen. Er wird mir bald sein Urteil über das abgegebene Manuskript mitteilen. Bei Lunkewitz führte ich mich als der dem Lebensalter nach wie als aktiver Autor des Verlages Ältester ein. War ja wohl schon 1946 Mitarbeiter an der Zeitschrift ‚Aufbau‘ und lehnte ein Angebot von Becher, Chefredakteur des ‚Sonntag‘ zu werden, ab.

Sodann habe ich ein neues Buch für 1995 angefangen. War ganz gefangen von meiner 1944 veröffentlichten Vortragsbroschüre über die Unpraktischkeit der deutschen Intelligenz, die mir zufällig in die Hände fiel, und beschloß, sie mit einem Schlußteil über 1994 zusammen mit anderen Artikeln zu veröffentlichen.

Einer der anderen Artikel wird eine ausführlichere Darstellung meiner in einem UZ-Artikel kurz skizzierten Auffassung der neuesten Konjunkturtheorie sein, den ich für die ‚Marxistischen Blätter‘ schreiben werde. Über diese in dem UZ-Artikel erwähnte Theorie schrieb mir übrigens Georg Fülberth: ‚Die Konjunktur-Vorschau auf 1994: Wie schaffst Du das, einen neuen Gedanken so vorzutragen, daß man sich darüber ärgert, auf eine solche – nur im nachhinein! – so einfach erscheinende, weil plausible Lösung nicht selber kommen zu können?‘“

30. 1. 1994: „Habe in der letzten Zeit öfter an eine Betrachtung der wirtschaftlichen Zukunft den Satz angehängt: Marx hat gesagt: ‚Vor der Menschheit steht die Alternative Sozialismus oder Barbarei. Ich meine, daß wir die ersten Schritte auf dem Wege in die Barbarei tun.‘ Das gilt jedoch in jeder Beziehung. Berichtete doch die FAZ am 27. Januar so über Clintons ‚Rede an die Nation‘: ‚Wie schon zuvor in Kirchen schwarzer Amerikaner prangerte er dann direkt verantwortungsloses soziales Verhalten in einer Gesellschaft an, in der inzwischen die Hälfte aller Kinder »unehelich« geboren wird, wo »Kinder Kinder bekommen« und »Kinder Kinder umbringen«.‘

Auch berichtete am gleichen Tag die ‚Berliner Zeitung‘, daß rund ein Drittel aller Oberschüler in Berlin mit einem Messer oder anderswie ‚bewaffnet‘ sind."

7. 2. 1994: „Sprach am Mittwoch zu den Studenten von Jan Peters an der Potsdamer Universität. Es war eine Freude, drei andere Mitglieder unseres alten Akademieinstituts dort wiederzusehen. Einer der Anwesenden stellte mir die Frage eines Vergleichs des Niveaus der Historiker in der DDR und der alten BRD. Bisher hatte ich immer nur gesagt: Verglichen mit der Bevölkerungszahl, hatten wir die gleiche Anzahl wirklich guter Historiker. Jetzt ergänzte ich: Aber die Anzahl wirklich schlechter Historiker war bei uns verhältnismäßig größer. Ich glaube, das ist eine nicht unwichtige Ergänzung.

Eine sagenhafte, echt barbarische Geschichte. Gestern besuchte uns der Sohn eines alten Freundes, Naturwissenschaftler, eine gute Stellung in der DDR, jetzt natürlich arbeitslos. Ich fragte ihn, ob die Herabsetzung des Prozentsatzes der Arbeitslosenunterstützung für ihn viel ausmache. Verlegen antwortete er, daß er im Monat 17,– DM mehr erhalte. Ich fragte, ob man den Berechnungsfehler auch nach rückwärts gutgemacht hätte. Er: Es sei kein Berechnungsfehler, man habe die obere Gehaltsgrenze, ab der die Arbeitslosenunterstützung berechnet würde, so heraufgesetzt, daß der niedrigere Prozentsatz der Untersützung ihm jetzt mehr brächte als der höhere zuvor. Also selbst in der Krise erhalten die oberen 3 bis 4 Prozent der Arbeitslosen mehr Geld, während die ‚unteren‘ 96 bis 97 Prozent weniger erhalten! Kapitalismus-Geist auch bei der Arbeitslosenversicherung!"

13. 2. 1994: „Eine erfreuliche und interessante Woche. Am Montag erhielt ich, als ich meinen Artikel bei der ‚Jungen Welt‘ abgab, den folgenden Brief an sie, den ich gleich beantwortete:

‚Gern lese ich, sehr geehrter Jürgen Kuczynski, Ihre Beiträge in der *Jungen Welt*. Der »alte Charlie aus Trier« und sein Freund haben also, obwohl sehnlichst gewünscht, so unrecht immer noch nicht. Das eintausendneunhundertvierundneunzigste Jahr unserer Zeitrechnung wird uns, genauer, einem Teil der Bewohner Deutschland als *Superwahljahr* zugemutet. Um unsere Stimmen wird intensiv gebuhlt werden. Wäre es da nicht fair, neben den Sentimentalitäten der Wahlprogramme auch transparent zu machen, welcher Kandidat – welcher Partei – Mandate in welchen Aufsichtsräten besitzt? Um in etwa erwägen zu können, was uns Wähler tatsächlich erwartet. Vielleicht auch nur, um Herrn Kurt Tucholsky widersprechen zu können, der behauptet hatte, ich zitiere: »*Die Wahl!* – De Wahl is der Rummelplatz det kleenen Mannes. Eenmal alle vier Jahre, da tun wa so, als ob wa täten. Aba rejiert werd'n wa doch.« Mit freundlichen Grüßen!

n.b. Schicken die Deutschen sich an, ihre beiden Kriege des zwanzigsten Jahrhunderts siegreich zu beenden?'

‚Dank für Ihren Brief an die »Junge Welt« vom 30. Januar.

Zuerst zu Ihrer Nachbemerkung: »Schicken die Deutschen sich an, ihre beiden Kriege des zwanzigsten Jahrhunderts siegreich zu beenden?« Nein, sie schicken sich an, wie sie den ersten Krieg 1933 zum zweiten Mal verloren haben, so heute mit Ostdeutschland als Armenkolonie auch den zweiten Krieg zum zweitenmal zu verlieren.

Was die Aufsichtsräte betrifft, so habe ich gar nichts dagegen, wenn Politiker und Gewerkschaftsfunktionäre in Aufsichtsräten sitzen, um etwas zu lernen. Aber natürlich sollten sie für diesen Unterricht etwas zahlen und nicht noch bezahlt werden.'

Am Mittwoch war das Rathenau-Interview für den

Sender Freies Berlin. Der Interviewer war offenbar recht zufrieden, denn er fragte mich, ob ich, wenn der Sender dazu bereit wäre, ein Interview über mein Leben, ebentuell 2 Tage dauernd, machen würde.

Abends rief die Sekretärin von Drommer an, um mir zu sagen, er fände das Manuskript des 3. Bandes der Memoiren gut, und sie würden es herausbringen.

Am Donnerstag waren die Leute vom Hessischen Rundfunk merkwürdigerweise nur zu einem ‚Vorgespräch‘ für mein Interview über Walter Ulbricht da. Da sie aber für das ‚Vorgespräch‘ ein Honorar zahlen, war ich bereit dazu."

20. 2. 1994: „Hatte Mischa (Markus) Wolf zu seinem Geburtstag und zu seiner Schlußrede bei seinem Prozeß gratuliert. Jetzt schrieb er mir u.a.: ‚Wie viele Deiner Freunde wünsche ich mir, daß Du schreibend in das Buch biblischer Rekorde eingehst.‘

Es ist erstaunlich, wie blind wir Wirtschaftswissenschaftler oft ganz wichtigen, ja bisweilen fundamentalen Wandlungen in der Wirtschaft gegenüber sind. So schrieb ich in einer Besprechung des klugen Buches von Hans Kalt, ‚Ist die Wirtschaft noch zu steuern? Anatomie der Krise‘: Wie kann man heute, wie Kalt es tut und ich es auch lange getan habe, von Monopolkapital und staatsmonopolistischem Kapitalismus reden, wo, so ganz im Gegensatz zu den Zeiten Lenins, das Kapital in den führenden Industrieländern, die von Lenin angeführten Nachteile für das Kapital selbst anerkennend, sorgfältig darauf achtet, daß sich keine Monopole bilden, wo an die Stelle von Ford und IG-Farben in den zwanziger Jahren je drei Großkonzerne, also das Oligopol, getreten sind.‘

Und in der letzten Woche entdeckte ich erneut eine solche Mißachtung der sich wandelnden Wirklichkeit und schrieb den nachfolgenden Artikel."

Gibt es noch Industriestaaten?

Allgemein spricht man von den „Großen 7", worunter man die großen Industriestaaten USA, Japan, Großbritanien, Deutschland, Frankreich, Italien und Kanada versteht. Und die „Organisation für wirtschaftliche Zusammenarbeit und Entwicklung" (OECD) gilt als Zusammenschluß aller Industriestaaten.

Und in der Tat ist die Industrieproduktion in ihnen, seit in ihnen eine wirkliche Industrie mit Maschinen als Produktionsinstrumenten verbreitet ist, also seit bald 200 Jahren, außer in Jahren der Wirtschaftskrise, bis in die Gegenwart ständig gestiegen.

Warum also das Fragezeichen in unserer Überschrift?

Weil es eine besondere Entwicklung der Beschäftigung in der Industrie gibt, auf die die „Wirtschaftswoche" kürzlich mit folgender Statistik der Beschäftigung in der Industrie aufmerksam gemacht hat:

Beschäftigung im Verarbeitenden Gewerbe
in Prozent aller Zivilbeschäftigten

| Land | 1970 | 1991 |
|------|------|------|
| Alte BRD | 49,3 | 31,2 |
| Großbritanien | 43,7 | 20,1 |
| Italien | 39,5 | 22,1 |
| Frankreich | 27,5 | 24,4 |
| Japan | 27,0 | 24,3 |
| USA | 26,4 | 17,5 |

Wenn man als Minimum ein Drittel aller Beschäftigten in der Industrie für einen Industriestaat wählt, dann ist keiner dieser Staaten mehr ein solcher.

Auch beschäftigt keiner dieser Staaten mehr die Hälfte seiner Arbeiter und Angestellten in der Produktion, da die Zahl der Beschäftigten auch in der Landwirtschaft während des ganzen Jahrhunderts und die im

Bergbau insbesondere im letzten Halbjahrhundert rapide zurückgegangen ist.

Im Verarbeitenden Gewerbe ist es natürlich die enorme Steigerung der Produktivität, die es ermöglicht hat, mit immer weniger Beschäftigten immer mehr zu produzieren.

Wenn aber die Gesamtzahl der Beschäftigten in diesen Ländern ständig zugenommen hat, so ist das vor allem auf die enorme Ausdehnung der Dienstleistungen, insbesondere auch des Verwaltungsapparates von Staat und Gemeinden zurückzuführen.

Und wie sieht die Zukunft aus?

Wenn man bedenkt, daß immer mehr Betriebe in sogenannte Billig-Lohn-Länder abwandern, dann ist es nicht unwahrscheinlich, daß das Verarbeitende Gewerbe nicht nur immer mehr Beschäftigte verliert, sondern auch in der Menge der Produktion zurückgeht.

Dann wird man mit Recht von Dienstleistungsstaaten statt von Industrienationen sprechen. Für die Vereinigten Staaten und Großbritannien trifft das schon heute auf Grund der niedrigen Beschäftigung in der Industrie zu.

27. 2. 1994: „Thomas hat im ‚Freitag‘ ein überaus aktuelles Thema sehr klug und in der Darstellung einfach glanzvoll behandelt: ‚Wer ist legitimiert, über die Geschichte der DDR zu schreiben?‘

Er meint, Moral sei kein Maßstab. Der begeisterte Nazi Günther Franz sei ein nicht unbedeutender Agrarhistoriker gewesen, Francis Bacon sei ‚ein fürchterlicher Intrigant‘ und Goethe ein ‚politischer Opportunist‘ gewesen – aber deshalb hindere ihn nichts daran, sie beide, Bacon wie Goethe, und ihre Werke groß zu nennen. Wörtlich: ‚Zwar klingt der Gedanke, daß Geist und Moral zusammengehören – ein in moralischer Sicht verworfener Charakter nichts Großes schaffen könne (weder in der Kunst noch in der Wissenschaft) –, sehr gut, als Idee ist er wunderschön und überdies eine seit Platos Erfindung der Gelehrtenrepublik nicht mehr »totzukriegende« Vorstellung. Aber die Realität ist leider eine andere, die der Vergangenheit sowohl wie auch die der Gegenwart.'

In gewisser Weise bin ich an den Anhang zu meinem neuen Buch über die Wissenschaft in der DDR erinnert: ,Große Konservative im Urteil von Marx, Engels und Lenin.'

Auch sollte man überlegen, daß es einige Große gab, die aus einem miesen Saulus zu einem prachtvollen Paulus wurden – wie auch umgekehrt aus einem bedeutenden Verbrecher zu einer bedeutungslosen anständigen Gestalt.

Vielleicht findet man eher unter first rate second class Intelligenzmitgliedern wie meinem Vater solche, die auch moralisch, philosophisch und politisch ,in Ordnung' sind oder nicht unangenehm auffallen müssen.

Das Ganze aber ist eine Problematik, wenn vielleicht auch nicht von höchster Bedeutung, so doch von allergrößtem Interesse für jeden Menschen.

Habe Herbert Wehners ,Zeugnis. Persönliche Notizen 1929 – 1942' antiquarisch erworben. Entdeckte darin, daß er mit Christel Wurm eng befreundet war, mit dem auch ich so gut befreundet war, daß ich im Band 1 meiner Memoiren schrieb, daß ich seiner ,stets in Liebe und Dankbarkeit gedenke'. Ich sah ihn, da wir zusammenarbeiteten, nach dem Februar 1933 täglich damals, während er – ohne daß ich eine Ahnung davon hatte – 1934 eng mit Wehner in der Illegalität zusammenarbeitete. Mit Wehner gehörte ich 1931/32 einem theoretischen Zirkel der Partei an. Ende 1932 erhielten Wehner und ich von Thälmann den Auftrag, 1933 gemeinsam einen Erinnerungsband zum 50. Todestag von Marx herauszubringen."

6. 3. 1994: „Eine nicht uninteressante Woche.

Am Montag bei Drommer im Aufbau-Verlag. Wir haben endgültig den Titel für Bd. 3 der Memoiren festgelegt. Ich hatte vorgeschlagen ‚Ein pessimistischer Optimist‘ mit folgenden Worten als Spruch auf der Titelseite: ‚Pessimistisch für die nächsten 10, 20 oder gar 50 Jahre, kann man durchaus optimistisch in die fernere Zukunft, wann die Menschen sich eine andere Welt geschaffen haben, blicken.‘

Drommer war nicht glücklich damit, und wir einigten uns dann auf folgenden Titel: ‚Hoffnungsloser Fall eines Optimisten.‘ Ich bin nicht restlos zufrieden, da Fall auch als Sturz verstanden werden kann. Besser schon ‚Ein hoffnungsloser Fall ...‘ Aber vielleicht habe ich unrecht, und jeder versteht, wie es gemeint ist.

Natürlich darf man als Wissenschaftler weder Pessimist noch Optimist sein. Als Wissenschaftler hat man kühl auf Grund der vorhandenen Daten in die Zukunft zu sehen und sie entsprechend darzustellen. Darum stellte auch Marx kühl vor die Menschheit die Alternative: Sozialismus oder Barbarei. Aber Marx sprach zu den Menschen eben nicht nur als Wissenschaftler, sondern auch als Gläubiger, als Hoffnungsträger, und erklärte darum, daß er fest daran glaube, daß der Sozialismus siegen würde. Und genau in diesem Sinne bin auch ich Optimist.

Las gerade in einer Besprechung einer Biographie des kanadischen Philosophen George Grant das schöne Wort von Simone Weil: ‚Glaube ist die Erfahrung, daß die Intelligenz durch Liebe erhellt wird.‘ Vielleicht sollte man Liebe durch Menschenliebe ersetzen, wobei Menschenliebe sowohl Liebe des Wissenschaftlers zu den Menschen wie auch Liebe des Menschen für die Menschheit bedeuten sollte.

Auch habe ich stets und insbesondere seit 1989 versucht, dem Wort von Jean Jaurès zu folgen: ‚Wir übernehmen aus der Vergangenheit das Feuer, nicht die Asche.'

‚Utopie kreativ‘ brachte einen Artikel gegen mich ganz im Stil der schlimmsten Stalin-Zeit. In der Sowjetunion vor Chruschtschow hätte ein solcher Artikel der Anfang eines Prozesses sein können, der mit der Erschießung als Volksfeind hätte enden können, in der DDR zu der Entbindung von allen Ämtern oder gar zur Verurteilung zu Zuchthaus Bautzen führen können. In jedem Fall erlebe ich ohne entsprechende Konsequenzen noch im 90. Lebensjahr die alte Linie so vieler Genossen Kollegen gegen mich. Doch darüber, und was sich ergeben hat, im nächsten Band der Memoiren, denn das Datum der letzten Abgabe von Manuskriptseiten hat sich verkürzt, und es ist auch nicht schön, mit einem solchen Ereignis einen Memoiren-Band abzuschließen.

Überaus erfreulich war am Mittwoch ein einundeinhalbstündiges Interview für das Hessische Fernsehen über Walter Ulbricht. Danach wurde noch eine weitere Stunde lang meine Bibliothek gefilmt. Die Fragen waren klug, und der Interviewer stellte mit Freude fest, daß ich in meinen Antworten nicht wie so viele sehr alte Menschen dauernd vom Thema abschweifte. Auf die Frage von Gretel Kreipe am Freitag, ob das Ganze sehr anstrengend für mich gewesen sei, konnte ich ehrlich antworten: Überhaupt nicht – ebensowenig wie meine Vorträge mit Diskussion und eine längere Fahrt zu ihnen. In dieser Beziehung noch nicht die mindeste Altersschwäche.“

12. 3. 1994: „Was für ein amüsanter Schluß dieses Bandes!

Jeden Morgen lese ich das ‚Neue Deutschland‘, die ‚Junge Welt‘, die ‚Berliner Zeitung‘, zuerst jedoch die ‚Frankfurter Allgemeine Zeitung‘, streng konservativ, aber vom Niveau der Londoner ‚Times‘, der Pariser

‚Monde' und der ‚New York Times'. Im Feuilleton ist sie nicht selten liberal im besten Sinne des Wortes.

Von ihr erhielt ich am Donnerstag einen Brief, aus dem zitiert sei:

‚Sehr verehrter Herr Kuczynski, die Pressechefin des Aufbau-Verlages war vor einigen Tagen in der Redaktion und fragte: Warum machen Sie nicht einmal etwas über Jürgen Kuczynski? Ja, warum eigentlich nicht? Unverzüglich schicke ich Ihnen also unseren Fragebogen. Und will nicht verhehlen, daß es mich sehr freuen würde, wenn Ihnen schöne Antworten einfielen. Dann würden wir das Stück rechtzeitig vor Ihrem runden Geburtstag drucken. [...]'

Einleitend zu dem Fragebogen heißt es im ‚FAZ-Magazin': ‚Der Fragebogen, den der Schriftsteller Marcel Proust in seinem Leben gleich zweimal ausfüllte, war in den Salons der Vergangenheit ein beliebtes Gesellschaftsspiel. Wir spielen es weiter: heitere und heikle Fragen als Herausforderung an Geist und Witz.'

Da auch Marx eine solche Art von Fragebogen beantwortet hat, fühlte ich mich geradezu verpflichtet, ihn auch auszufüllen, und antwortete: ‚Zunächst ein Geständnis: Der einzige Beitrag im »Magazin«, den ich von Anfang bis Ende lese, ist der Fragebogen. In Bälde werden Sie den Fragebogen ausgefüllt erhalten. Mit guten Wünschen, Ihr...'"

*Fortsetzung folgt*